LANA GROSSA

HOME-DEKO

stricken, häkeln, filzen

Accessoires von Skandi über Boho bis Klassik

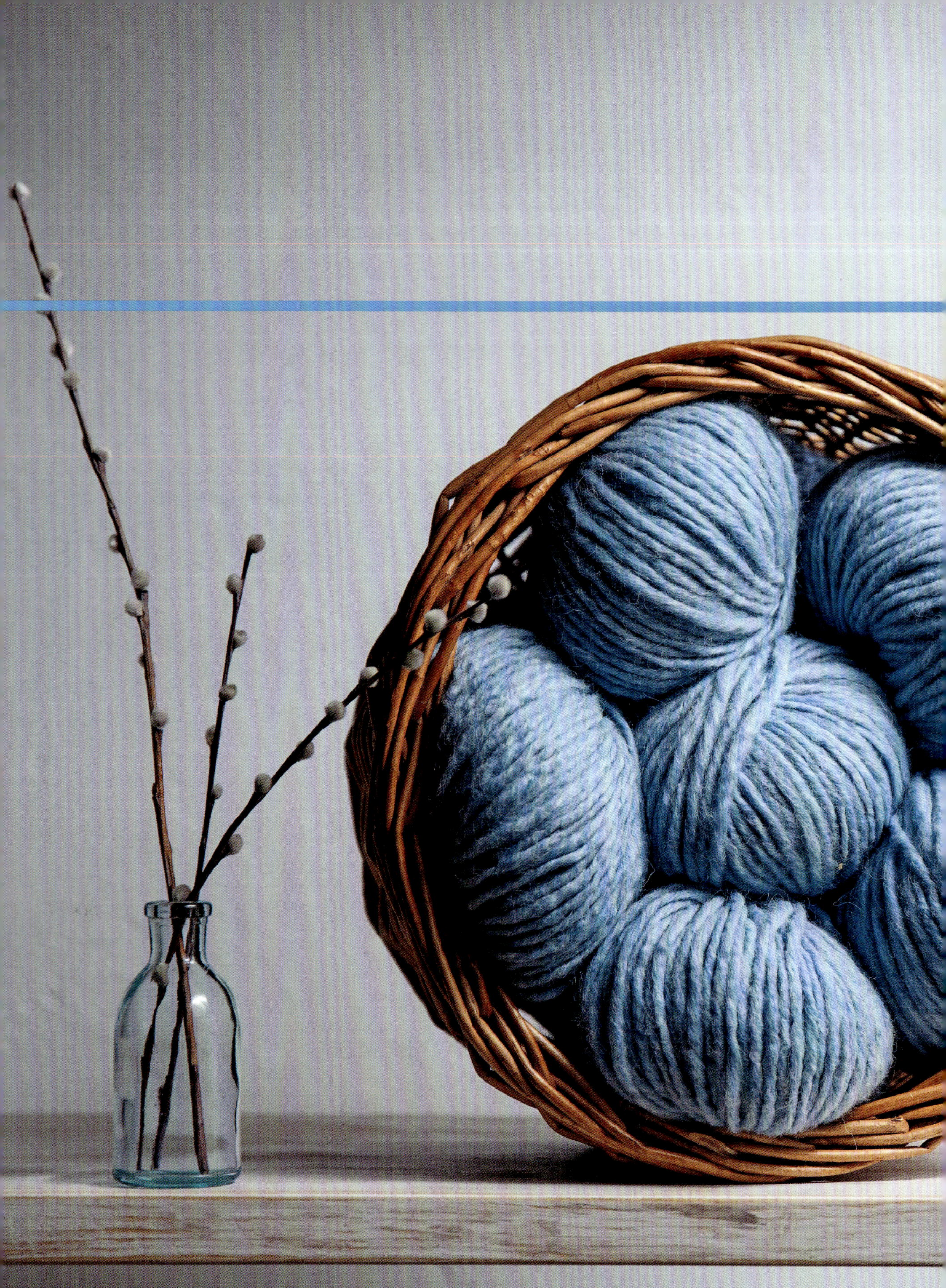

HOMEDEKO
Stricken, häkeln, filzen

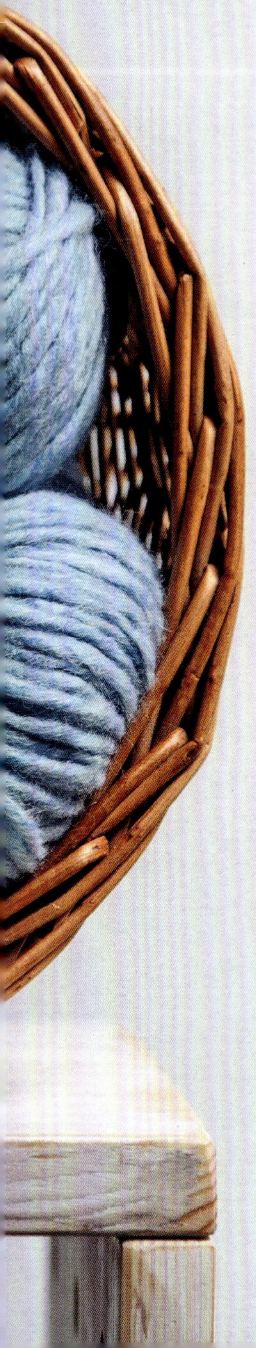

EIN KREATIVES ZUHAUSE

Machen wir es uns schön daheim! Wir häkeln, stricken, filzen in der Waschmaschine, knüpfen und knoten, um unseren vier Wänden eine heimelige, persönliche Note zu geben. Denn Handarbeit ist eine Superpower in Sachen Gemütlichkeit und Individualität. Sie gestalten wollig weiche, dekorative Unikate, die nicht nur toll aussehen, sondern auch eine Funktion übernehmen: Kissen zum Kuscheln als Farbfleck, Körbe, Schalen und Boxen, die gut aussehen und Ordnung schaffen, Hüllen und Hussen, die Akzente setzen und Altes in ein neues Gewand kleiden, herrlich wärmende Plaids und hübsche Kleinigkeiten als Blickfang. Lassen Sie sich von der Vielfalt und Originalität der Modellideen überraschen!
Denn man muss nicht gleich alle Möbel rauswerfen, um eine neue, frische Atmosphäre ins Haus zu holen. Es sind die kleinen Dinge, die den Stil prägen und optische Highlights setzen. In jedem Kapitel geht es in eine andere Richtung: *Kunterbunt und farbenfroh* steigen wir ein und zeigen Handgemachtes in kräftigen, leuchtenden Farbtönen. Wer es eher minimalistisch mag, wird im zweiten Kapitel fündig, da geht es um *Kühles Understatement*. Künstlerisch mit Vintage-Flair und Hippie-Style stellen wir den Stilmix der Bohème vor: *Ein bisschen Boho*. Dann wird es *Feminin und verspielt* – mit zarten Pastellfarben und liebenswerten Details. Zum Abschluss kommen die Kleinen auf ihre Kosten: *Kid's World* zeigt Originelles fürs Kinderzimmer und knuffige Kuscheltiere.

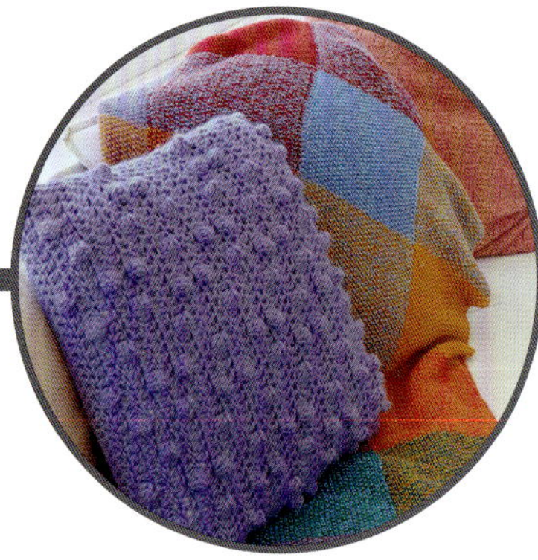

KUNTERBUNT UND FARBENFROH

Inhalt

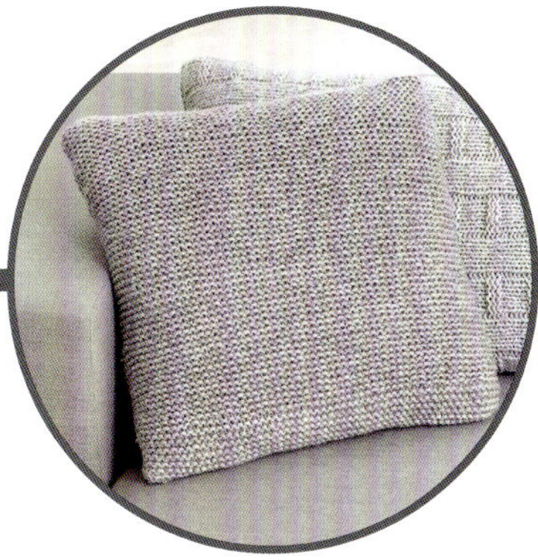

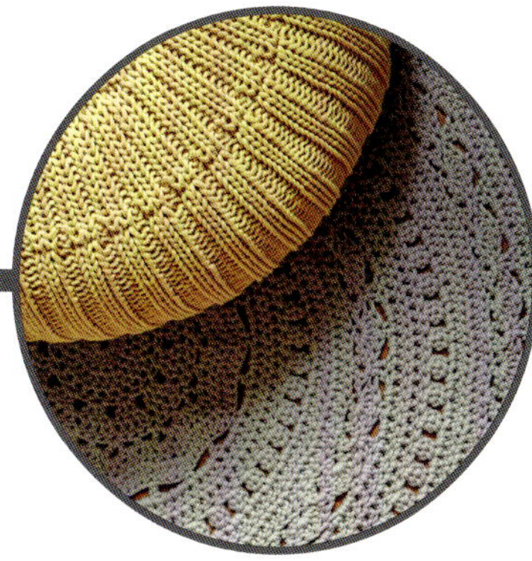

KÜHLES UNDERSTATEMENT

EIN BISSCHEN BOHO

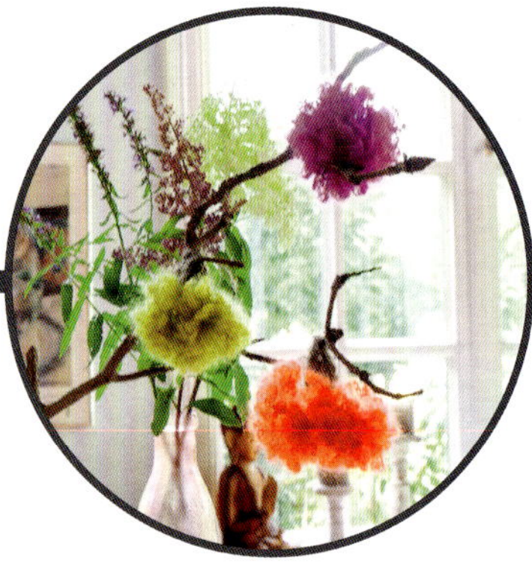

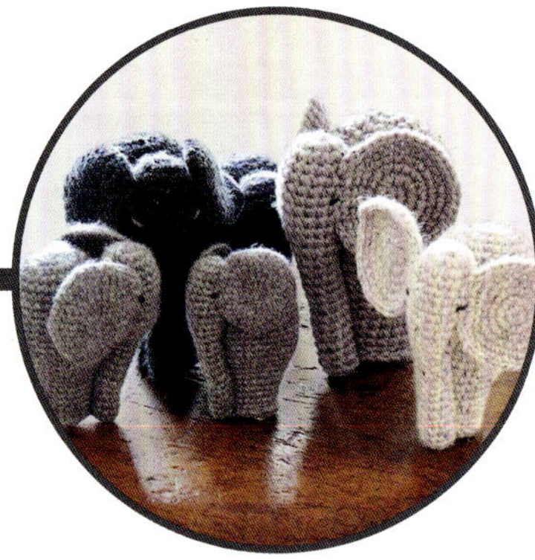

FEMININ UND VERSPIELT

KID'S WORLD

Inhalt

ABKÜRZUNGEN

Hinr = Hinreihe(n)
Kettm = Kettmasche(n)
Luftm = Luftmasche(n)
M = Masche(n)
R = Reihe(n)
Randm = Randmasche(n)
Rd = Runde(n)
Rückr = Rückreihe(n)
Stb = Stäbchen

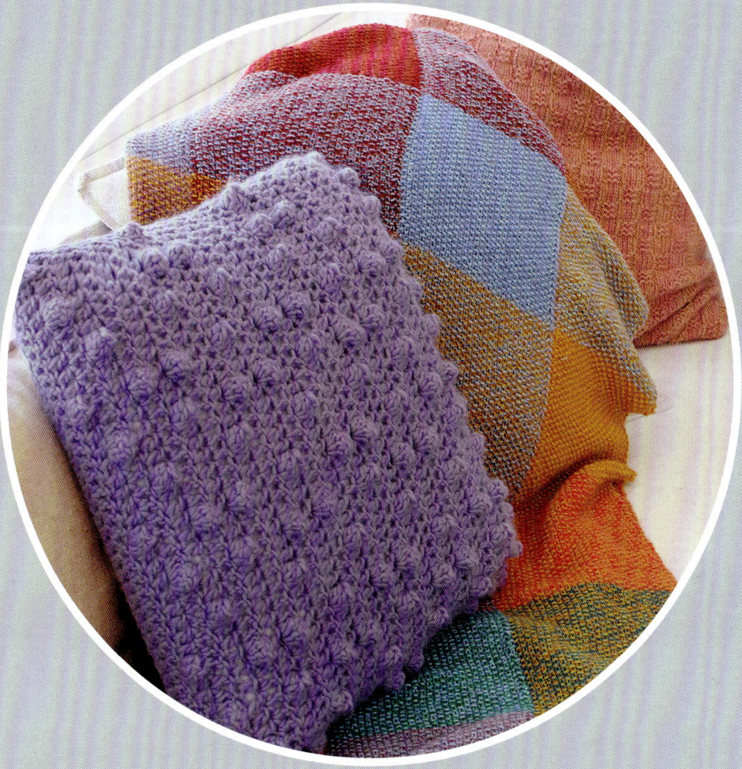

Kunterbunt und farbenfroh

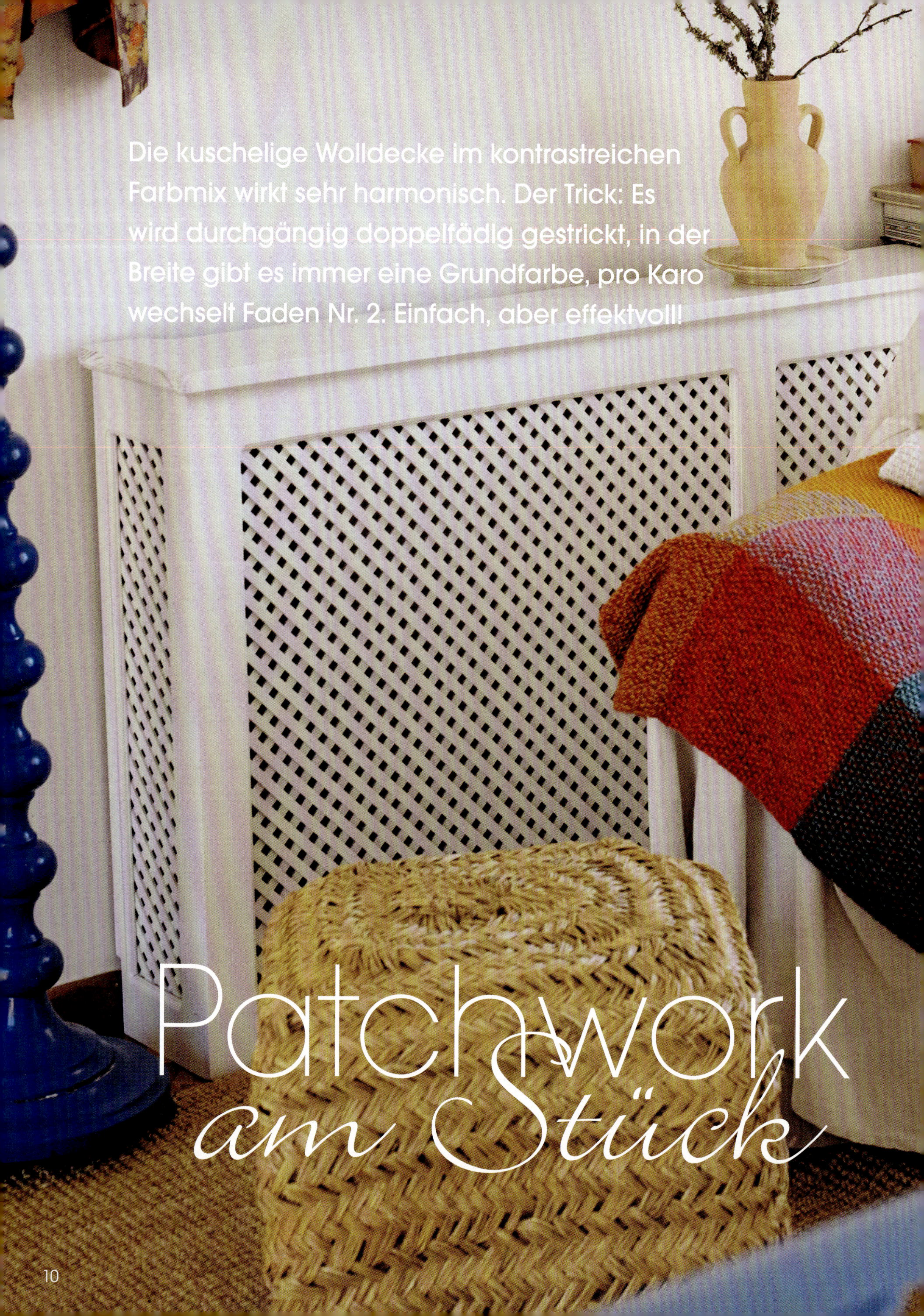

Die kuschelige Wolldecke im kontrastreichen Farbmix wirkt sehr harmonisch. Der Trick: Es wird durchgängig doppelfädig gestrickt, in der Breite gibt es immer eine Grundfarbe, pro Karo wechselt Faden Nr. 2. Einfach, aber effektvoll!

Patchwork *am Stück*

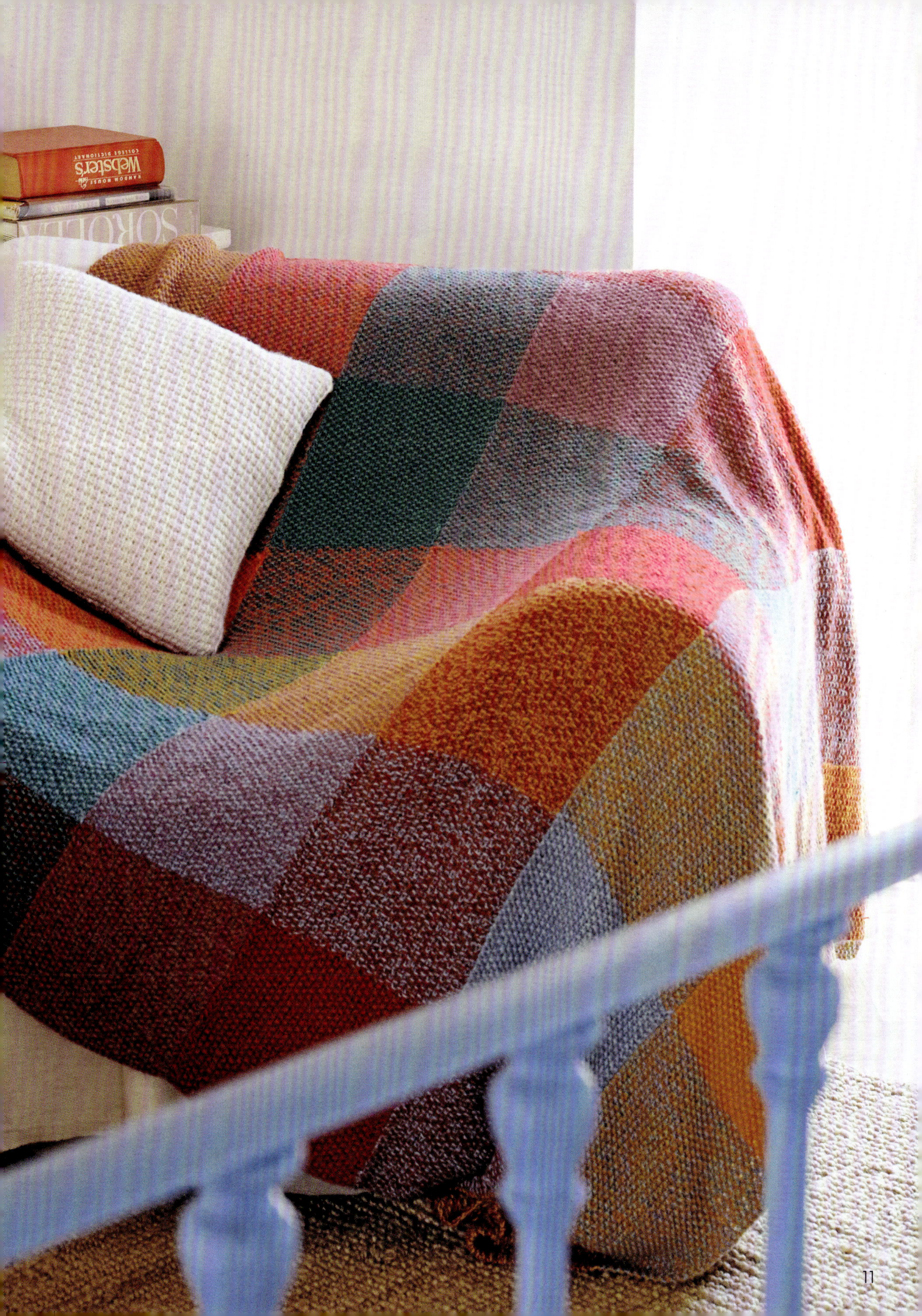

Karierte Decke

GRÖSSE
ca. 160 cm x 140 cm

MATERIAL
Lana Grossa Ecopuno (72 % Baumwolle, 17 % Schurwolle (Merino), 11 % (Baby) Alpaka, LL = 215 m/50 g): je 300 g Kirschrot (Fb 47) und helles Jeansblau (Fb 75), 250 g Dottergelb (Fb 80) und je 200 g Himbeer (Fb 36), Grün (Fb 41) und Beere (Fb 40); 1 Rundstricknadel 5 mm, 120 cm lang.

MASCHENPROBE
16 M und 27 R im kleinen Perlmuster mit doppeltem Faden und Nadel 5 mm gestrickt = 10 cm x 10 cm.

MUSTER
Knötchenrand
Die 1. M jeder R wie zum Rechtsstricken abheben. Die letzte M jeder R rechts stricken. Beide Ränder mit Knötchenrand arbeiten.

Kleines Perlmuster
1 M rechts, 1 M links im Wechsel stricken. Das Muster in jeder R um 1 M versetzen.

Karomuster
Nach dem Schema arbeiten. Die Ziffern innerhalb des Schemas geben die Farbkombinationen an. Die Ziffern stehen für die Farben, wie sie im Material angegeben sind. Dabei gibt die vordere Ziffer die Hauptfarbe an, die für alle Karos über die gesamte Breite verwendet wird. Die Ziffer nach dem Schrägstrich gibt die entsprechende Kombifarbe an, die jeweils für 20 cm Breite über die gesamte Höhe der Decke verwendet wird. In der Höhe ist also auf den ersten

Patchwork *am Stück*

20 cm Kirschrot die durchgängige Hauptfarbe, auf den zweiten 20 cm helles Jeansblau, auf den dritten 20 cm Dottergelb, auf den vierten 20 cm Himbeer, auf den fünften 20 cm Grün, auf den sechsten 20 cm Beere, auf den siebten 20 cm Kirschrot und in den achten (= letzten) 20 cm helles Jeansblau. **In der Breite** ist in jedem Querstreifen auf den ersten 20 cm Dottergelb die Kombifarbe, auf den zweiten 20 cm Himbeer, auf den dritten 20 cm Grün, auf den vierten 20 cm Beere, auf den fünften 20 cm Kirschrot, auf den sechsten 20 cm helles Jeansblau und auf den siebten (= letzten) 20 cm wieder Dottergelb. So läuft in den Querstreifen die Hauptfarbe immer ganz durch die R, die Kombifarbe nur über die jeweiligen 20 cm ab Anschlag bis Deckenende. Dadurch entstehen hauptsächlich melierte Karos, aber auch einige Unis, in denen die Hauptfarbe auf die gleiche Kombifarbe trifft.

ANLEITUNG

Hinweis: Alles mit doppeltem Faden in den im Schema angegebenen Farbkombinationen mit je 1 Faden beider Farben stricken.

224 M mit doppeltem Faden anschlagen, dabei 32 M in Kirschrot und Dottergelb, 32 M in Kirschrot und hellem Jeansblau, 32 M in Kirschrot und Kirschrot, 32 M in Kirschrot und Beere, 32 M in Kirschrot und Grün, 32 M in Kirschrot und Himbeer und 32 M in Kirschrot und Dottergelb. Im Karomuster wie beschrieben stricken. In der Breite nach je 20 cm = 32 M die Kombifarbe und in der Höhe nach je 20 cm = 54 R die Hauptfarbe wechseln. Nach 160 cm = 432 R ab Anschlag die M in den jeweiligen Farben mustergemäß abketten.

ZU GUTER LETZT

Das Teil entsprechend dem Schnittschema spannen, anfeuchten und trocknen lassen. Alle Fäden sorgfältig auf der Rückseite vernähen.

Schema

	20	20	20	20	20	20	20
20	**75/80**	**75/75**	**75/47**	**75/40**	**75/41**	**75/36**	**75/80**
20	**47/80**	**47/75**	**47/47**	**47/40**	**47/41**	**47/36**	**47/80**
20	**40/80**	**40/75**	**40/47**	**40/40**	**40/41**	**40/36**	**40/80**
20	**41/80**	**41/75**	**41/47**	**41/40**	**41/41**	**41/36**	**41/80**
20	**36/80**	**36/75**	**36/47**	**36/40**	**36/41**	**36/36**	**36/80**
20	**80/80**	**80/75**	**80/47**	**80/40**	**80/41**	**80/36**	**80/80**
20	**75/80**	**75/75**	**75/47**	**75/40**	**75/41**	**75/36**	**75/80**
20	**47/80**	**47/75**	**47/47**	**47/40**	**47/41**	**47/36**	**47/80**

160

140

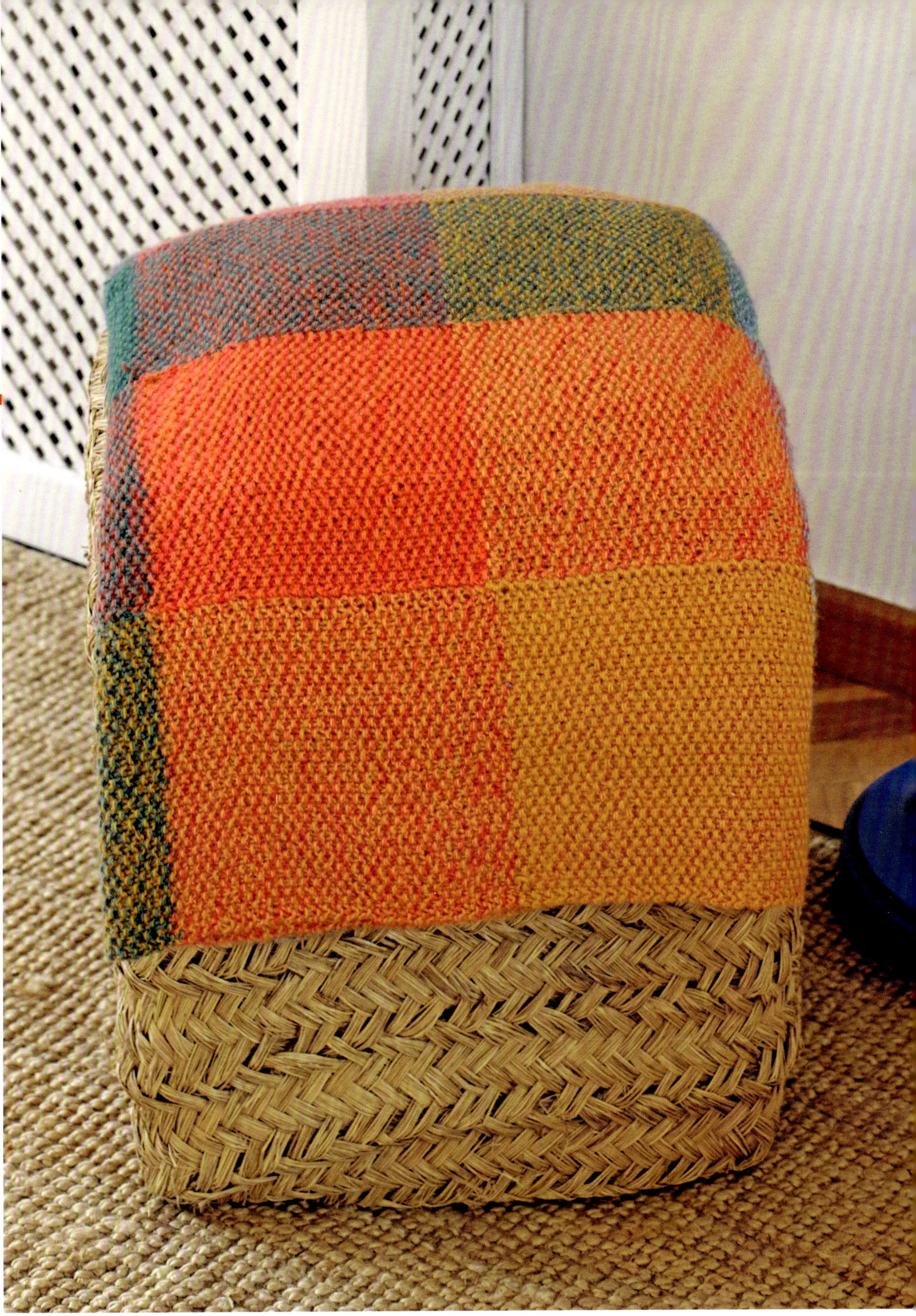

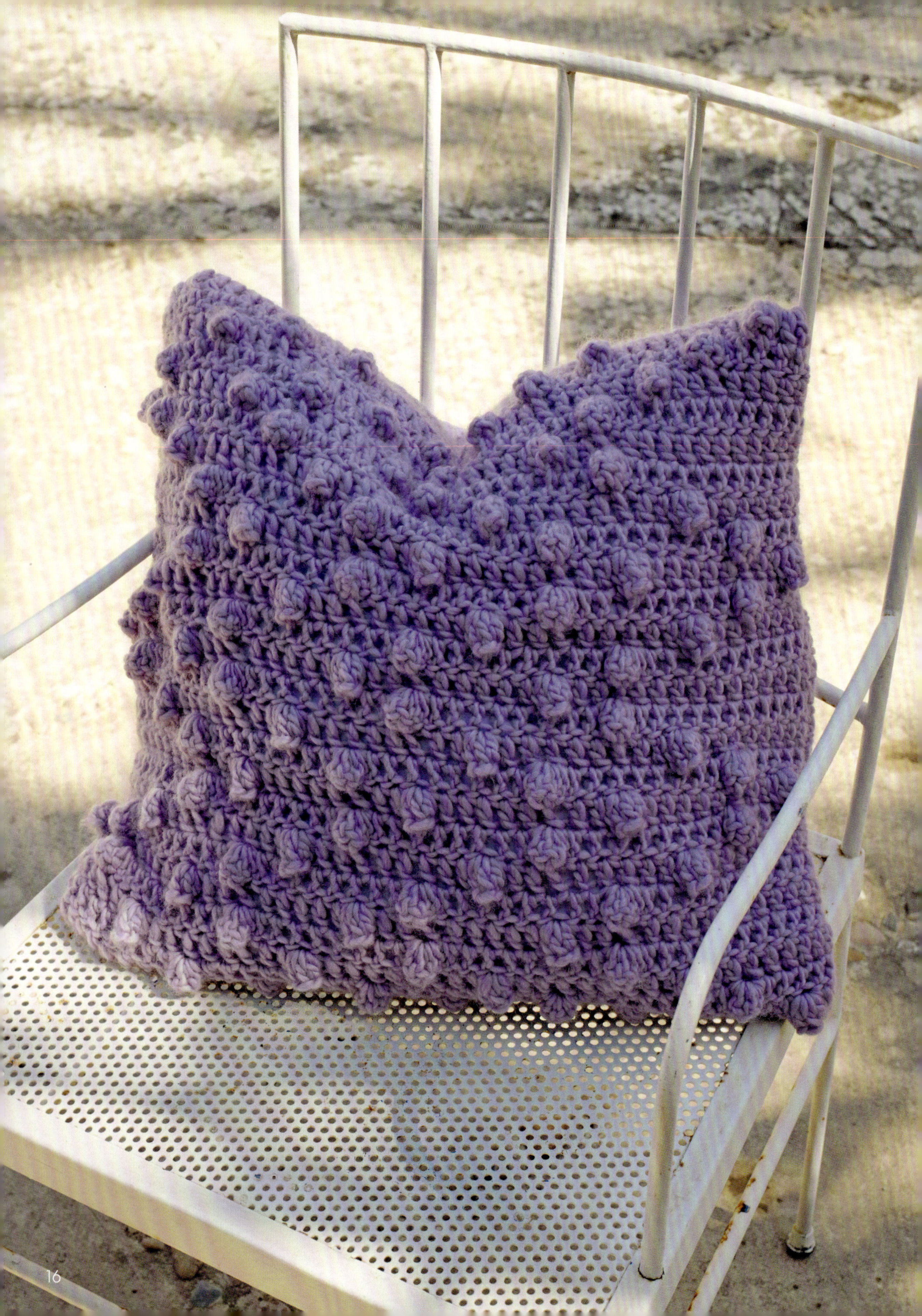

Dekorative *Knubbel*

Dicke Noppen auf Zickzack-Kurs – dieses Häkelmuster fällt auf und wirkt überaus plakativ! Ein echter Hingucker, der auch farblich Akzente setzt. Dank Hotelverschluss mit Schlitz und Überlappung auf der Rückseite kommt der Kissenbezug ohne Knöpfe und Reißverschluss aus.

Kissenhülle mit Noppen

GRÖSSE

ca. 50 cm x 50 cm, für eine Kissenfüllung von 50 cm x 50 cm

MATERIAL

Lana Grossa Per Lei (100 % Schurwolle (Merino), LL = 60 m/50 g): 450 g Lila (Fb 37); 1 Wollhäkelnadel 9 mm; waschbare Kissenfüllung, 50 cm x 50 cm.

MASCHENPROBE

9 Stb und 5 R mit Häkelnadel 9 mm = 10 cm x 10 cm.

MUSTER

Stäbchen- und Noppenmuster

Nach der Häkelschrift in hin- und hergehenden R häkeln. Die Ziffern links außen bezeichnen die Rückr, die Ziffern rechts außen die Hinr. Jede R mit 3 Luftm als Ersatz für das 1. Stb beginnen. Das 1. Stb der 1. R in die 5. Luftm ab der Nadel arbeiten. In der Breite 1x die M zwischen den Pfeilen häkeln. Die Noppen wie gezeichnet ab der 4. – 28. R einhäkeln. Beim Häkeln darauf achten, dass sie immer auf der Vorderseite liegen. In der Höhe 1x die 1. – 3. R häkeln, dann die 2. und 3. R noch 6x wiederholen (= 15 R Stb), anschließend 1x die 4. – 28. R häkeln (= 25 R Noppenmuster), dann 1x die 29. – 31. R häkeln und die 30. und 31. R noch 6x wiederholen (= 15 R Stb).

Dekorative Knubbel

ANLEITUNG

<u>**Hinweis:**</u> Vorder- und Rückseite in einem Stück häkeln, dabei mit dem 1. Teil der Rückseite beginnen. Der mittlere Pfeil in der Schnittskizze gibt die Häkelrichtung an.

44 Luftm + 1 Luftm extra + 3 Wende-Luftm anschlagen und zunächst Stb häkeln. Nach 30 cm = 15 R ab Anschlag den Beginn der Vorderseite markieren und im Noppenmuster weiterarbeiten. Nach 50 cm = 25 R ab der 1. Markierung (= ab Beginn des Noppenmusters) das Ende der Vorderseite markieren. Nun den 2. Teil der Rückseite in Stb anhäkeln. Nach weiteren 30 cm = 15 R ab der 2. Markierung die Arbeit beenden.

ZU GUTER LETZT

Das Teil spannen, anfeuchten und trocknen lassen. Anschließend mit der Vorderseite nach unten hinlegen. Die Hülle am 1. Bruch in Pfeilrichtung nach oben umklappen. So liegt die untere Hälfte des Rückenteils links auf links auf der unteren Hälfte des Vorderteils. Nun die Hülle am 2. Bruch in Pfeilrichtung nach unten umklappen. So überlappt das obere Teil der Rückseite das untere, siehe Abb. 1. Nun die Seitennähte fixieren und im Matratzenstich schließen, dabei jeweils bei der Überlappung 1x durch 2 Lagen und 1x durch 1 Lage stechen. Die überlappenden Teile am Schlitz an beiden Seiten noch über je 8 cm fixieren. So bleibt in der Mitte ein Schlitz von 34 cm. Die Kissenfüllung hier einschieben, siehe Abb. 2.

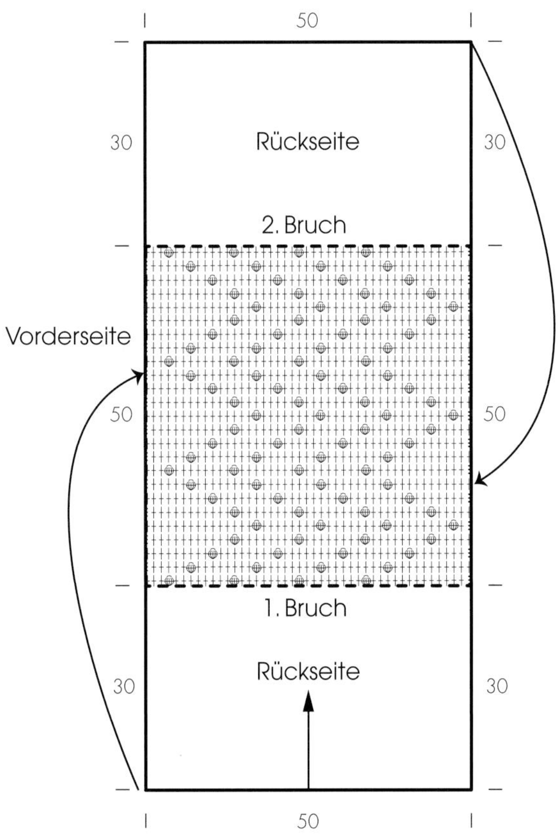

Überlappen der Rückseite

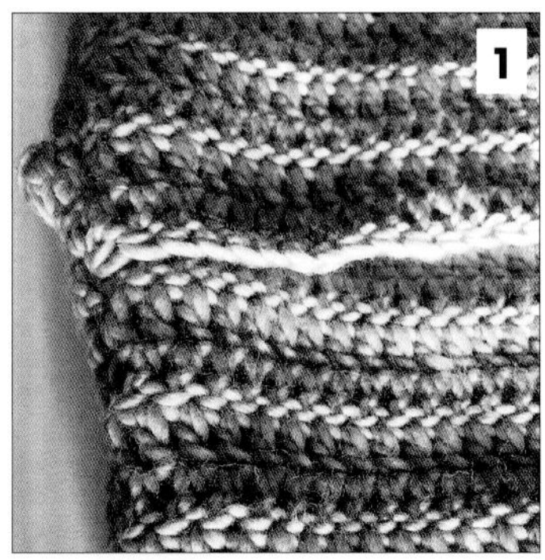

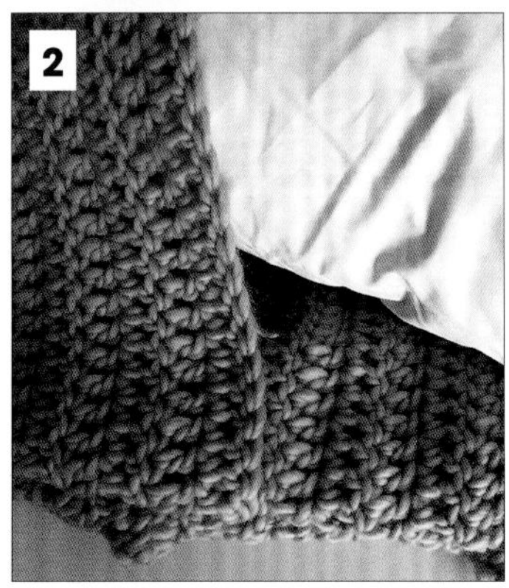

Zeichenerklärung:

• = 1 Luftm

┼ = 1 Stb

(Noppe-Symbol) = 1 Noppe: 5 Stb in 1 Einstichstelle häkeln, dabei jedes Stb einzeln abmaschen, nach dem 5. Stb in das Abmaschglied des 1. Stb einstechen und die Noppe mit 1 Kettm schließen

Stäbchen- und Noppenmuster

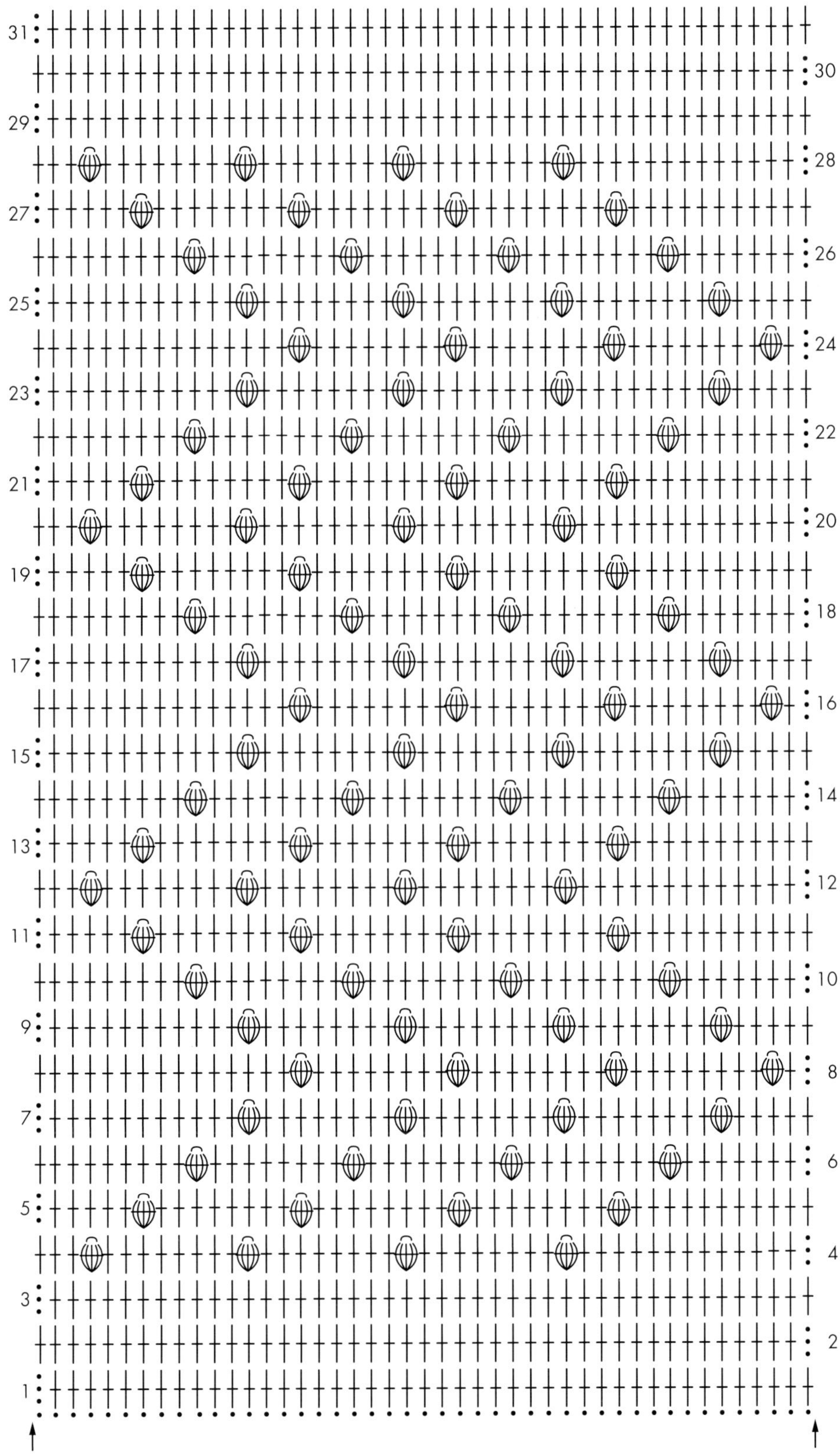

Gute-Laune-*Farben*

Wer immer schon mal Makramee ausprobieren wollte, hat hier das ideale Projekt! Die fröhliche Girlande entsteht aus einzeln geknüpften Elementen, die alle nach dem gleichen Schema geschlungen und geknotet werden. Im Verein mit farbenfrohen Strickkissen verbreiten sie gute Laune pur!

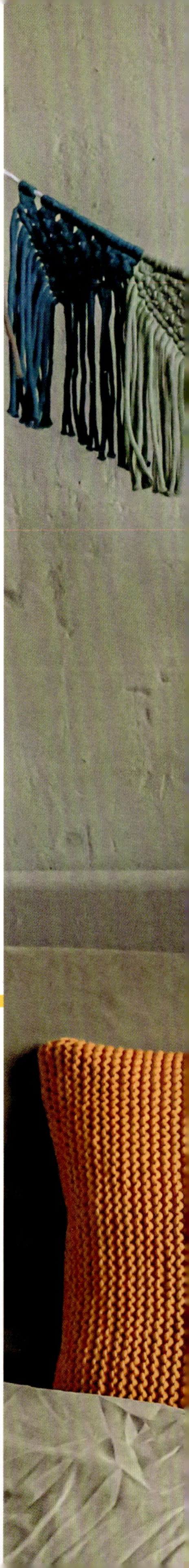

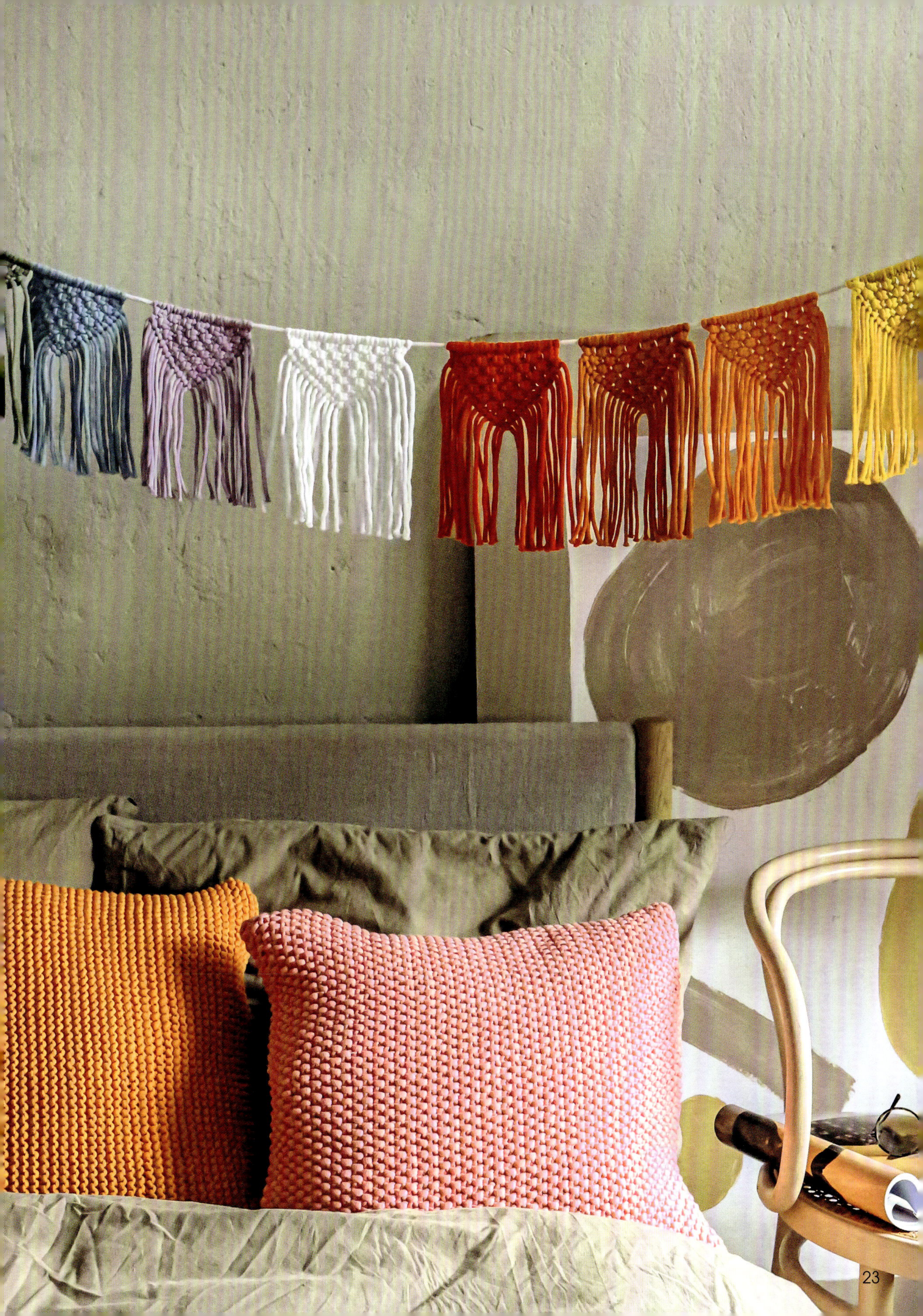

Girlande

GRÖSSE

1 Wimpel misst ca. 9 cm x 14 cm, Fransen ca. 12 –15 cm lang

MATERIAL

Lana Grossa The Tube (60 % Baumwolle, 40 % Nylon, LL = 114 m/200 g): je ca. 200 g Weiß (Fb 1), Creme (Fb 2), Rosa (Fb 3), Gelb (Fb 4), Orange (Fb 5), Rost (Fb 6), Rot (Fb 7), Lila (Fb 9), Mint (Fb 10), Resedagrün (Fb 11), Petrol (Fb 12), Khaki (Fb 13), Rosenholz (Fb 14) und Graubeige (Fb 15); scharfe Schere; starkes Klebeband zum Befestigen des Leitfadens auf einem glatten Untergrund wie z. B. Tischplatte oder Wand oder alternativ 1 breiter Kleiderständer und S-Haken zum Befestigen des Leitfadens beim Knüpfen.

Hinweis: 1 Wimpel wiegt ca. 22 g. Aus 1 Knäuel können also ca. 9 Wimpel hergestellt werden. Falls Sie nicht jede Farbe kaufen wollen, können Sie auch mehrere Wimpel in 1 Farbe herstellen.

MUSTER

Makramee-Knüpfen

Es gibt Knüpf- und Leitfäden. Mit den Knüpffäden werden andere Fäden umschlungen und aufgeknotet. Die Leitfäden hängen nach unten und geben die Knüpfrichtung vor.

Ankerknoten

Der Ankerknoten wird am häufigsten verwendet, um Fäden an einem Stab oder einem horizontalen Leitfaden zu befestigen. Dafür werden die Fäden zur Hälfte gelegt, dann unter den Stab oder Leitfaden geschoben, sodass die Schlinge nach unten hängt, Abb. A. Dann die Fadenenden nach unten über den Stab oder Leitfaden durch die Schlinge führen, Abb. B. Die Fadenenden fest anziehen, um den Knoten zu sichern, Abb. C.

Ankerknoten

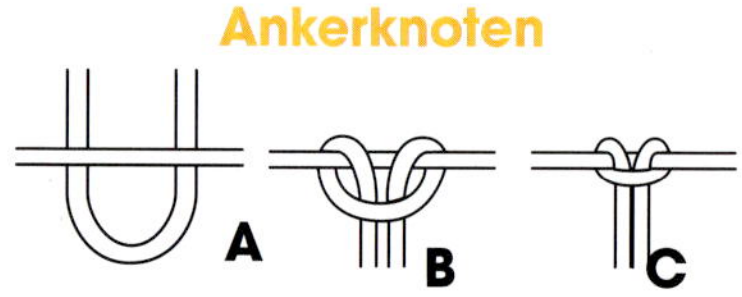

Gute-Laune-Farben

Doppelknoten

Der Doppelknoten (oder Weberknoten) wird aus 2 nebeneinanderliegenden Fadenpaaren gebildet. Die beiden äußeren Fäden (= Knüpffäden) werden im Wechsel über die beiden mittleren Fäden (= Leitfäden) gelegt und miteinander verschlungen, siehe Musterzeichnungen. Die Ziffern bezeichnen die Fäden: (1) und (4) = Knüpffäden, (2) und (3) = Leitfäden.

★ Zunächst den Faden (1) waagerecht über die 2 Leitfäden (2 und 3), dann unter den Faden (4) legen. Nun den Faden (4) waagerecht unter den Leitfäden durchschieben und nach vorne zwischen Faden (1) und (2) hindurchführen, sodass er über Faden (1) liegt. Der Faden (4) läuft nun unter, der Faden (1) über den Leitfäden durch. Nun den Faden (1) waagerecht zurück über die Leitfäden und unter Faden (4) hindurchführen. Dann Faden (4) wieder unter den Leitfäden hindurchführen und zwischen den Fäden (3) und (1) nach vorne durchholen. Jetzt die Knüpffäden gleichmäßig anziehen, dabei darauf achten, dass die Leitfäden stramm gehalten werden. Die Arbeitsschritte ab ★ so oft wiederholen wie in der Anleitung angegeben. Danach die Knoten dicht aneinanderschieben.

Doppelknoten

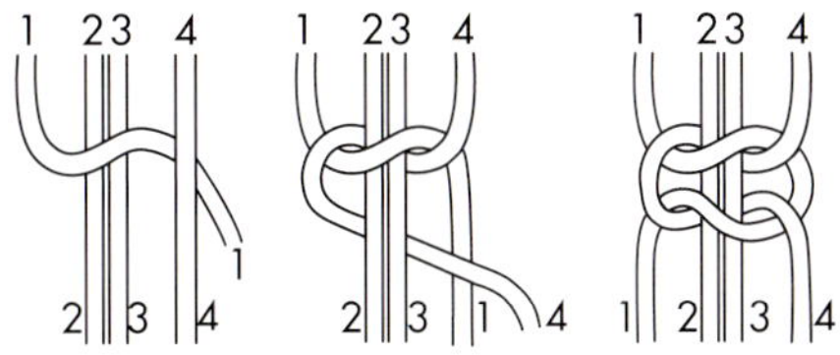

Versetzte Doppelknoten

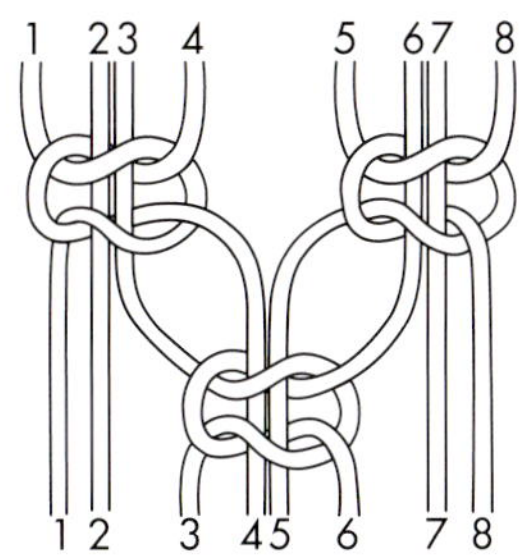

Halber Schlag

Halbe Schläge werden mit 1 Knüpffaden und 1 Leitfaden gebildet. Der Knüpffaden wird von oben nach unten unter dem querliegenden Leitfaden durchgeführt, wieder nach oben genommen und gemäß Musterzeichnung um den Leitfaden gewickelt. Dies wird <u>für einen doppelten halben Schlag</u> 1x wiederholt, wobei sich ab dem 2. halben Schlag eine Schlinge bildet, durch die der Knüpffaden durchgeführt wird. Es können mehrere doppelte halbe Schläge nebeneinander gebildet werden.

Halber Schlag

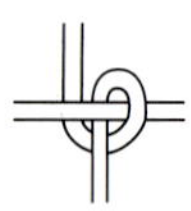

Doppelter halber Schlag

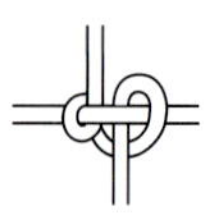

ANLEITUNG

<u>Hinweis:</u> Da das Garn im Gegensatz zu einem klassischen Makramee-Garn sehr weich ist, sollten die Knüpffäden gleichmäßig, aber nicht zu fest angezogen werden.

Für 1 Wimpel in der Wunschfarbe 14 Fäden von je 1 m Länge für die Knüpffäden und 1 Leitfaden von 2 m Länge zuschneiden. Den Leitfaden zur Hälfte legen und diesen doppeltgelegten Faden an einer Tischplatte oder Wand festkleben. Alternativ den doppelten Leitfaden straff zwischen die Enden eines Kleiderständers spannen. Nun alle 14 Fäden jeweils mit 1 Ankerknoten am Leitfaden befestigen, siehe Abb. 1, dabei auf gleiche Länge der Fäden achten (= 28 Fäden).

<u>1. Knoten-R:</u> 7 Doppelknoten mit je 4 Fäden nebeneinanderknüpfen, siehe Abb. 3.

<u>2. Knoten-R:</u> 6 versetzte Doppelknoten darunter knüpfen. Dazu je 2 Fäden des einen und 2 Fäden des folgenden Doppelknotens aus der 1. R verwenden. An beiden Seiten bleiben je 2 Fäden übrig.

<u>3. Knoten-R:</u> Das Muster der Vor-R wiederholen, dabei an beiden Seiten wieder je 2 Fäden hängenlassen und 5 versetzte Dop-

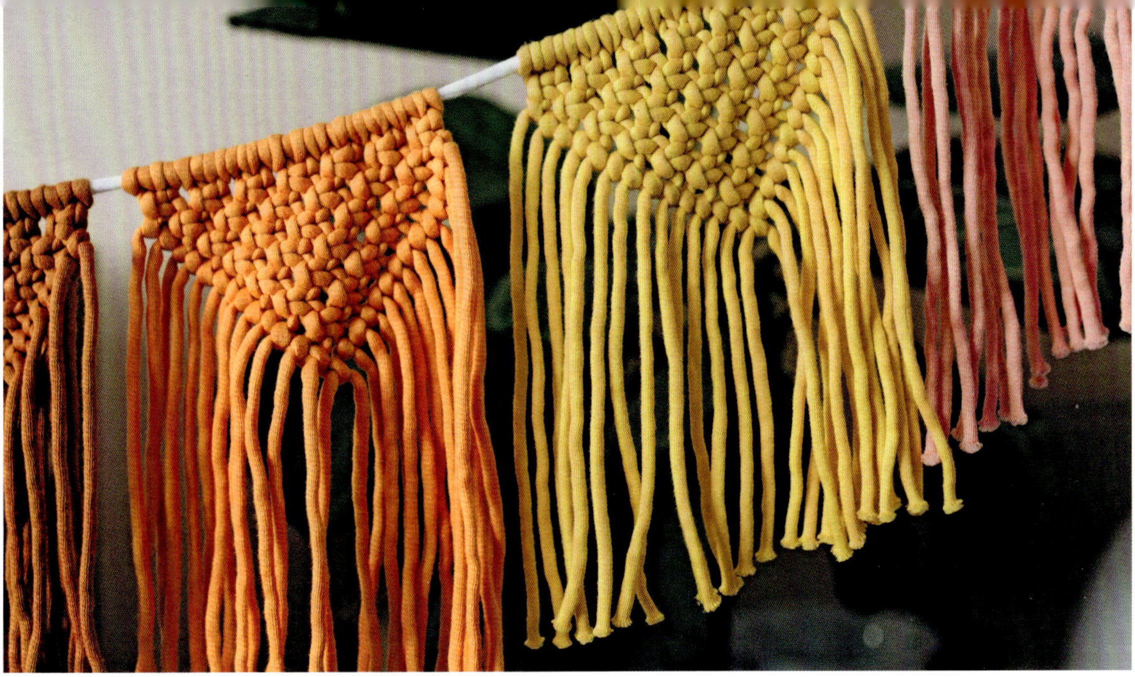

pelknoten knüpfen. Die versetzten Doppelknoten so lange wiederholen, bis in der Mitte 1 Knoten geknüpft wird, dabei stets an beiden Seiten je 2 weitere Fäden hängen lassen. Es sind dann insgesamt 7 Knoten-R gearbeitet worden. Nun den links außen liegenden Faden als Leitfaden nehmen und diesen diagonal am Rand des Doppelknotenmusters entlang zur Spitze führen. Daran nacheinander einen der folgenden herunterhängenden Fäden jeweils mit 1 doppelten halben Schlag anknüpfen, dabei wie an einem querliegenden Leitfaden arbeiten. So erhält der Wimpel einen festeren Rand, siehe Abb. 2. Wenn die Spitze unten erreicht ist, die Gegenseite ebenso bearbeiten. Für die Girlande 3 Wimpel in Weiß und von jeder anderen Farbe je 1 Wimpel anfertigen. Alle Wimpel in beliebiger Farbfolge oder entsprechend dem Modellbild nacheinander mit einem kleinen Abstand am ursprünglichen gedoppelten Leitfaden anknüpfen.

ZU GUTER LETZT

Alle Fäden entweder entsprechend dem Modellbild oder nach Belieben abschneiden. Bei jedem abgebildeten Wimpel haben die Fransen in der Mitte eine Länge von 12 cm und sind seitlich länger, da sie gerade abgeschnitten sind.

Ankerknoten

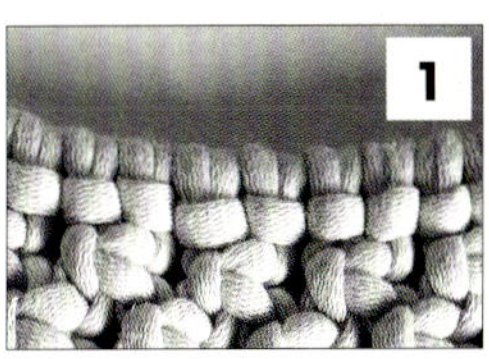

Doppelte halbe Schläge

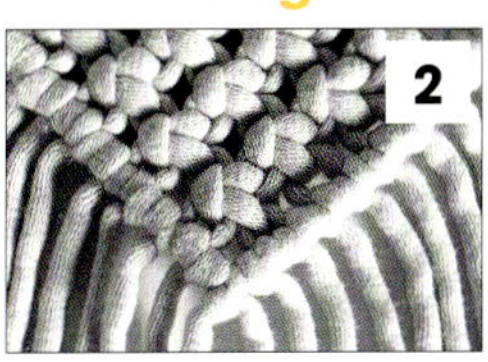

Ganzer Wimpel

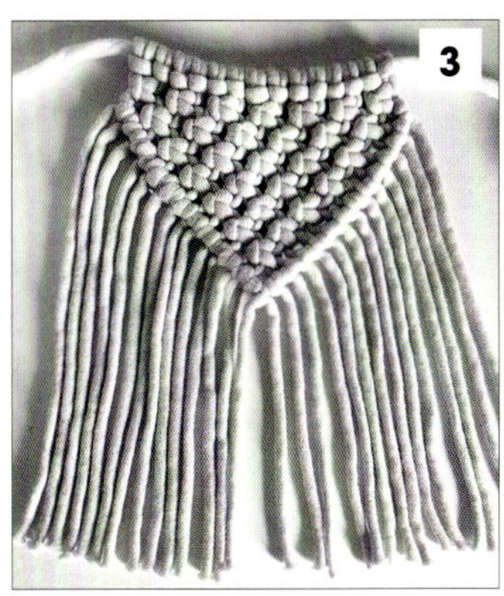

Kissenhülle orange

GRÖSSE

ca. 41,5 cm x 41,5 cm, für eine Kissenfüllung von 45 cm x 45 cm

MATERIAL

Lana Grossa The Tube (60 % Baumwolle, 40 % Nylon, LL = 114 m/200 g): 600 g Orange (Fb 5); Stricknadeln 8 mm; 1 waschbare Kissenfüllung, 45 cm x 45 cm.

MASCHENPROBE

10,5 M und 22 R kraus rechts mit Nadel 8 mm = 10 cm x 10 cm.

MUSTER

Knötchenrand

Die 1. M jeder R wie zum Rechtsstricken abheben. Die letzte M jeder R rechts stricken. Beide Ränder mit Knötchenrand arbeiten.

Kraus rechts

In Hin- und Rückr rechte M stricken.

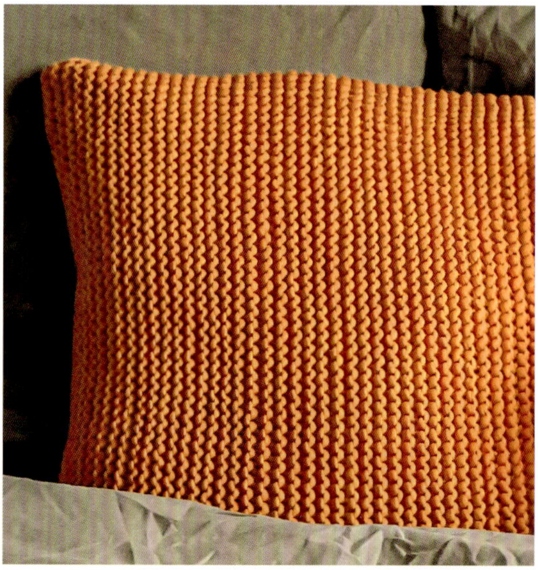

Gute-Laune-Farben

ANLEITUNG

Hinweis: Beide Hüllenseiten werden in einem Stück gestrickt, dabei wird mit der Vorderseite begonnen. Der Pfeil in der Schnittskizze gibt die Strickrichtung an.

46 M anschlagen und kraus rechts stricken. Nach 41,5 cm = 92 R ab Anschlag an beiden Seiten je 1 Markierung anbringen. Hier ist die Mitte (= Bruch) erreicht. Nun für die Rückseite gerade weiterstricken. Nach 41,5 cm = 92 R ab Bruch die M abketten.

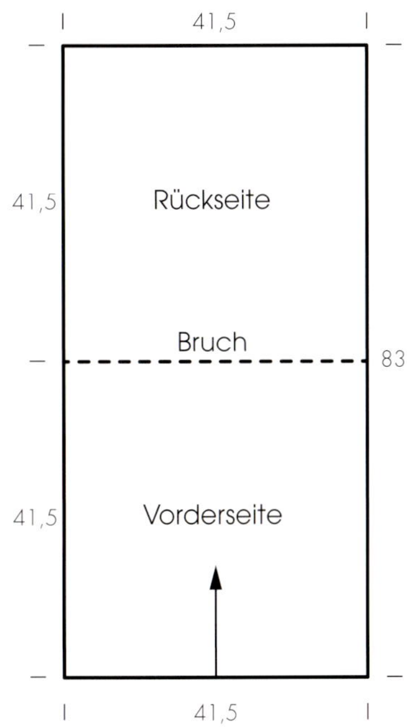

ZU GUTER LETZT

Das Teil spannen, anfeuchten und trocknen lassen. Die Hülle im Bruch links auf links zur Hälfte legen. Zunächst die Seitennähte im Matratzenstich schließen. Die Kissenfüllung einschieben und die untere Naht schließen.

Kissenhülle rosa

GRÖSSE
ca. 44 cm x 44 cm, für eine Kissenfüllung von 45 cm x 45 cm

MATERIAL
Lana Grossa The Tube (60 % Baumwolle, 40 % Nylon, LL = 114 m/200 g): 600 g Rosa (Fb 3); Stricknadeln 9 mm; 1 waschbare Kissenfüllung, 45 cm x 45 cm.

MASCHENPROBE
10 M und 17 R im Perlmuster mit Nadel 9 mm = 10 cm x 10 cm.

MUSTER
Knötchenrand

Die 1. M jeder R wie zum Rechtsstricken abheben. Die letzte M jeder R rechts stricken. Beide Ränder mit Knötchenrand arbeiten.

Perlmuster

1 M rechts, 1 M links im Wechsel stricken. Das Muster in jeder R um 1 M versetzen.

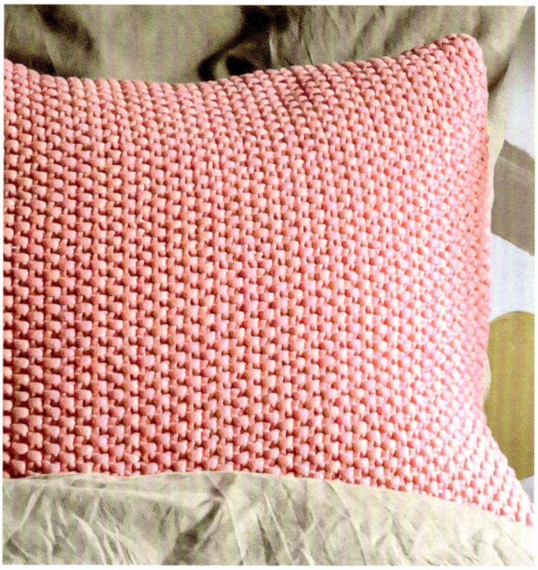

Gute-Laune-Farben

ANLEITUNG

Hinweis: Beide Hüllenseiten werden in einem Stück gestrickt, dabei wird mit der Vorderseite begonnen. Der Pfeil in der Schnittskizze gibt die Strickrichtung an.

46 M anschlagen und im Perlmuster stricken. Nach 44 cm = 74 R ab Anschlag an beiden Seiten je 1 Markierung anbringen. Hier ist die Mitte (= Bruch) erreicht. Nun für die Rückseite gerade weiterstricken. Nach 44 cm = 74 R ab Bruch die M abketten.

ZU GUTER LETZT

Das Teil spannen, anfeuchten und trocknen lassen. Die Hülle im Bruch links auf links zur Hälfte legen. Zunächst die Seitennähte im Matratzenstich schließen. Die Kissenfüllung einschieben und die untere Naht schließen.

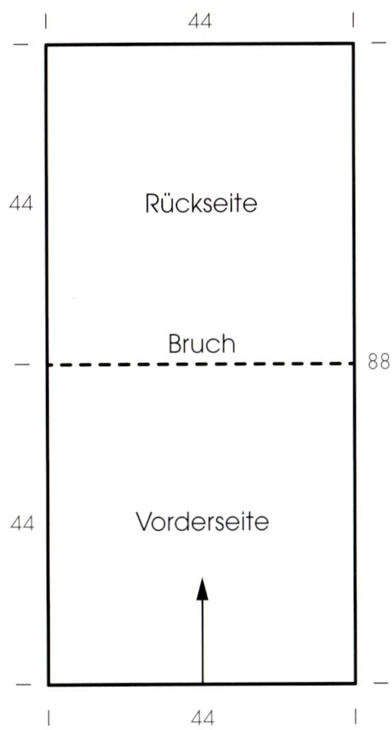

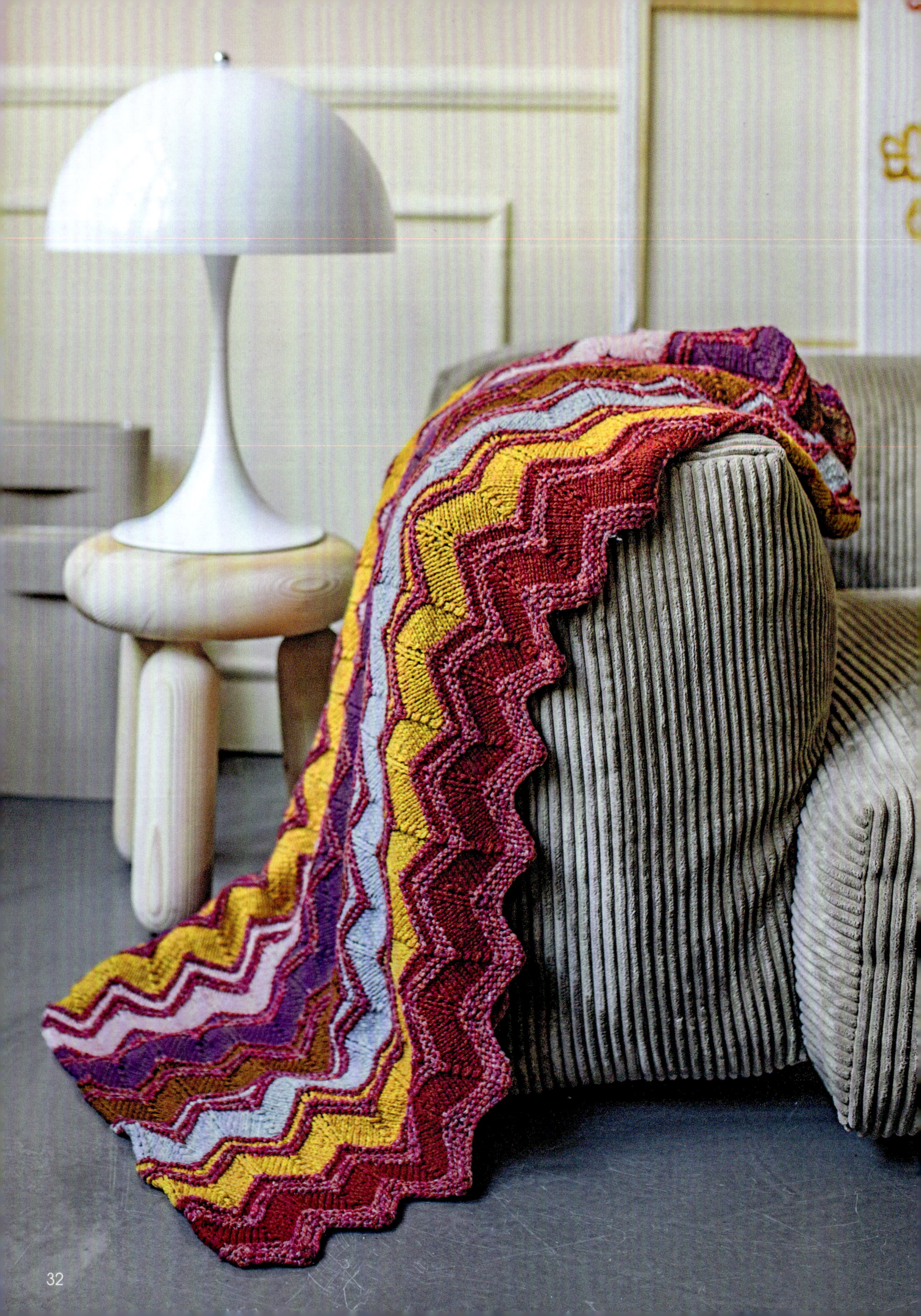

Zickzack *Dynamik*

Das Muster bringt ordentlich Bewegung in die Masche! Dabei ist es recht strickleicht, es wird glatt und kraus rechts gestrickt, das Auf und Ab entsteht durch Umschläge und doppelte Überzüge. Sieht super aus und lädt zum Einkuscheln ein – dafür sorgen weiche Merinowolle und wunderschöne Farben!

Zackendecke

GRÖSSE
ca. 114 cm x 145 cm

MATERIAL
Lana Grossa Cool Merino (90 % Schurwolle (Merino), 10 % Polyamid, LL = 150 m/50 g): 300 g Rot/Rosa/Grau/Dunkelrot (Fb 101), 150 g Dunkelrot (Fb 1), 100 g Fuchsia (Fb 2), 100 g Goldgelb (Fb 8) und je 50 g Nougat (Fb 9), Rosa (Fb 10), Camel (Fb 11), Hellgrau (Fb 13); Stricknadeln 5,5 mm.

MASCHENPROBE
20 M und 22 R im Zackenmuster mit Nadel 5,5 mm = 10 cm x 10 cm.

MUSTER
Zackenmuster
Nach der Strickschrift arbeiten. Es sind nur die Hinr gezeichnet. Die Hinr von rechts nach links lesen. In den Rückr die M stricken, wie in der Zeichenerklärung beschrieben ist. In der Breite den Rapport über 18 M stets wiederholen und mit der ersten M des Rapports enden. In der Höhe 2x die 1. – 2. R stricken, dann die 1. – 16. R stets wiederholen und enden mit 1x der 1. – 14. R, dann noch 1x die 1. und 2. R stricken.

Farbfolge
Alle kraus rechten R des Zackenmusters (= die 1. und 2. R sowie die 11. – 14. R jedes Höhenrapports) stets in Rot/Rosa/Grau/Dunkelrot arbeiten. Alle glatt rechten R (= die 3. – 10. R und die 15. – 16. R) in der nachfolgenden Farbfolge stricken, dabei wechselt die Farbe mit jedem neuen Höherapport: * Dunkelrot, Goldgelb, Hellgrau, Nougat, Fuchsia, Rosa, Goldgelb, Fuchsia, Camel, ab * stets wiederholen.

Zickzack Dynamik

ANLEITUNG

237 M mit Rot/Rosa/Grau/Dunkelrot anschlagen und zwischen 2 Randm im Zackenmuster in der Farbfolge stricken. Nach ca. 145 cm ab Anschlag bzw. rechtzeitig, bevor das Garn zur Neige geht, alle M abketten.

Zackenmuster

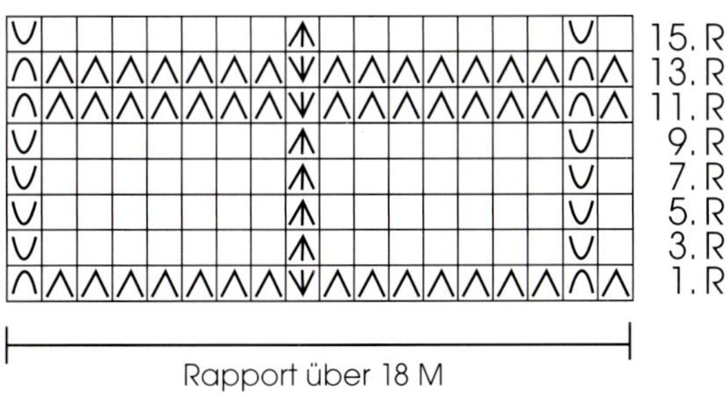

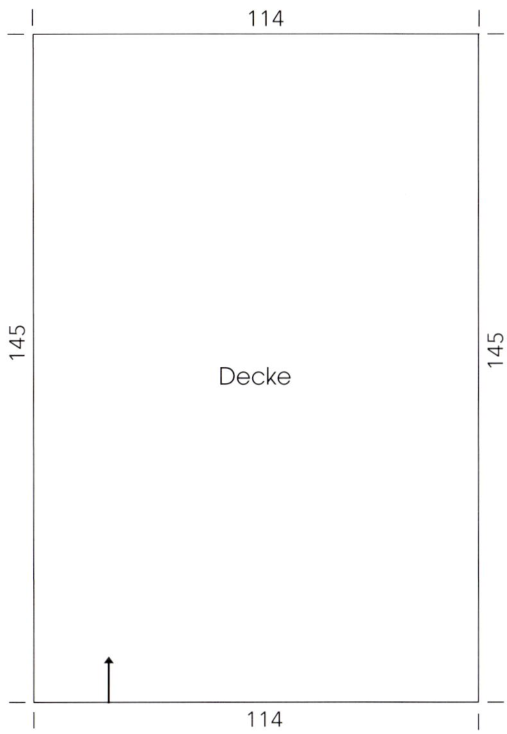

Zeichenerklärung:

- ☐ = 1 M glatt rechts (in Hinr rechts, in Rückr links stricken)
- ⋀ = 1 M kraus rechts (in Hin- und Rückr rechts stricken)
- ⋁ = 1 Umschlag (in der folgenden Rückr links verschränkt stricken)
- ∩ = 1 Umschlag (in der folgenden Rückr rechts verschränkt stricken)
- ⩚ = 1 doppelter Überzug (= 1 M wie zum Rechtsstricken abheben, 2 M rechts zusammenstricken, die abgehobene M über die gestrickten M ziehen; in der folgenden Rückr links stricken)
- ⩛ = 1 doppelter Überzug (= 1 M wie zum Rechtsstricken abheben, 2 M rechts zusammenstricken, die abgehobene M über die gestrickten M ziehen; in der folgenden Rückr rechts stricken)

Flächen *spiel*

16 supereasy von der Spitze aus kraus rechts gestrickte Quadrate werden für die Vorderseite dieser grafisch-bunten Kissenhülle zusammengesetzt, die Rückseite wird am Stück uni genadelt. Die einfache Machart zeigt dank ausgeklügelter Farbauswahl und -verteilung einen spektakulären Effekt!

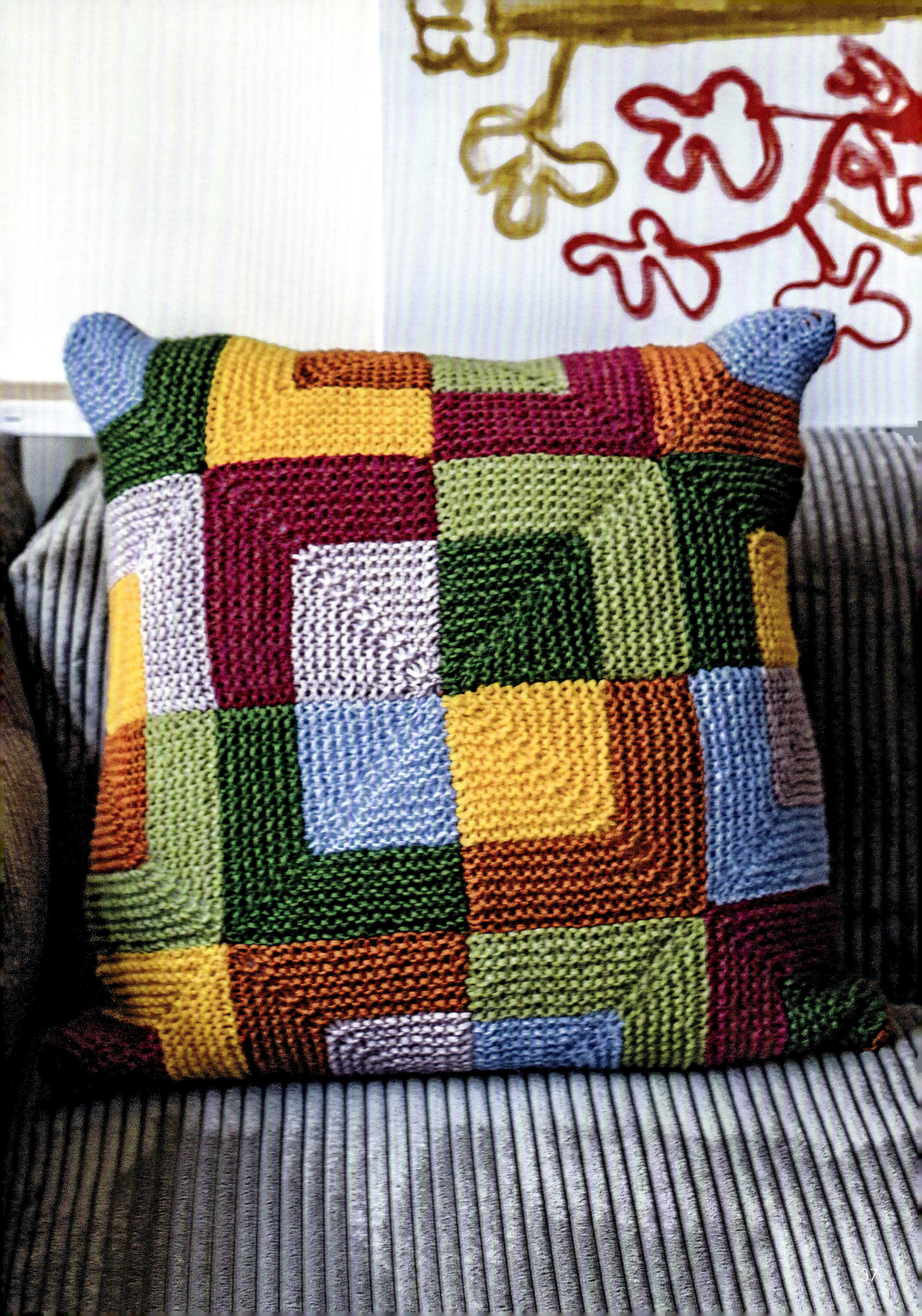

Kissen

GRÖSSE
ca. 50 cm x 50 cm

MATERIAL
Lana Grossa Brigitte No. 2 (47 % (Baby) Alpaka, 45 % Baumwolle, 8 % Schurwolle (Merino), LL = 140 m/50 g): 150 g Zimtorange (Fb 32), je 50 g Dottergelb (Fb 31), Fuchsia (Fb 38), Hellblau (Fb 23), Kiwi (Fb 39), Altrosa (Fb 12) und Grün (Fb 1); Stricknadeln 5 mm; 1 Maschenmarkierer; 1 waschbares Kissen-Inlay 50 cm x 50 cm.

MASCHENPROBE
16 M und 30 R kraus rechts mit Nadel 5 mm = 10 cm x 10 cm.

MUSTER
Kraus rechts
In Hin- und Rückr rechte M stricken.

ANLEITUNG
Für die **Vorderseite** insgesamt 16 Quadrate stricken, Farbeinteilung siehe Schema. Je Quadrat 1 M anschlagen in der 1. R 3 M aus dieser M herausstricken: 1 M rechts, 1 M rechts verschränkt, 1 M rechts. Ab der folgenden R kraus rechts stricken, dabei die mittlere M markieren und in jeder Hinr vor und nach der markierten M je 1 Umschlag arbeiten, die Umschläge in der folgenden Rückr rechts verschränkt stricken. Wenn nach einer Rückr 25 M auf der Nadel liegen, die Farbe wechseln und auf die gleiche Weise weiterarbeiten. Wenn nach einer Hinr 39 M auf der Nadel liegen, diese in der folgenden Rückr abketten. Für die **Rückseite** 82 M mit Zimtorange anschlagen und 50 cm kraus rechts stricken, dann alle M abketten.

Flächen *spiel*

ZU GUTER LETZT

Die 16 Quadrate gemäß der Zeichnung zusammennähen. Vorder- und Rückseite links auf links aufeinanderlegen und im Matratzenstich 3 Seiten schließen. Dann das Kissen-Inlay einlegen und die offene Naht schließen.

Kissenbezug-Vorderseite aus 16 Quadraten

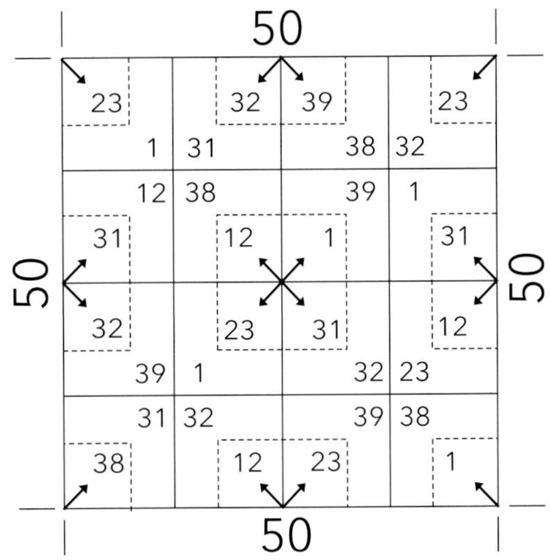

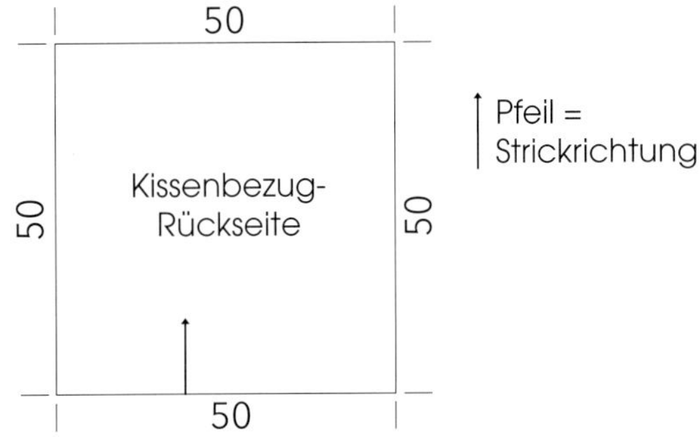

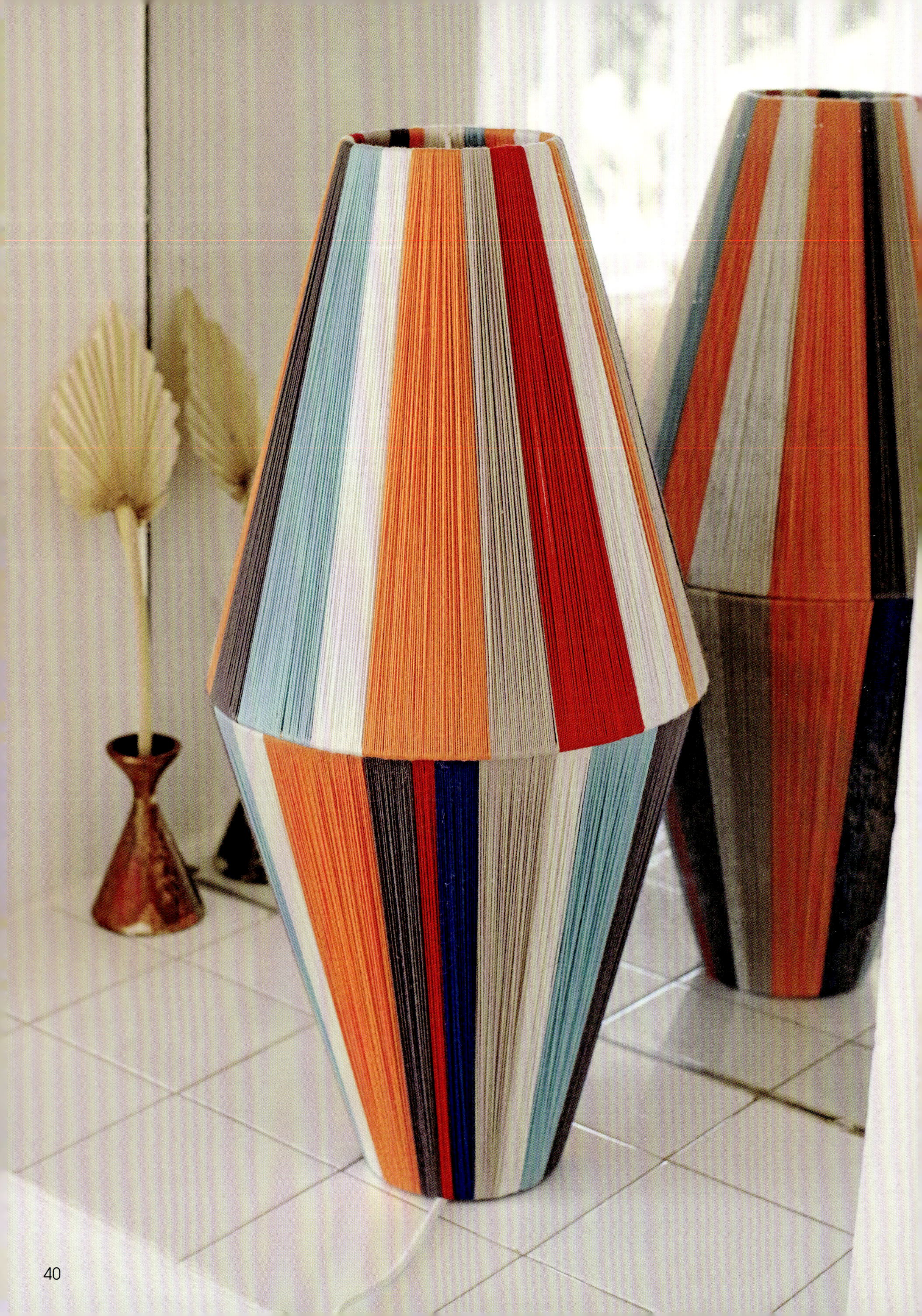

Bunter *Lichtblick*

Gar nicht schief gewickelt: Zwei schlichte Lampenschirm-Gestelle werden farbenfroh und dicht an dicht mit Wollgarn bespannt und aufeinander montiert. So entsteht eine Tischlampe, die warmes, angenehm gedämpftes Licht verbreitet und als Unikat einen individuellen Wohnakzent setzt.

Tischlampe

GRÖSSE

oben und unten ca. 12,5 cm ø, in der Mitte 30 cm ø, 63 cm hoch

MATERIAL

Lana Grossa Cool Wool (100 % Schurwolle (Merino extrafine, filzfrei), LL = 160 m/50 g): je 100 g Ecru (Fb 432) und Mandarin (Fb 418), je 50 g Leuchtendrot (Fb 417), Türkis (Fb 2020), Graubraun (Fb 558), Beige (Fb 526), Weiß (Fb 431) und Marine (Fb 2099); 2 Lampenschirmgestelle von Modulor (www.modulor.de), rund, konische Form, hängend, 31,5 cm hoch, ø von 30 bis 12,5 cm, Art. 0319319; dünnes doppelseitiges Klebeband.

Bunter *Lichtblick*

ANLEITUNG

Tipp: Den oberen und unteren Rand der Lampenschirme jeweils mit dünnem doppelseitigem Klebeband einfassen, damit die Fäden an ihrem Platz bleiben.

Die Gestelle ganz dicht mit der Wolle umwickeln und die Fäden gut anspannen, damit sie nicht verrutschen. Die Farben entsprechend dem Modellbild oder nach Belieben wählen. Die Umwicklungen unterschiedlich breit ausführen. Beim Farbwechsel jeweils Anfangs- und Endfaden gut miteinander verknoten. Es sollte keine Lücke zwischen den gespannten Fäden bleiben. Wenn die Gestelle ringsum umwickelt sind, die Teile mit Knoten beenden, das bedeutet, dass der Endfaden wieder an den 1. Anfangsfaden angeknotet wird. Immer darauf achten, dass die Knoten auf der Innenseite liegen.

ZU GUTER LETZT

Die Endfäden je ca. 1 cm ab Knoten abschneiden. Die Lampenschirme gemäß Abbildung bzw. Schema übereinanderstellen. Dann an einigen Stellen mit Fäden in der entsprechenden Farbe verbinden, auf der Innenseite miteinander verknoten und zurückschneiden.

Kuscheln *im Quadrat*

Nach dem Schema der allseits beliebten Granny Squares wird diese Schmusedecke aus supersoftem Alpakagarn gehäkelt – allerdings im XXL-Format! Mit Stäbchen kommen Sie rasch voran, das Muster haben Sie schnell raus – freuen Sie sich auf kuschelig-coolen Maschenspaß mit dekorativem Ergebnis!

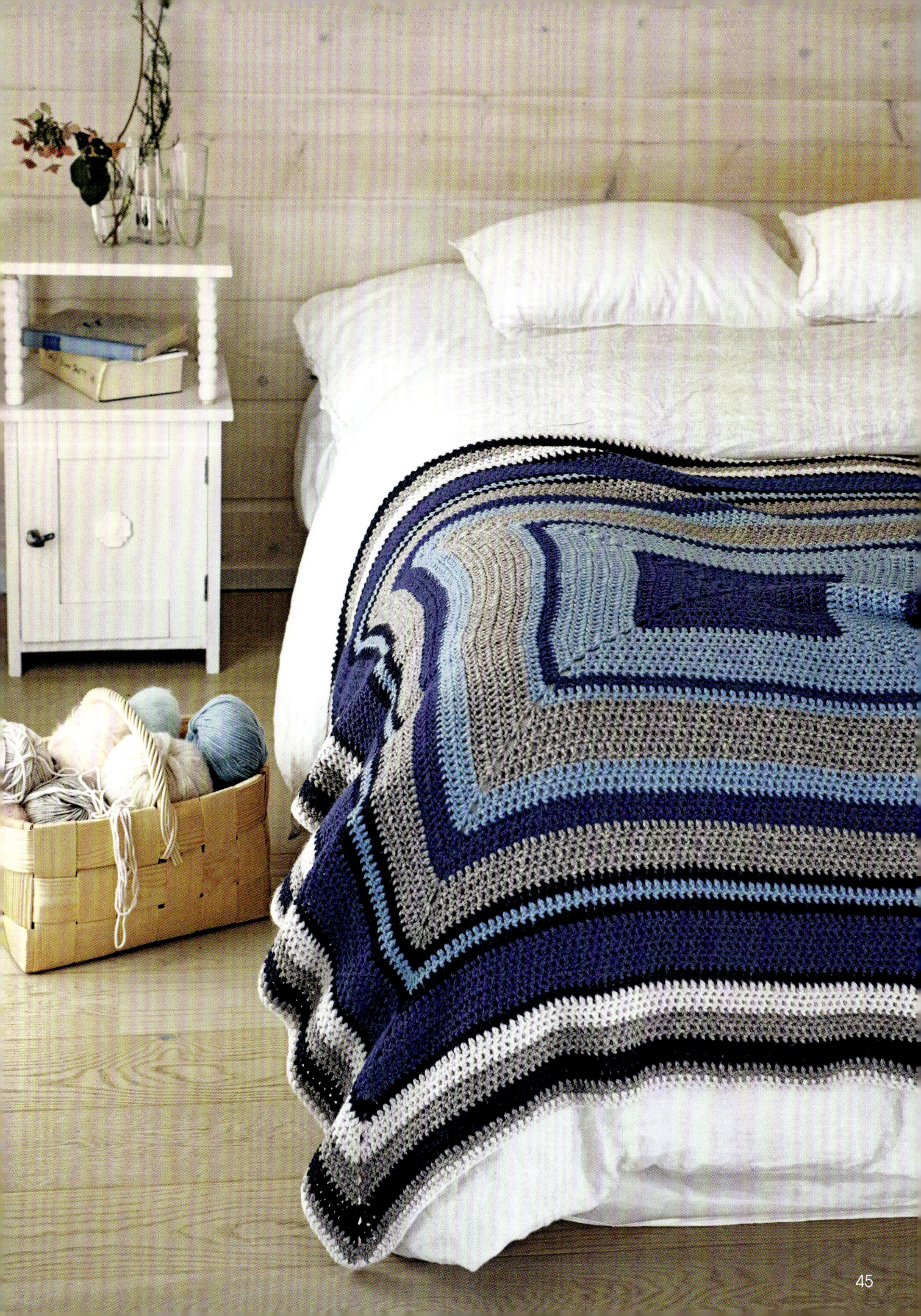

Riesengranny-Decke

GRÖSSE
ca. 130 cm x 130 cm

MATERIAL
Lana Grossa Alta Moda Alpaca (90 % (Baby) Alpaca, 5 % Schurwolle (Merino), 5 % Polyamid, LL = 140 m/50 g): 200 g Petrol/Royal meliert (Fb 36), 200 g Grau/Beige meliert (Fb 15), 150 g Nachtblau (Fb 5), 100 g Natur (Fb 72), 100 g helles Jeansblau (Fb 81); Häkelnadel 7 mm.

MASCHENPROBE
12 Stb und 6 R mit Nadel 7 mm = 10 cm x 10 cm.

MUSTER
Häkel-Granny

Nach der Häkelschrift in 40 Rd häkeln. Die Ziffern bezeichnen die Rd-Übergänge. Zunächst 4 Luftm anschlagen und mit 1 Kettm zum Ring schließen. Den Ring in der 1. Rd wie gezeichnet mit 4x (3 Stb, 2 Luftm) behäkeln, dabei das 1. Stb durch 3 Luftm ersetzen. Diese und jede folgende Rd mit 1 Kettm schließen. Zu jeder folgenden Rd mit 1 Kettm vorgehen. Ab der 2. Rd an jeder Ecke 2x je (2 Stb, 2 Luftm) häkeln, dabei das 1. Stb der Rd jeweils durch 3 Luftm ersetzen, dazwischen je 1 Stb auf jedes Stb der Vor-Rd häkeln. Dadurch vergrößert sich das Motiv. Gezeichnet sind die ersten 5 Rd, dann nach dem gleichen Prinzip weiterarbeiten und nach der 40. Rd das Motiv beenden.

Kuscheln *im Quadrat*

Farbfolge

6 Rd Petrol/Royal meliert, 5 Rd helles Jeansblau, 1 Rd Petrol/Royal meliert, 1 Rd helles Jeansblau, 4 Rd Grau/Beige meliert, 2 Rd helles Jeansblau, 2 Rd Petrol/Royal meliert, 3 Rd Grau/Beige meliert, 1 Rd Nachtblau, 1 Rd helles Jeansblau, 1 Rd Nachtblau, 4 Rd Petrol/Royal meliert, 1 Rd Nachtblau, 2 Rd Natur, 2 Rd Grau/Beige meliert, 2 Rd Nachtblau, 1 Rd Grau/Beige meliert, 1 Rd Natur.

ANLEITUNG

In Petrol/Royal meliert nach der Häkelschrift in der Farbfolge häkeln.

Häkel-Granny

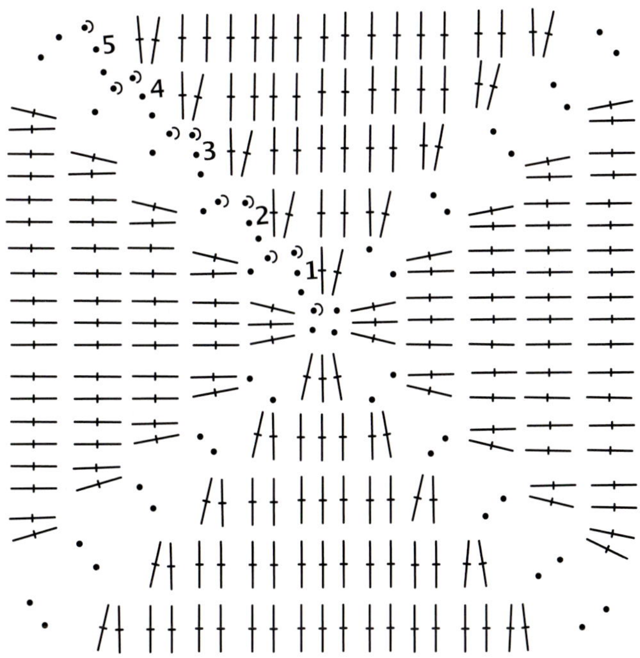

Zeichenerklärung:

- • = 1 Luftm
- ⌒ = 1 Kettm
- ┼ = 1 Stb

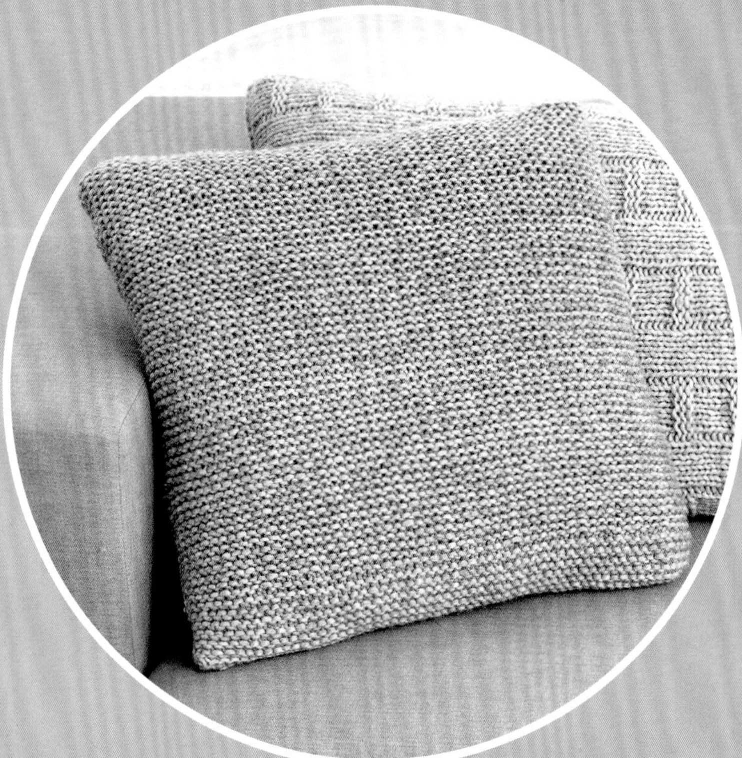

Kühles Understatement

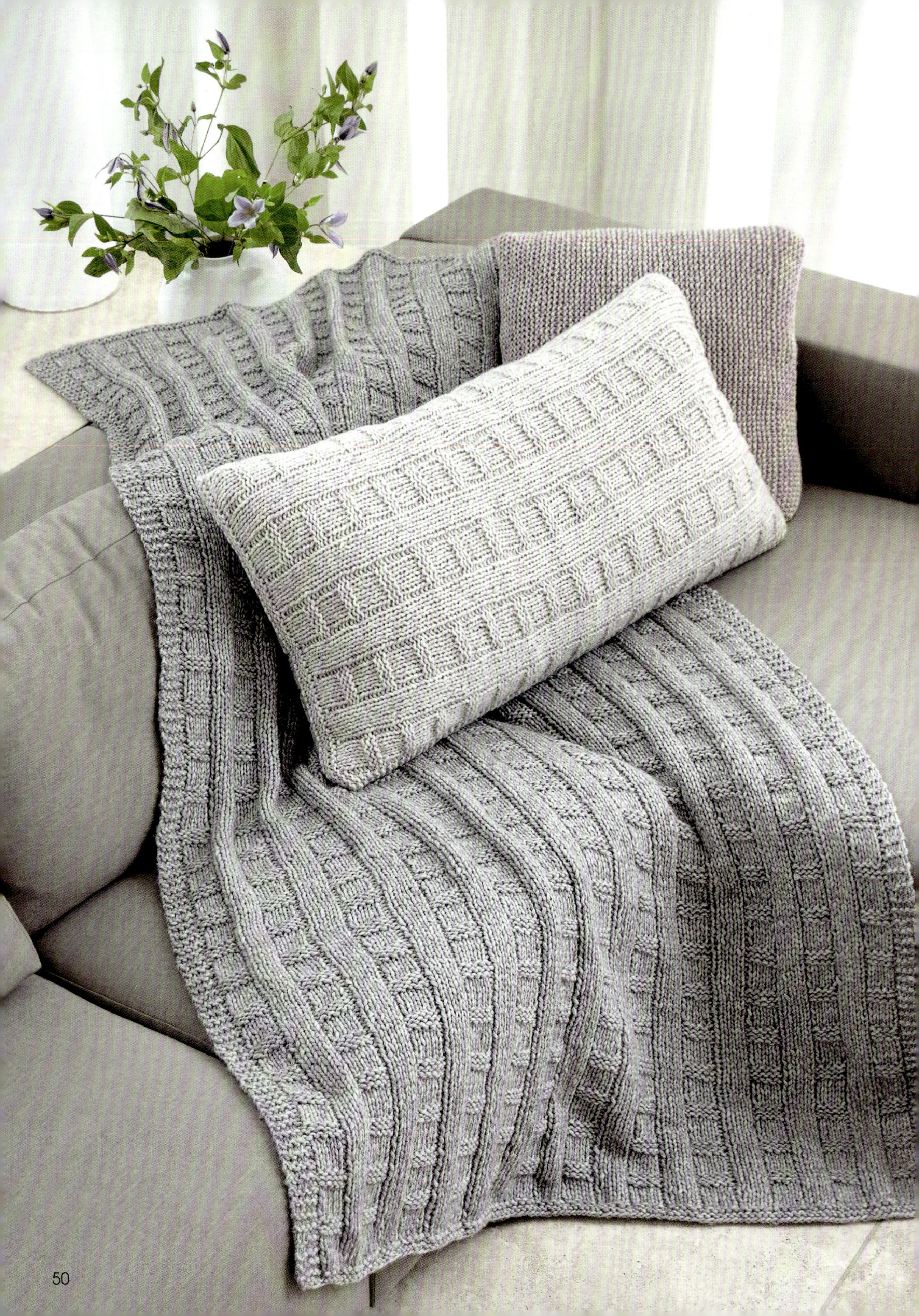

Weniger *ist mehr*

Sanfte, zurückhaltende Farben, klare Formen, edle Naturfasern und grafisch inspirierte Strukturmuster nur aus rechten und linken Maschen beweisen, dass das Motto der Minimalisten nach wie vor Gültigkeit hat: Mit reduzierten Mitteln kreieren Sie ein stilvolles, aber gemütliches Ambiente!

Decke

GRÖSSE
ca. 177 cm x 116 cm

MATERIAL
Lana Grossa Landlust Winterwolle (50 % Schurwolle (Merino), 35 % Baumwolle, 15 % Yak, LL = 70 m/50 g): 950 g Hellgrau Meliert (Fb 9); 1 Rundstricknadel 9 mm, 120 cm lang.

MASCHENPROBE
10,5 M und 16 R im Strukturmuster mit Nadel 9 mm = 10 cm x 10 cm.

MUSTER
Knötchenrand

Die 1. M jeder R wie zum Rechtsstricken abheben. Die letzte M jeder R rechts stricken. Beide Ränder mit Knötchenrand arbeiten.

Kraus rechts

In Hin- und Rückr rechte M stricken.

Strukturmuster

Nach der Strickschrift arbeiten. Die Ziffern rechts außen bezeichnen die Hinr, die Ziffern links außen die Rückr. **In der Breite** den Rapport von 10 M zwischen den Pfeilen stets wiederholen und mit den M nach dem 2. Pfeil enden. **In der Höhe** 1x die 1. – 13. R arbeiten, dann die 6. – 13. R stets wiederholen.

Weniger *ist mehr*

ANLEITUNG

124 M mit der Rundstricknadel anschlagen und für die Blende 2 cm = 3 R kraus rechts stricken, dabei mit 1 Rückr beginnen. Dann in der folgenden Einteilung weiterarbeiten: Randm, 3 M kraus rechts (= Randblende), 116 M Strukturmuster (= 11 Rapporte = 110 M + 6 M nach dem 2. Pfeil), 3 M kraus rechts (= Randblende), Randm. Nach 173 cm = 277 R ab Ende der Anfangsblende für die Abschlussblende über alle M noch 2 cm = 4 R kraus rechts anfügen. Nun die M locker abketten.

ZU GUTER LETZT

Das Teil spannen, anfeuchten und trocknen lassen. Alle Fäden sorgfältig auf der Rückseite vernähen.

Strukturmuster

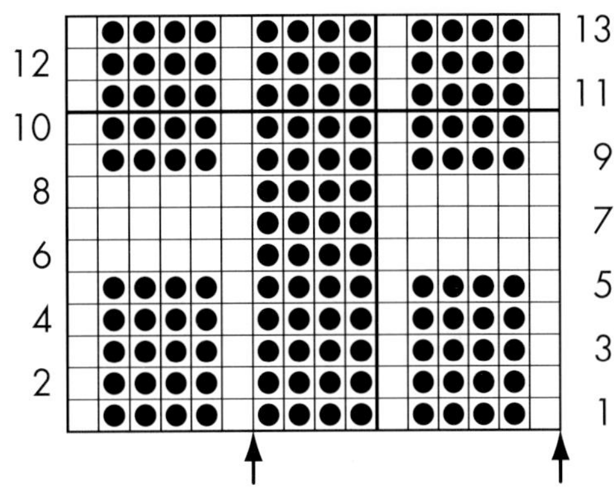

Zeichenerklärung:

● = 1 M glatt rechts (in Hinr rechte M, in Rückr linke M stricken)

□ = 1 M glatt links (in Hinr linke M, in Rückr rechte M stricken)

Kissenhülle natur

GRÖSSE

ca. 42 cm x 87 cm für eine Kissenfüllung von 45 cm x 90 cm

MATERIAL

Lana Grossa Landlust Winterwolle (50 % Schurwolle (Merino), 35 % Baumwolle, 15 % Yak, LL = 70 m/50 g): 450 g Natur Meliert (Fb 10); 1 Rundstricknadel 6,5 mm, 80 cm lang; 1 waschbare Kissenfüllung 45 cm x 90 cm.

MASCHENPROBE

12 M und 18 R Strukturmuster mit Nadel 6,5 mm = 10 cm x 10 cm.

MUSTER

Knötchenrand

Die 1. M jeder R wie zum Rechtsstricken abheben. Die letzte M jeder R rechts stricken. Beide Ränder mit Knötchenrand arbeiten.

Kraus rechts

In Hin- und Rückr rechte M stricken.

Strukturmuster

Nach der Strickschrift arbeiten. Die Ziffern rechts außen bezeichnen die Hinr, die Ziffern links außen die Rückr. In der Breite den Rapport von 10 M zwischen den Pfeilen stets wiederholen und mit den M nach dem 2. Pfeil enden. In der Höhe die 1. – 18. R 8x arbeiten (= 144 R), dann mit der 19. – 24. R enden = 150 R.

Weniger *ist mehr*

ANLEITUNG

Hinweis: Die Kissenhülle wird in einem Stück quer gestrickt. Der Pfeil in der Schnittskizze zeigt die Strickrichtung an.

104 M mit der Rundstricknadel anschlagen. Für die Blende 1,5 cm = 4 R kraus rechts stricken. Dann in folgender Einteilung weiterarbeiten: Randm, 3 M kraus rechts (= Randblende), 96 M Strukturmuster (= 9 Rapporte = 90 M + 6 M nach dem 2. Pfeil), 3 M kraus rechts (= Randblende), Randm. Nach 84 cm =150 R ab Ende der Anfangsblende für die Abschlussblende über alle M noch 1,5 cm = 4 R kraus rechts anfügen. Dann die M locker abketten.

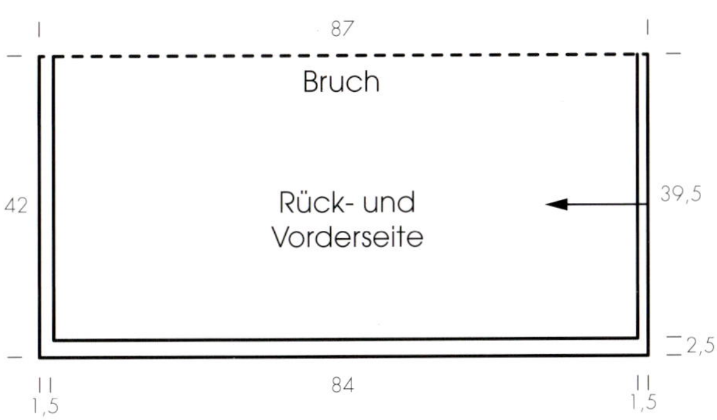

ZU GUTER LETZT

Das Teil spannen, anfeuchten und trocknen lassen. Dann gemäß der Schnittskizze im Bruch zur Hälfte legen. Die Seitennähte schließen. Die Kissenfüllung einschieben. Dann die untere Naht schließen.

Strukturmuster

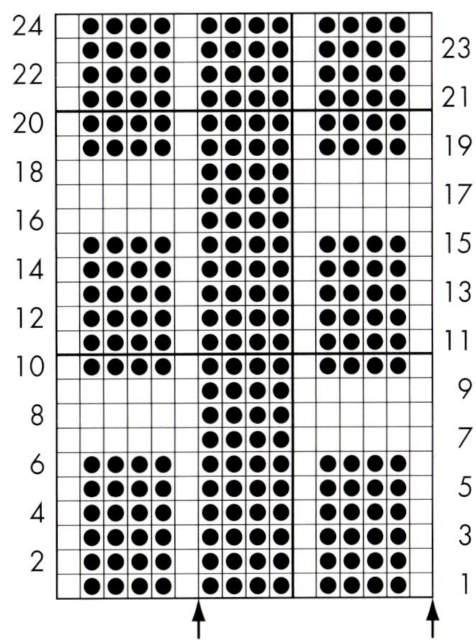

Zeichenerklärung:

● = 1 M glatt rechts (in Hinr rechte M, in Rückr linke M stricken)

□ = 1 M glatt links (in Hinr linke M, in Rückr rechte M stricken)

Kissenhülle rosa

GRÖSSE

ca. 46 cm x 46 cm für eine Kissenfüllung von 50 cm x 50 cm

MATERIAL

Lana Grossa Landlust Winterwolle (50 % Schurwolle (Merino), 35 % Baumwolle, 15 % Yak, LL = 70m/50 g): 350 g Rosa Meliert (Fb 11); 1 Rundstricknadel 7 mm, 100 cm lang; 1 waschbare Kissenfüllung 50 cm x 50 cm.

MASCHENPROBE

12,5 M und 28 R kraus rechts mit Nadel 7 mm = 10 cm x 10 cm.

MUSTER

Knötchenrand

Die 1. M jeder R wie zum Rechtsstricken abheben. Die letzte M jeder R rechts stricken. Beide Ränder mit Knötchenrand arbeiten.

Kraus rechts

In Hin- und Rückr rechte M stricken.

Weniger *ist mehr*

ANLEITUNG

Hinweis: Vorder- und Rückseite werden in einem Stück gestrickt, dabei wird an der unteren Kante begonnen. Der Pfeil im Schnittschema gibt die Strickrichtung an.

17 M mit der Rundstricknadel anschlagen und kraus rechts stricken. Nach 46 cm = 128 R ab Anschlag die M locker abketten.

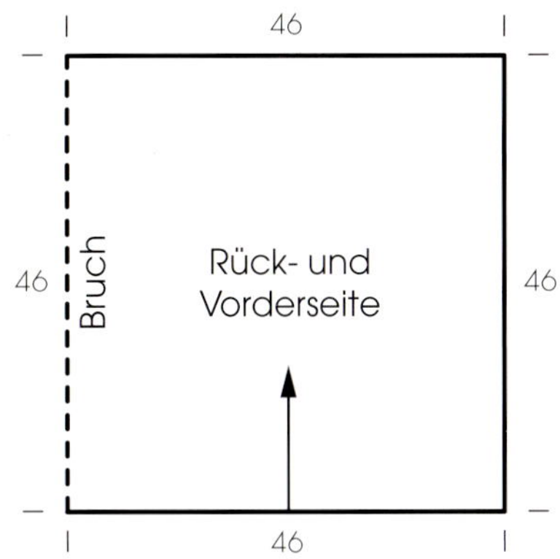

ZU GUTER LETZT

Das Teil spannen, anfeuchten und trocknen lassen. Dann gemäß der Schnittskizze im Bruch zur Hälfte legen und 2 Nähte schließen. Die Kissenfüllung einschieben. Dann die letzte Naht schließen.

Eine *runde* Sache

Mal uni, mal mit Streifen, aber immer im markanten Noppenmuster werden diese Schmuckkugeln gehäkelt, die schlichte Zweige in ein stylisches Deko-Objekt verwandeln. Eine dezente, unbunte Farbigkeit sorgt für einen coolen, zurückhaltenden Gesamteindruck im minimalistischen Look.

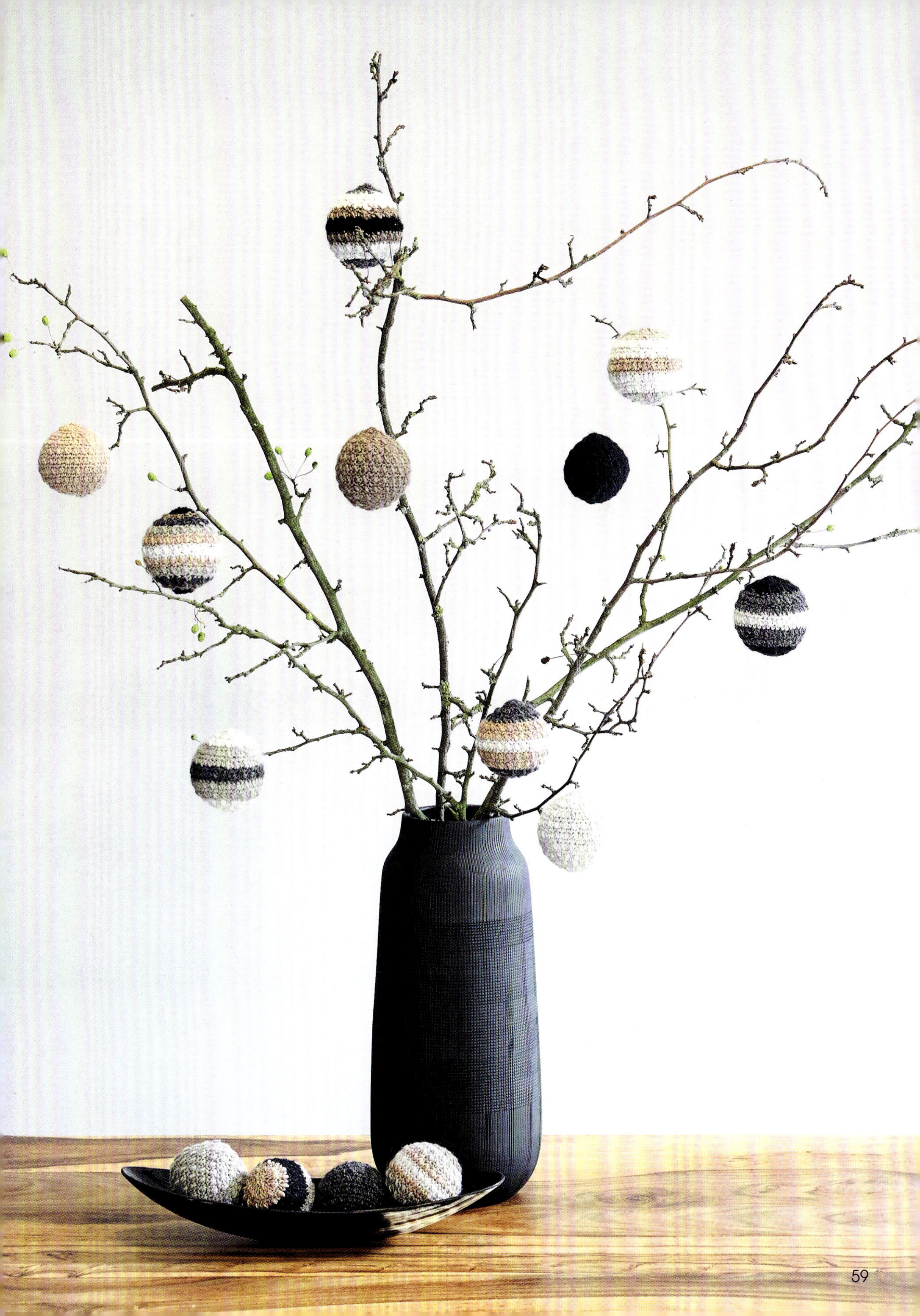

Deko-Kugeln

GRÖSSE

ca. 6 cm ø

MATERIAL

Lana Grossa Ecopuno (72 % Baumwolle, 17 % Schurwolle (Merino), 11 % (Baby) Alpaka, LL = 215 m/50 g): je 50 g Grège (Fb 18), Camel (Fb 32), Dunkelbraun (Fb 17), Dunkelgrau (Fb 15), Khaki (Fb 27) und Schwarz (Fb 16); 1 Häkelnadel 3 mm; 1 Wollnadel von Lana Grossa.

MASCHENPROBE

24 M und 23,5 Rd im Noppenmuster mit Häkelnadel 3 mm = 10 cm x 10 cm.

MUSTER

Feste Maschen

In Rd häkeln. Jede Rd mit 1 Luftm beginnen (sie dient nur zum Aufsteigen in die nächste Rd und ersetzt keine feste M) und mit 1 Kettm in die Anfangs-Luftm zur Rd schließen.

Noppe

2 zusammen abgemaschte halbe Stb (= in die gleiche Einstichstelle 2x (1 Umschlag auf die Nadel legen und 1 Schlinge durchziehen), dann mit 1 neuen Umschlag alle 5 auf der Nadel liegenden Schlingen zusammen abmaschen).

Noppen-Runde

Mit 1 Luftm beginnen, * 1 Noppe, 1 feste M, ab * stets wiederholen. Die Rd mit 1 Kettm in die Anfangs-Luftm schließen.

Noppenmuster

1 Rd feste M und 1 Noppen-Rd im Wechsel häkeln.

Eine *runde* Sache

1 Masche verdoppeln
In 1 M der Vor-Rd 2 feste M häkeln.

1 Masche abnehmen
2 M zusammen abmaschen (= aus 2 nebeneinanderliegenden M je 1 Schlinge durch die vordere Hälfte der Abmaschglieder holen, dann mit 1 neuen Umschlag alle auf der Nadel liegenden Schlingen zusammen abmaschen.

Streifenfolge A
Je 2 Rd Schwarz, Dunkelbraun, Dunkelgrau, Khaki, Camel, 3 Rd Grège = Mitte, je 2 Rd Camel, Khaki, Dunkelgrau, Dunkelbraun und Schwarz = 23 Rd.

Streifenfolge B
6 Rd Dunkelgrau, 4 Rd Camel, 3 Rd Grège, 4 Rd Camel, 6 Rd Dunkelgrau = 23 Rd.

Streifenfolge C
6 Rd Camel, 4 Rd Schwarz, 3 Rd Khaki, 4 Rd Schwarz, 6 Rd Camel = 23 Rd.

Streifenfolge D
6 Rd Grège, 4 Rd Khaki, 3 Rd Dunkelgrau, 4 Rd Khaki, 6 Rd Grège = 23 Rd.

Streifenfolge E
6 Rd Khaki, 4 Rd Grège, 3 Rd Camel, 4 Rd Grège, 6 Rd Khaki = 23 Rd.

Streifenfolge F
6 Rd Schwarz, 4 Rd Dunkelgrau, 3 Rd Grège, 4 Rd Dunkelgrau, 6 Rd Schwarz = 23 Rd.

Streifenfolge G
4 Rd Dunkelbraun, 4 Rd Khaki, 2 Rd Camel, 3 Rd Grège, 2 Rd Camel, 4 Rd Khaki, 4 Rd Dunkelbraun = 23 Rd.

Streifenfolge H
4 Rd Dunkelgrau, 4 Rd Grège, 2 Rd Dunkelbraun, 3 Rd Schwarz, 2 Rd Dunkelbraun, 4 Rd Grège, 4 Rd Dunkelgrau = 23 Rd.

ANLEITUNG

Hinweis: Je 1 einfarbige Kugel aus jeder Farbe und je 1 Kugel in den Streifenfolgen A bis H arbeiten = insgesamt 14 Kugeln. Beim Farbwechsel schon die letzte M der ersten Farbe mit der folgenden Farbe abmaschen, damit ein exakter Farbübergang entsteht.

Jede Kugel im Noppenmuster häkeln, dazu in der unteren Mitte beginnen: In der entsprechenden Farbe einen Fadenring bilden.

1. Rd: 10 feste M in den Ring häkeln. Nun den Anfangsfaden anziehen, damit sich der Ring schließt.
2. Rd: 10 M Noppen-Rd häkeln.
3. Rd: 10x jede M verdoppeln = 20 feste M.
4. Rd: 20 M Noppen-Rd häkeln.
5. Rd: 10x jede 2. M verdoppeln = 30 feste M.
6. Rd: 30 M Noppen-Rd häkeln.
7. Rd: 10x jede 3. M verdoppeln = 40 feste M.
8. Rd: 40 M Noppen-Rd häkeln.
9. Rd: 10x jede 4. M verdoppeln = 50 M.
10. Rd: 50 M Noppen-Rd häkeln.
11. Rd: 50 feste M häkeln.
12. Rd: 50 M Noppen-Rd häkeln. Von nun an die Noppen-Rd jeweils mit 1 festen M beginnen.
13. Rd: 50 feste M häkeln.
14. Rd: 50 M Noppen-Rd häkeln.
15. Rd: 50 feste M häkeln.

Eine *runde* Sache

16. Rd: 50 M Noppen-Rd häkeln.
17. Rd: Feste M häkeln, dabei 10x jede 4. und 5. M zusammen abmaschen = 40 M.
18. Rd: 40 M Noppen-Rd häkeln.
19. Rd: Feste M häkeln, dabei 10x jede 3. und 4. M zusammen abmaschen = 30 M.
20. Rd: 30 M Noppen-Rd häkeln.
21. Rd: Feste M häkeln, dabei 10x jede 2. und 3. M zusammen abmaschen = 20 M. Nun die Kugel mit Watte ausstopfen, jedoch nicht zu fest, sonst wird sie zu schwer. Eine fertige Kugel sollte ca. 12 g wiegen.
22. Rd: 20 M Noppen-Rd häkeln.
23. Rd: Feste M häkeln, dabei stets 10x je 2 M zusammen abmaschen = 10 M.
Dann die Arbeit beenden. Dazu den Faden ca. 10 cm lang abschneiden. Den Endfaden mit der Wollnadel durch die letzten Abmaschglieder ziehen und die M zusammenziehen. Dann den Faden gut vernähen.

ZU GUTER LETZT

Je 1 Nylonfaden ca. 22 cm lang abschneiden und mit der Wollnadel durch das Kugelende ziehen, zur Hälfte legen und die Fadenenden verknoten.

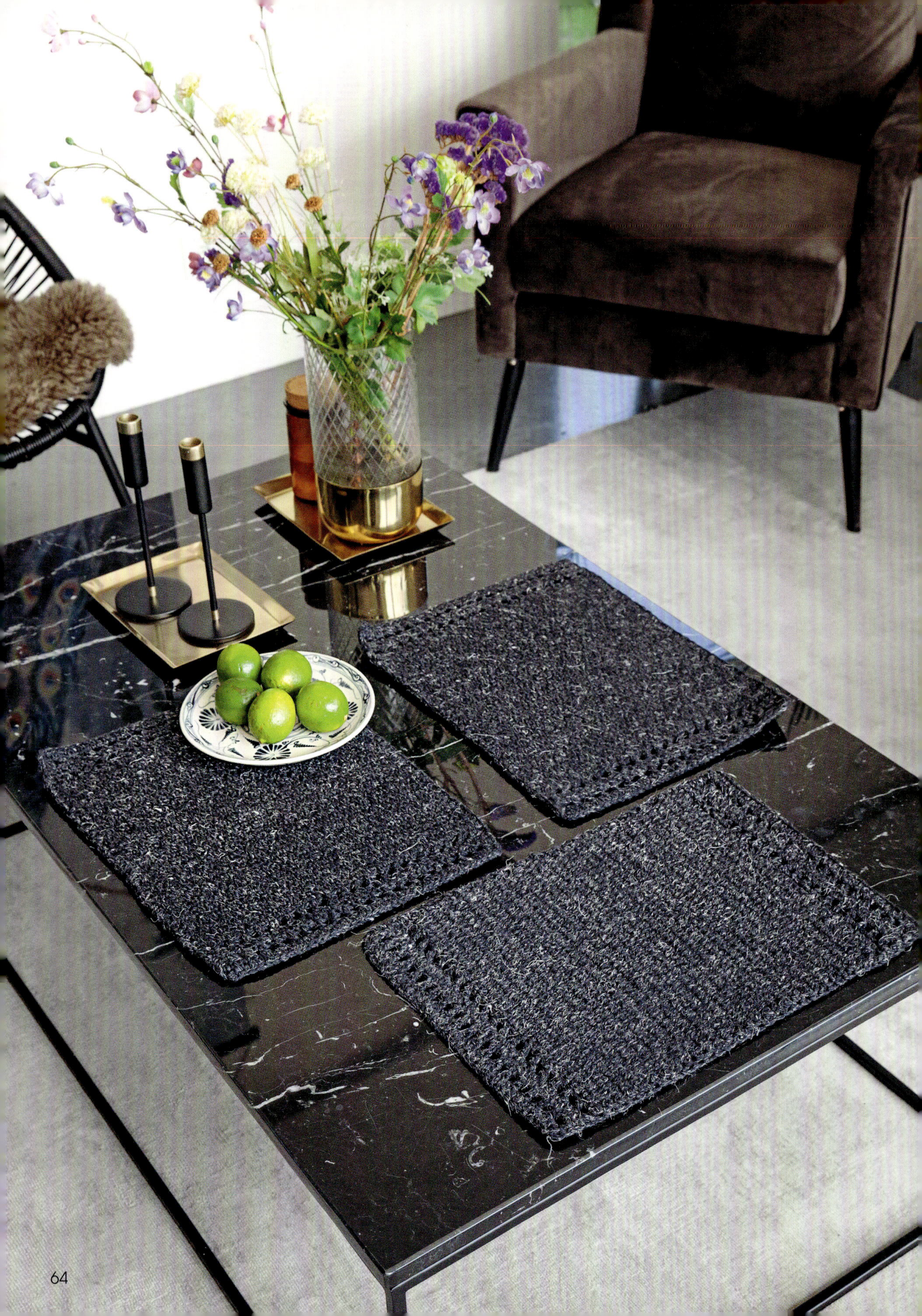

Stilvoll *zu Tisch*

Die Show bei diesen schlichten, aber dekorativen Tischsets ist das edle, tweedig melierte Schurwolle-Hanf-Garn. Das reduzierte Design mit festen Maschen im Gittermuster lässt das Material gut zur Geltung kommen. Für einen elegant gedeckten Tisch, der schönes Geschirr perfekt in Szene setzt.

Tischsets

GRÖSSE

je ca. 41 cm x 32 cm

MATERIAL

Lana Grossa Country Tweed (100 % Schurwolle, LL = 90 m/50 g): 950 g Anthrazit (Fb 5); 1 Häkelnadel 7 mm.

MASCHENPROBE

13 feste M und 16 R mit Häkelnadel 7 mm und doppeltem Faden = 10 cm x 10 cm.

MUSTER

Feste Maschen mit Gittermuster

Nach der Häkelschrift in hin- und hergehenden R häkeln. Die Zahlen beidseits der Häkelschrift bezeichnen jeweils den R-Beginn. Der Doppelpfeil zeigt auf die 1. Luftm des Anschlags. **In der 1. R** die 1. feste M in die 3. Luftm ab Nadel arbeiten. **In jede R mit festen M** mit 1 Wende-Luftm aufsteigen (sie ersetzt jeweils die 1. feste M). **In jede R mit Stb** mit je 3 Wende-Luftm aufsteigen (sie ersetzen jeweils das 1. Stb). **In der 54., 57., 60. und 63. R** die festen M jeweils um die Luftm der Vor-R häkeln. Folgen mehrere R aus festen M aufeinander, ab der 2. R mit festen M nicht wie üblich in die Abmaschglieder der Vor-R häkeln, sondern unter dem Kopf der festen M der Vor-R zwischen den beiden M-Schenkeln durchstechen und jeweils die Schlinge durchholen, dann die feste M wie üblich beenden. Darauf achten, dass sich dabei die M-Anzahl nicht ändert!

In der Breite 1x alle M zwischen den beiden Pfeilen arbeiten. **In der Höhe** 1x die 1. – 4. R arbeiten, dann die 3. und 4. R noch 24x wiederholen = 52 R. Anschließend jeweils 1x die 53. – 58. R und die 59. – 64. R häkeln, dabei auch hier in der 55. und 58. R sowie in der 61. und 64. R für die festen M unter dem Kopf der festen M der Vor-R zwischen den beiden M-Schenkeln durchstechen.

Stilvoll zu Tisch

Feste Maschen mit Gittermuster

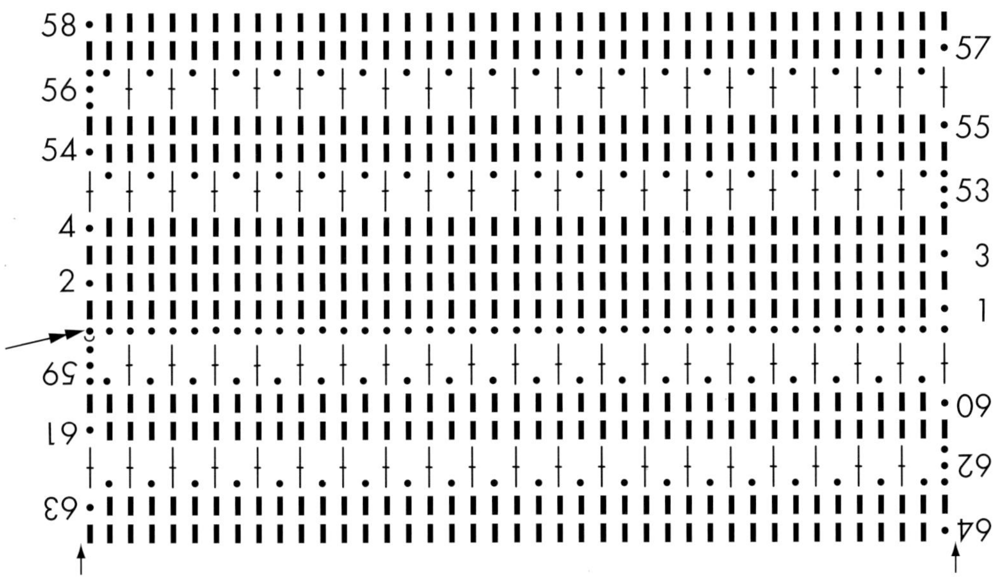

ANLEITUNG

Hinweis: Stets mit doppeltem Faden häkeln.

Für das Set insgesamt 4x arbeiten: 40 Luftm + 2 Wende-Luftm mit doppeltem Faden anschlagen und nach der Häkelschrift zunächst feste M arbeiten. Nach 32 cm = 52 R ab Anschlag das Gittermuster ab der 53. – 58. R anhäkeln. Dann das Teil um 180° drehen und über die Unterseite des Anschlags mit doppeltem Faden die 59. – 64. R im Gittermuster anhäkeln. Dann die Arbeit beenden.

Zeichenerklärung:

- • = 1 Luftm
- ◠ = 1 Kettm
- ▌ = 1 feste M
- ┼ = 1 Stb

ZU GUTER LETZT

Die 4 Teile spannen, anfeuchten und trocknen lassen. Die Längsseiten jedes Teils mit doppeltem Faden mit je 1 R feste M umhäkeln.

Grafisch & *pur*

Einfach, aber nicht simpel: Klare Kontraste und eine markante Flächenaufteilung machen diese Kissenhülle zum Blickfang. Das supersofte, hochwertige Kuschelgarn nimmt die Strenge: Es wird dreifädig kraus rechts gestrickt mit einem Faden reiner Merinowolle und zwei Fäden flauschiger Mohairseide.

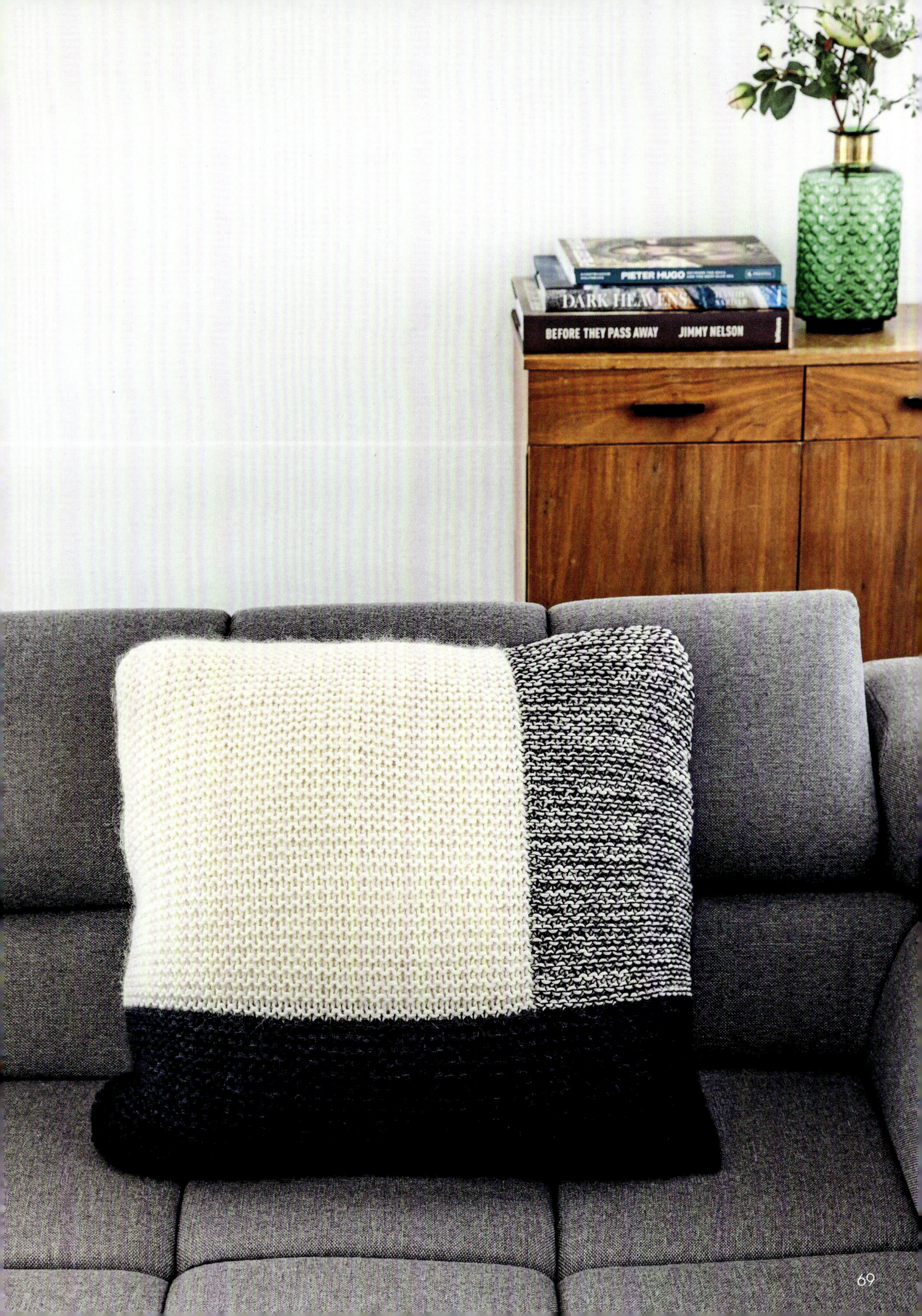
PIETER HUGO
DARK HEAVENS
BEFORE THEY PASS AWAY
JIMMY NELSON

Kissenhülle

GRÖSSE

ca. 58 cm x 58 cm, für eine Kissenfüllung von 65 cm x 65 cm

MATERIAL

Lana Grossa Superbingo (100 % Schurwolle (Merino), LL = 55 m/50 g): 450 g Schwarz (Fb 8) und 250 g Rohweiß (Fb 16) und Lana Grossa Silkhair (70 % Mohair (Superkid), 30 % Seide, LL = 210 m/25 g): 125 g Schwarz (Fb 14) und 50 g Rohweiß (Fb 52); 1 Rundstricknadel 8 mm, 80 cm lang; 1 waschbare Kissenfüllung, 65 cm x 65 cm.

MASCHENPROBE

11 M und 20 R kraus rechts mit Nadel 8 mm und dreifachem Faden wie beschrieben = 10 cm x 10 cm.

MUSTER

Knötchenrand

Die 1. und letzte M jeder R rechts stricken.

Kraus rechts

In Hin- und Rückr rechte M stricken.

ANLEITUNG

Hinweis: Stets mit dreifachem Faden stricken: jeweils mit 1 Faden Superbingo und 2 Fäden Silkhair.

Für die Rückseite 64 M mit 1 Faden Superbingo in Schwarz und 2 Fäden Silkhair in Schwarz anschlagen und kraus rechts mit Knötchenrand stricken. Nach 58 cm = 116 R ab Anschlag an beiden Seiten Markierungen für das Ende der Rückseite anbringen und für die Vorderseite weiterarbeiten. Nach 19 cm = 38 R ab Markierung

Grafisch & pur

in Farbflächen stricken, dafür die M wie folgt einteilen: Die Randm und die folgenden 20 M mit 1 Faden Superbingo in Rohweiß und 2 Fäden Silkhair in Schwarz stricken, die nächsten 42 M und die Randm mit 1 Faden Superbingo in Rohweiß und 2 Fäden Silkhair in Rohweiß arbeiten. Beim Farbwechsel des Mohairgarns die Fäden jeweils auf der Rückseite der Arbeit miteinander verkreuzen, damit keine Löcher entstehen. Nach 39 cm = 78 R ab Farbwechsel die M locker abketten.

ZU GUTER LETZT

Das Teil spannen, anfeuchten und trocknen lassen. Dann die Hülle links auf links zur Hälfte legen. Die Seitennähte im Matratzenstich schließen. Die Kissenfüllung einschieben und die untere Naht genauso schließen.

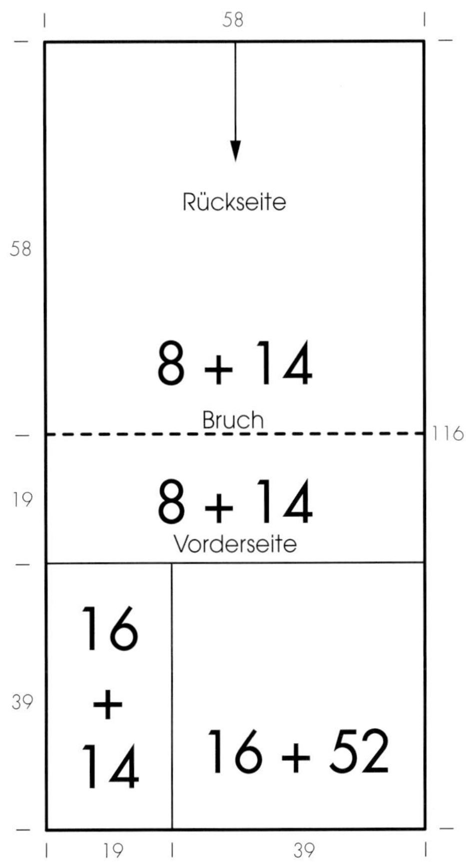

Der Pfeil zeigt die Strickrichtung an. Die Ziffern im Schnitt kennzeichnen die jeweils verwendeten Farben entsprechend der Materialangabe.

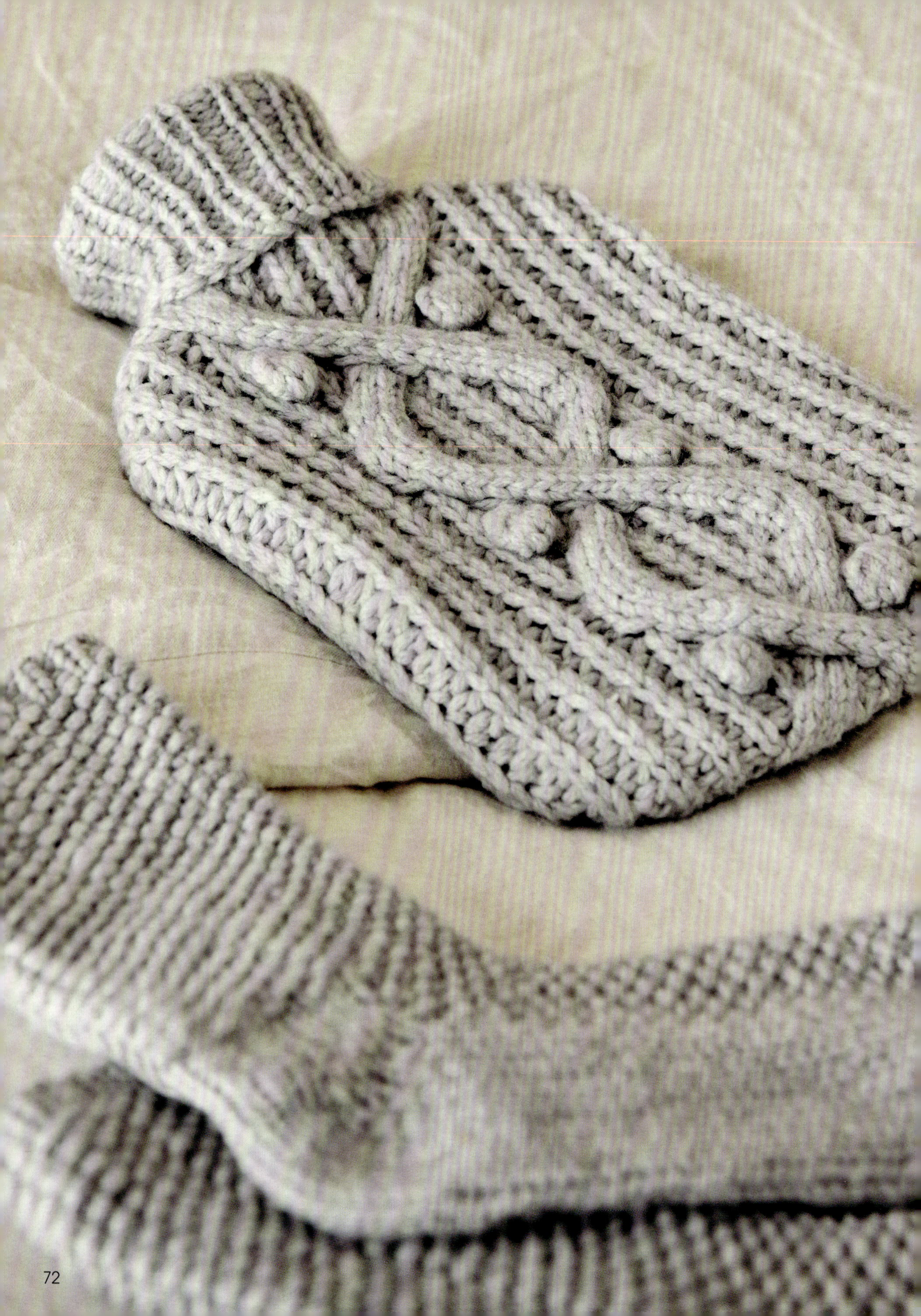

Wohlige *Wärme*

Nichts hilft besser gegen Bauchweh und Weltschmerz als eine Wärmflasche. Vor allem, wenn sie in einer weichen Hülle aus Kaschmir-Mischgarn steckt, die dazu noch mit ausdrucksstarken Noppen, Zöpfen und Halbpatentmaschen aufwartet! I-Tüpfelchen für Behaglichkeit: wärmende Kuschelsocken!

Wärmflaschenbezug

GRÖSSE

Für eine Wärmflasche mit 19 cm Breite und 32 cm Länge

MATERIAL

Lana Grossa Alta Moda Cashmere 16 (78 % Schurwolle (Merino), 12 % Kaschmir, 10 % Polyamid, LL = 110 m/50 g): 100 g Hellgrau meliert (Fb 1); Stricknadeln 7 mm; 1 Zopfnadel; 1 Nadelspiel 6 mm.

MASCHENPROBE

12 M und 24 R Halbpatent mit Nadel 7 mm = 10 cm x 10 cm.

MUSTER

Rippenmuster

1 M rechts, 1 M links im Wechsel stricken.

Halbpatent

1. R (Rückr): 1 M rechts, * 1 M mit 1 Umschlag links abheben, 1 M rechts, ab * stets wiederholen.

2. R (Hinr): * 1 M links, 1 M mit dem Umschlag der Vor-R rechts zusammenstricken, ab * stets wiederholen und mit 1 M links enden.

Die 1. und 2. R stets wiederholen.

Zopfmuster

Nach der Strickschrift arbeiten. Mit einer Rückr A beginnen, danach sind bis auf die 8. R nur die Hinr gezeichnet. Die Rückr von links nach rechts, die Hinr von rechts nach links lesen und in den nicht gezeichneten Rückr die M stricken, wie es in der Zeichenerklärung beschrieben ist. Die 1. – 20. R stets wiederholen.

Wohlige Wärme

ANLEITUNG

29 M anschlagen und in folgender Mustereinteilung stricken: Rand-M, 5 M Halbpatent, 17 M Zopfmuster, 5 M Halbpatent, Rand-M. Dabei an beiden Seiten 4x in jeder 2. R je 1 M zunehmen = 37 M und diese in das Halbpatent integrieren. Dann ohne weitere Zunahmen im Halbpatent arbeiten. 21 cm ab Anschlag an beiden Seiten in jeder 2. R 2x 1 M, 2x 2 M und 1x 4 M abketten = 17 M. Die letzten 17 M stilllegen und das **2. Teil** ebenso arbeiten.

ZU GUTER LETZT

Beide Teile links auf links legen und die äußere Naht schließen. Die stillgelegten 34 M zusammen auf das Nadelspiel 6 mm nehmen und in Rd im Rippenmuster über alle M stricken, dabei jeweils am Übergang der beiden Teile je 2 M zusammenstricken = 32 M. Nach 13 cm alle M locker abketten.

Zopfmuster

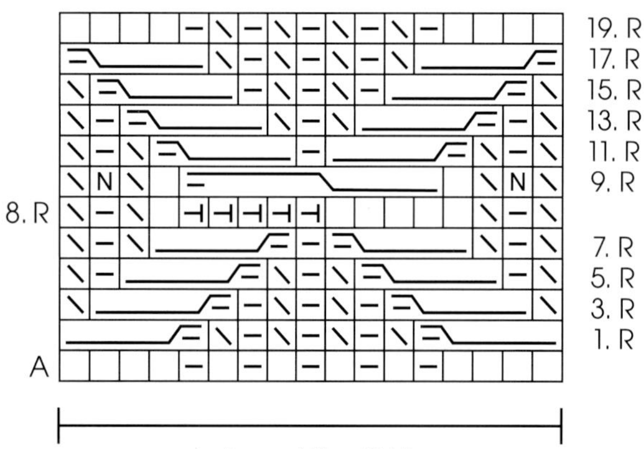

Rapport über 17 M

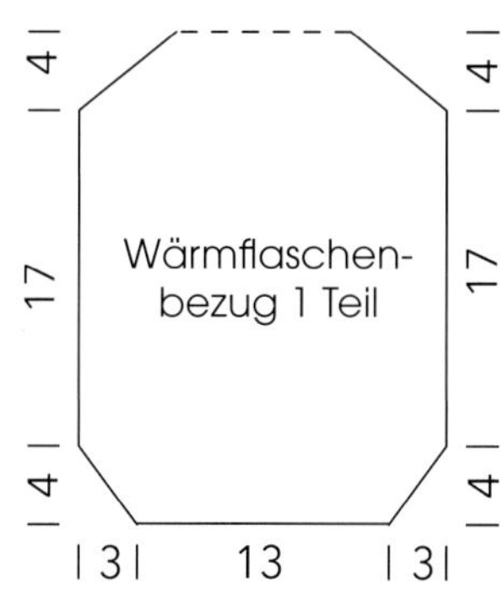

Zeichenerklärung:

= vor der M 1 Umschlag auf die Nadel nehmen, dann die M links stricken

= in Hinr 1 M mit 1 Umschlag links abheben, in Rückr 1 M mit dem Umschlag links zusammenstricken

= 1 M glatt rechts (= in Hinr rechts, in Rückr links stricken)

= 1 M glatt links (= in Hinr links, in Rückr rechts stricken)

= 1 M auf 1 Zopfnadel hinter die Arbeit legen, 4 M rechts, dann die M der Zopfnadel rechts stricken; in der folgenden Rückr die M links stricken

= 1 M auf 1 Zopfnadel hinter die Arbeit legen, 4 M rechts, dann die M der Zopfnadel links stricken; in der folgenden Rückr die M stricken, wie sie erscheinen

= 4 M auf 1 Zopfnadel vor die Arbeit legen, 1 M links, dann die M der Zopfnadel rechts stricken; in der folgenden Rückr die M stricken, wie sie erscheinen

= 4 M auf 1 Zopfnadel vor die Arbeit legen, 1 M rechts, dann die M der Zopfnadel rechts stricken; in der folgenden Rückr die M links stricken

= 4 M auf 1 Zopfnadel vor die Arbeit legen, 4 M rechts und 1 M links stricken, dabei alle Umschläge fallen lassen und die M langziehen, dann die M der Zopfnadel rechts stricken; in der folgenden Rückr die M stricken, wie sie erscheinen

N = 1 Noppe (= aus 1 M 1 M rechts, 1 M rechts verschränkt, 1 M rechts, 1 rechts verschränkt herausstricken, * wenden, 4 M links, wenden, 4 M rechts, ab * noch 1x wiederholen, dann nacheinander die 3. – 1. M über die 4. M heben); in der folgenden Rückr 1 M rechts stricken

Wohlige Wärme

Socken

GRÖSSE
39/40 – individuell anpassbar

MATERIAL
Lana Grossa Alta Moda Cashmere 16 (78 % Schurwolle (Merino), 12 % Kaschmir, 10 % Polyamid, LL = 110 m/50 g): 100 g Hellgrau meliert (Fb 1); 1 Nadelspiel 6,5 mm.

MASCHENPROBE
14 M und 22 R glatt rechts mit Nadel 6,5 mm = 10 cm x 10 cm.

MUSTER
Rippenmuster
1 M rechts, 1 M links im Wechsel stricken.

Perlmuster
1 M rechts, 1 M links im Wechsel stricken, dabei das Muster in jeder folgenden Rd um 1 M versetzen.

Glatt rechts
In Hinr rechte M, in Rückr linke M stricken. In Rd stets rechte M stricken.

Doppel-M
Den Faden vor die Arbeit nehmen, die M wie zum Linksstricken abheben und den Faden so fest über die rechte Nadel nach hinten ziehen, dass sich die beiden seitlichen Schenkel der M auf die Nadel legen. Um die Doppel-M später abzustricken, gut darauf achten, dass genau mittig in die M eingestochen wird und beide Schenkel der M zusammengestrickt werden.

ANLEITUNG

28 M anschlagen und gleichmäßig auf 4 Nadeln verteilen = 7 M je Nadeln. 4 R im Rippenmuster stricken, dann weiter im Perlmuster arbeiten. 17 cm ab Anschlag weiter über 2 Rd in folgender Einteilung stricken: mit der 1. Nadel glatt rechts, mit der 2. und 3. Nadel im Perlmuster, mit der 4. Nadel glatt rechts.

Nun über die 14 M der 4. und 1. Nadel eine **Bumerangferse** arbeiten:

1. R (Hinr): Alle M rechts stricken.

2. R (Rückr): 1 Doppel-M, alle übrigen M links stricken.

3. R: 1 Doppel-M, bis zur Doppel-M der Vor-R rechts stricken.

4. R: 1 Doppel-M, bis zur Doppel-M der Vor-R links stricken. Die 3. – 4. R so oft wiederholen, bis sich auf beiden Seiten je 5 Doppel-M befinden und mittig noch 4 M übrig sind. Dann über alle 28 M in folgender Einteilung 2 Rd stricken: die M bzw. Doppel-M der 1. und 4. Nadel glatt rechts stricken und die M der 2. und 3. Nadel im Perlmuster arbeiten.

Dann wieder in verkürzten R nur über die M der 1. und 4. Nadel arbeiten, nun aber wie folgt von innen nach außen:

1. R (Hinr): Bis zu den letzten 5 M rechts stricken.

2. R (Rückr): 1 Doppel-M, bis zu den letzten 5 M links stricken.

3. R: Bis 1 M über die Doppel-M der Vor-R hinaus rechts stricken, die Doppel-M dabei sorgfältig abstricken.

4. R: Bis 1 M über die Doppel-M der Vor-R hinaus links stricken, die Doppel-M dabei sorgfältig abstricken. Die 3. – 4. R stets wiederholen, bis die äußeren beiden M als Doppel-M auf der Nadel liegen.

Dann wieder in Rd über alle 28 M in Rd stricken: Die M der 1. und 4. Nadel weiterhin glatt rechts, die M der 2. und 3. Nadel weiter im Perlmuster. Nach 15 cm Länge ab Ferse (bzw. bei abweichendem Größenwunsch je 5 mm je Größe abziehen oder hinzurechnen) alle M glatt rechts in Rd stricken, dabei für die **Spitze** folgende Abnahmen arbeiten: Die letzten beiden M der 1. Nadel rechts überzogen zusammenstricken (1 M rechts abheben, 1 M rechts stricken, dann die abgehobene M über die gestrickte M ziehen), die ersten beiden M der 2. Nadel rechts zusammenstricken, die letzten beiden M der 3. Nadel rechts überzogen zusammenstricken, die ersten beiden M der 4. Nadel rechts zusammenstricken = 24 M. Diese Abnahmen in jeder 2. Rd wiederholen, bis insgesamt noch 12 M auf den Nadeln liegen (= 3 M pro Nadel). Diese zu je 6 M auf 2 Nadeln verteilen, die Socke auf links drehen und je 1 M jeder Nadel zusammenstricken und direkt abketten. Die **2. Socke** ebenso arbeiten.

Klar *strukturiert*

Ob im Schwarz-Weiß-Kontrast mit grafisch anmutenden Hebemaschen-Mustern oder mit plastischem Strukturmuster mit patenten Maschen – die Kuschelkombi aus Kissen und Wolldecke sieht super dekorativ aus, ist aber auch herrlich bequem, wenn Sie es sich für einen Powernap gemütlich machen.

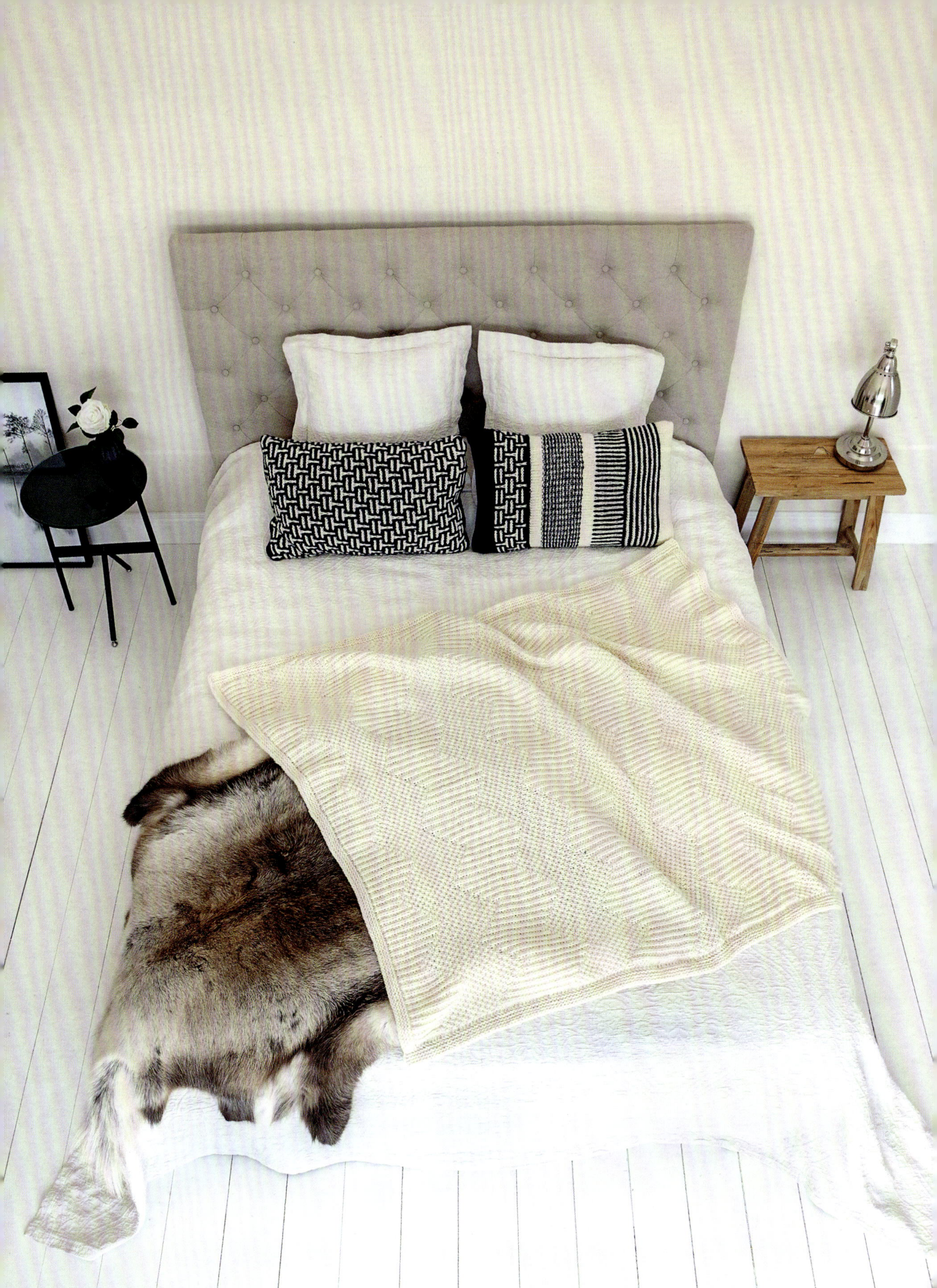

Kissenhülle

GRÖSSE
ca. 38 cm x 58 cm, für eine Kissenfüllung von 40 cm x 65 cm

MATERIAL
Lana Grossa Alta Moda Cashmere 16 (78 % Schurwolle (Merino), 12 % Kaschmir, 10 % Polyamid, LL = 110 m /50 g): je 150 g Schwarz (Fb 15) und Rohweiß (Fb 16); 1 Rundstricknadel 8 mm, 80 cm lang; 1 waschbare Kissenfüllung, 40 cm x 65 cm.

MASCHENPROBE
15,5 M und 26,5 R im Hebemaschenmuster mit Nadel 8 mm = 10 cm x 10 cm.

MUSTER
Knötchenrand
Die 1. und letzte M jeder R rechts stricken.

Hebemaschenmuster
Nach der Strickschrift arbeiten. Die Ziffern rechts außen bezeichnen die Hinr, die Ziffern links außen die Rückr. Die Buchstaben beschreiben die zu verwendenden Farben: A = Schwarz, B = Rohweiß. In der Breite die R mit den M vor dem 1. Pfeil beginnen, den Rapport von 8 M zwischen den Pfeilen stets wiederholen, und mit den M nach dem 2. Pfeil enden. In der Höhe 1x die 1. – 18. R arbeiten, dann die 3. – 18. R stets wiederholen.

ANLEITUNG
Hinweis: Beide Hüllenseiten werden in einem Stück quer gestrickt. Der Pfeil in der Schnittskizze gibt die Strickrichtung an.

Klar strukturiert

119 M in Schwarz anschlagen und mit 1 Rückr rechte M beginnen. Dann im Hebemaschenmuster mit Knötchenrand nach der Strickschrift stricken, dabei den Rapport zwischen den Pfeilen 14x arbeiten. Nach 57,5 cm = 155 R ab Anschlag (= 1. Rückr, 1x die 1. – 18. R, dann 8x die 3.– 18. R und noch 1x die 3. – 10. R) noch 2 R rechte M in Schwarz stricken. Dann die M rechts abketten.

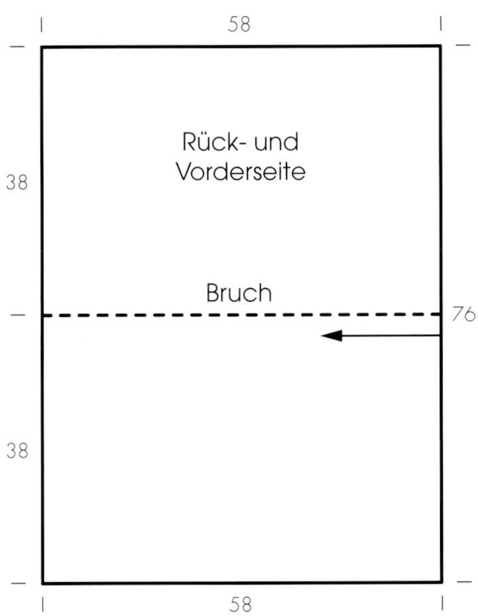

ZU GUTER LETZT

Das Teil spannen, anfeuchten und trocknen lassen. Dann die Hülle der Länge nach links auf links zur Hälfte legen. Eine Seitennaht und die untere Naht im Matratzenstich schließen. Die Kissenfüllung einschieben. Dann die 2. Seitennaht ebenso schließen.

Hebemaschenmuster

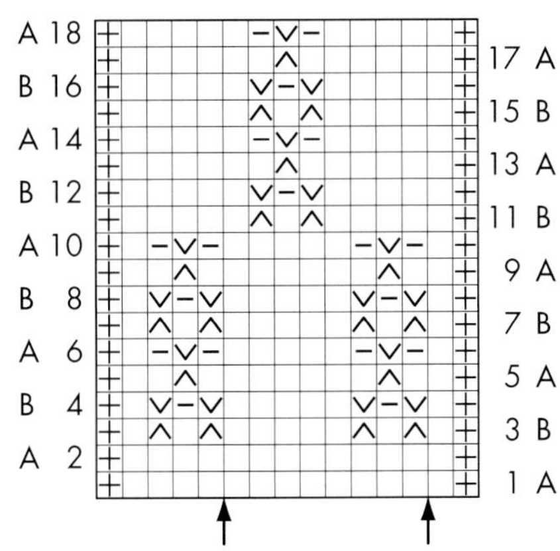

Zeichenerklärung:

- ⊞ = Randm
- □ = 1 M rechts
- ⊟ = 1 M links
- ∧ = 1 M links abheben, dabei den Faden hinter der M weiterführen
- ∨ = 1 M links abheben, dabei den Faden vor der M weiterführen

Kissenhülle

GRÖSSE

ca. 38 cm x 58 cm, für eine Kissenfüllung von 40 cm x 65 cm

MATERIAL

Lana Grossa Alta Moda Cashmere 16 (78 % Schurwolle (Merino), 12 % Kaschmir, 10 % Polyamid, LL = 110 m/50 g): je 150 g Schwarz (Fb 15) und Rohweiß (Fb 16); 1 Rundstricknadel 8 mm, 80 cm lang; 1 waschbare Kissenfüllung, 40 cm x 65 cm.

MASCHENPROBE

15,5 M und 28 R im Hebemaschenmuster mit Nadel 8 mm = 10 cm x 10 cm, 14 M und 23 R glatt rechts mit Nadel 8 mm = 10 cm x 10 cm.

MUSTER

Knötchenrand

Die 1. und letzte M jeder R rechts stricken.

Hebemaschenmuster

Nach Strickschrift A stricken. Die Ziffern rechts außen bezeichnen die Hinr, die Ziffern links außen die Rückr. Die Buchstaben neben den Ziffern stehen für die Farben: A = Schwarz, B = Rohweiß. In der Breite die R mit den M vor dem 1. Pfeil beginnen, den Rapport von 8 M zwischen den Pfeilen stets wiederholen und mit den M nach dem 2. Pfeil enden. In der Höhe 1x die 1. – 28. R stricken.

Klar *strukturiert*

Zweifarbiges Perlmuster

Es kann nur mit einer Rundstricknadel gearbeitet werden, da sich stets 2 Hin- und 2 Rückr abwechseln. Nach jeder 1. Hin- bzw. Rückr nicht wenden, sondern die M ans andere Nadelende zurückschieben, an dem sich der entsprechende Faden zum Weiterstricken befindet. Nach Strickschrift B stricken. Die Ziffern rechts außen bezeichnen die Hinr, die Ziffern links außen die Rückr. Die Buchstaben neben den Ziffern geben die zu verwendenden Farben an: A = Schwarz, B = Rohweiß. In der Breite die R mit den M vor dem 1. Pfeil beginnen, den Rapport von 2 M zwischen den Pfeilen stets wiederholen und mit den M nach dem 2. Pfeil enden. Der Deutlichkeit halber sind 2 Rapporte gezeichnet. In der Höhe die 1. – 4. R stets wiederholen.

Streifenmuster

Wie das zweifarbige Perlmuster arbeiten, jedoch nach Strickschrift C. Beim Abheben der M den unbenutzten Faden stets locker hinter bzw. vor den M weiterführen, damit sich das Muster nicht zusammenzieht!

Glatt rechts

In Hinr rechte M, in Rückr linke M stricken.

Kraus rechts

In Hin- und Rückr rechte M stricken.

Streifenfolge

Je 2 R Schwarz und Rohweiß im Wechsel stricken.

Hebemaschenmuster

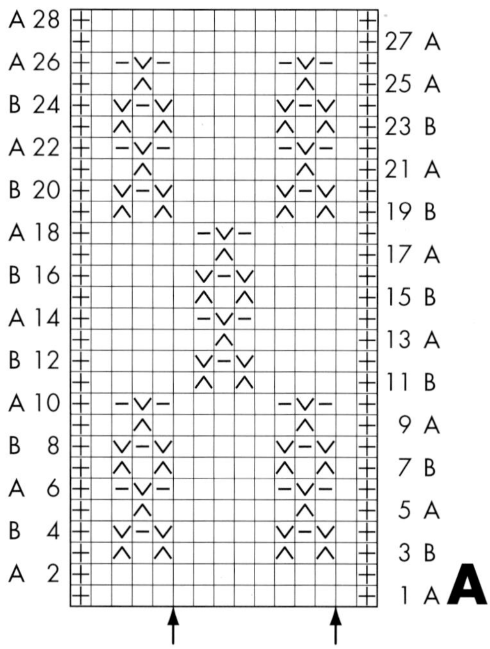

Streifenmuster

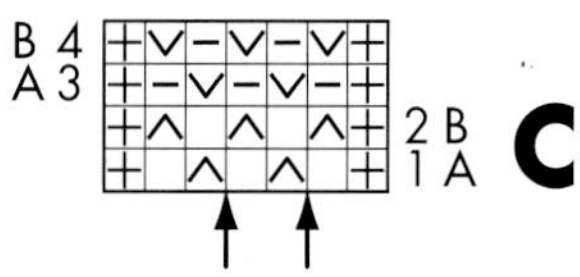

Zweifarbiges Perlmuster

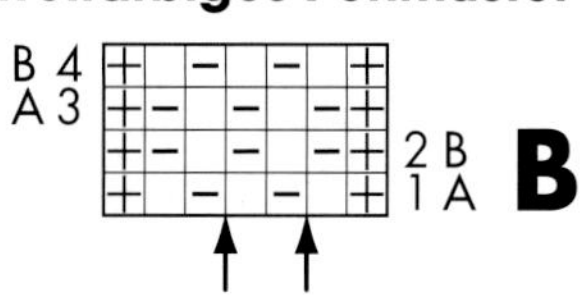

ANLEITUNG

Hinweis: Beide Hüllenseiten werden in einem Stück quer gestrickt. Der Pfeil im Schnittschema gibt die Strickrichtung an.

109 M mit der Rundstricknadel in Schwarz anschlagen und 6,5 cm = 15 R glatt rechts mit Knötchenrand stricken, dabei mit 1 Rückr beginnen und enden. In der letzten Rückr für den Musterausgleich gleichmäßig verteilt 10 M verschränkt aus dem Querfaden zunehmen = 119 M. Dann 10 cm = 28 R im Hebemaschenmuster mit Knötchenrand weiterarbeiten, dabei 14x den Rapport zwischen den Pfeilen arbeiten. Anschließend in Rohweiß 3,5 cm = 8 R glatt rechts mit Knötchenrand

Zeichenerklärung:

[+] = Randm

[ ] = 1 M rechts

[–] = 1 M links

[∧] = 1 M links abheben, dabei den Faden hinter der M weiterführen

[∨] = 1 M links abheben, dabei den Faden vor der M weiterführen

Klar *strukturiert*

stricken, dabei in der 1. R für den Musterausgleich gleichmäßig verteilt 10 M abnehmen = 109 M. Nun 10 cm = 24 R im zweifarbigen Perlmuster mit Knötchenrand arbeiten. Anschließend wieder in Rohweiß 3,5 cm = 8 R glatt rechts mit Knötchenrand stricken, dabei in der letzten Rückr für den Musterausgleich gleichmäßig verteilt 10 M verschränkt aus dem Querfaden zunehmen = 119 M. Dann 9 cm = 32 R im Streifenmuster mit Knötchenrand arbeiten. Danach 9 cm = 26 R kraus rechts in der Streifenfolge mit Knötchenrand stricken, dabei in der 1. R für den Musterausgleich gleichmäßig verteilt 10 M abnehmen = 109 M. Nun in Rohweiß noch 6,5 cm = 16 R glatt rechts mit Knötchenrand stricken. Dann die M locker abketten.

ZU GUTER LETZT

Das Teil spannen, anfeuchten und trocknen lassen. Dann die Hülle der Länge nach links auf links zur Hälfte legen. Eine Seitennaht und die untere Naht im Matratzenstich schließen. Die Kissenfüllung einschieben. Dann die 2. Seitennaht ebenso schließen.

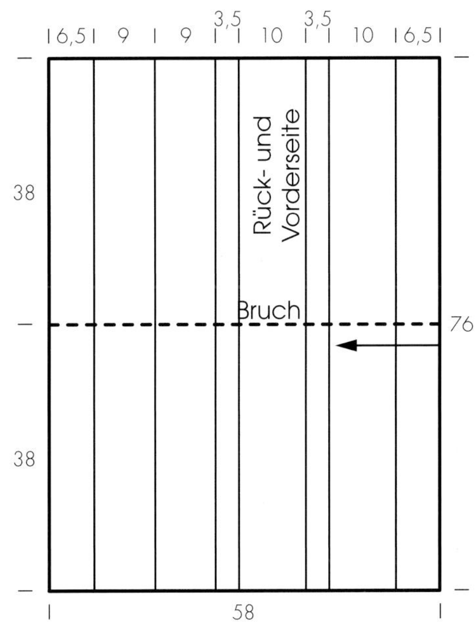

Decke

GRÖSSE
ca. 156 cm x 121 cm

MATERIAL
Lana Grossa Alta Moda Cashmere 16 (78 % Schurwolle (Merino), 12 % Kaschmir, 10 % Polyamid, LL = 110 m/50 g): 950 g Rohweiß (Fb 16); 1 Rundstricknadel 8 mm, 120 cm lang.

MASCHENPROBE
12,5 M und 25,5 R im Zackenmuster mit Nadel 8 mm = 10 cm x 10 cm.

MUSTER
Zackenmuster
M-Zahl teilbar durch 20 + 5 M extra + 2 Randm. Nach der Strickschrift arbeiten. Es sind nur die Hinr gezeichnet. In den Rückr die M stricken, wie sie erscheinen bzw. wie in der Zeichenerklärung beschrieben. In der Breite die R mit den M vor dem 1. Pfeil beginnen, den Rapport von 20 M zwischen den Pfeilen stets wiederholen und mit den M nach dem 2. Pfeil enden. In der Höhe 1x die 1. – 90. R arbeiten, dann die 17. – 90. R noch 3x wiederholen und mit der 91. – 160. R enden = insgesamt 382 R.

Kraus rechts
In Hin- und Rückr rechte M stricken.

Klar strukturiert

ANLEITUNG

Hinweis: Die Pfeile im Schnittschema geben jeweils die Strickrichtung an.

147 M mit der Rundstricknadel anschlagen. Für die untere Blende 3 cm = 7 R kraus rechts und 1 Rückr linke M stricken. Dann im Zackenmuster in der gegebenen Einteilung weiterarbeiten = 7 Rapporte. Nach 150 cm = 382 R ab Musterbeginn für die Abschlussblende 3 cm = 1 Hinr rechte M und 7 R kraus rechts stricken. Dann die M locker rechts abketten.

ZU GUTER LETZT

Das Teil spannen, anfeuchten und trocknen lassen. Aus den Längsrändern einschließlich der beiden Blendenschmalseiten je 202 M auffassen und für die Blenden je 3 cm = 7 R kraus rechts stricken. Dann die M locker rechts abketten.

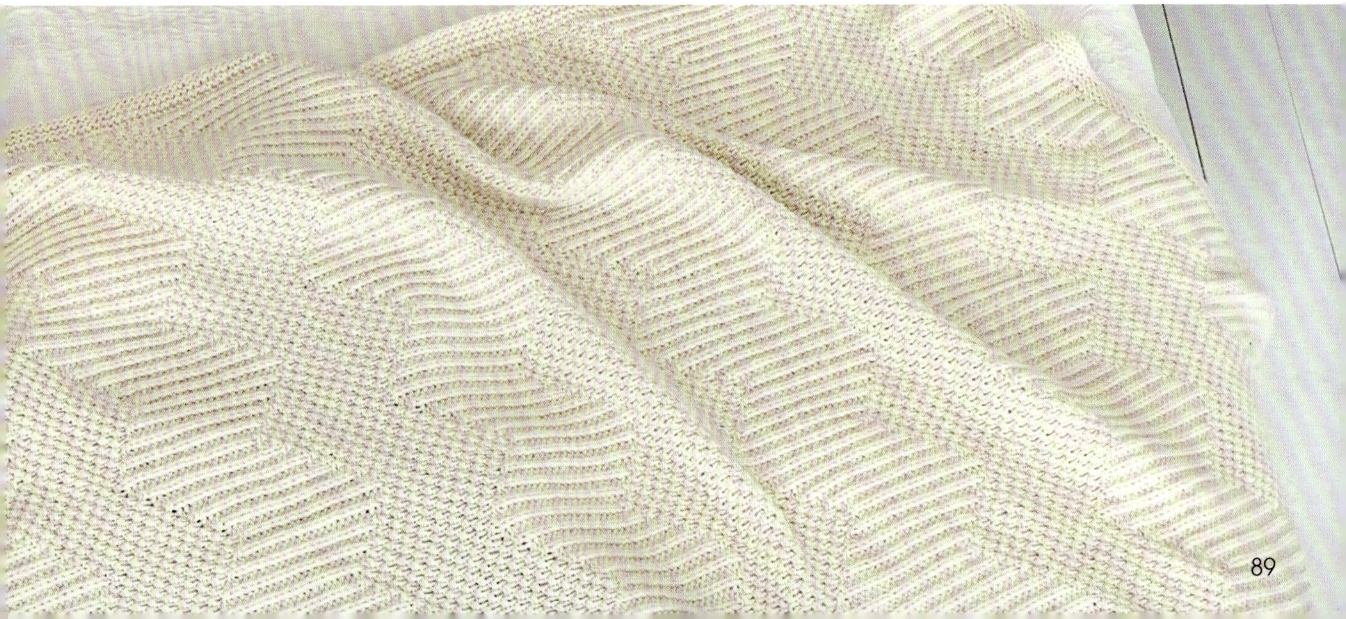

Zackenmuster

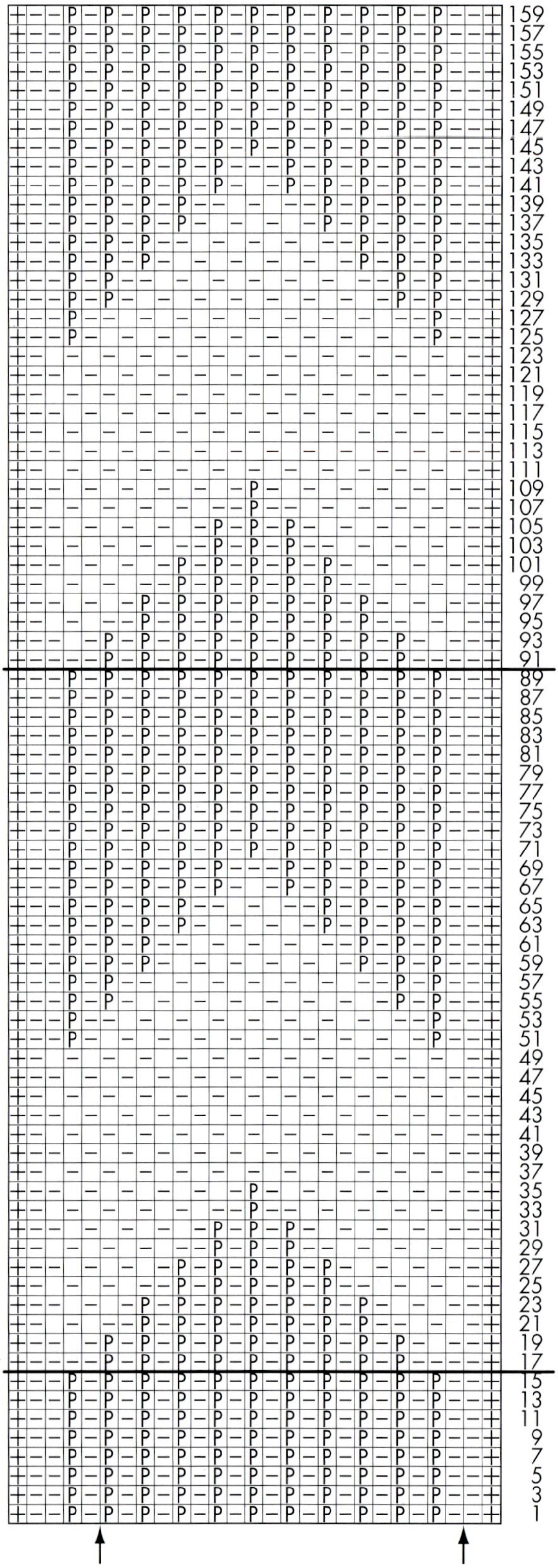

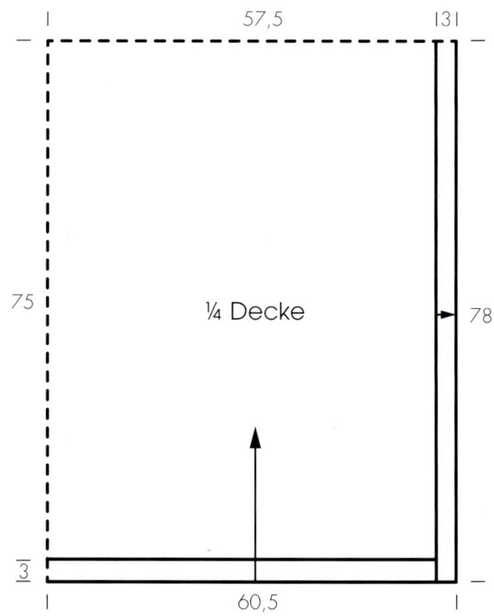

Zeichenerklärung:

- ⊞ = Randm
- ☐ = 1 M rechts
- ⊟ = 1 M links
- P = 1 Patent-M (= in Hinr 1 M mit 1 Umschlag links abheben; in Rückr die M mit dem Umschlag links zusammenstricken)

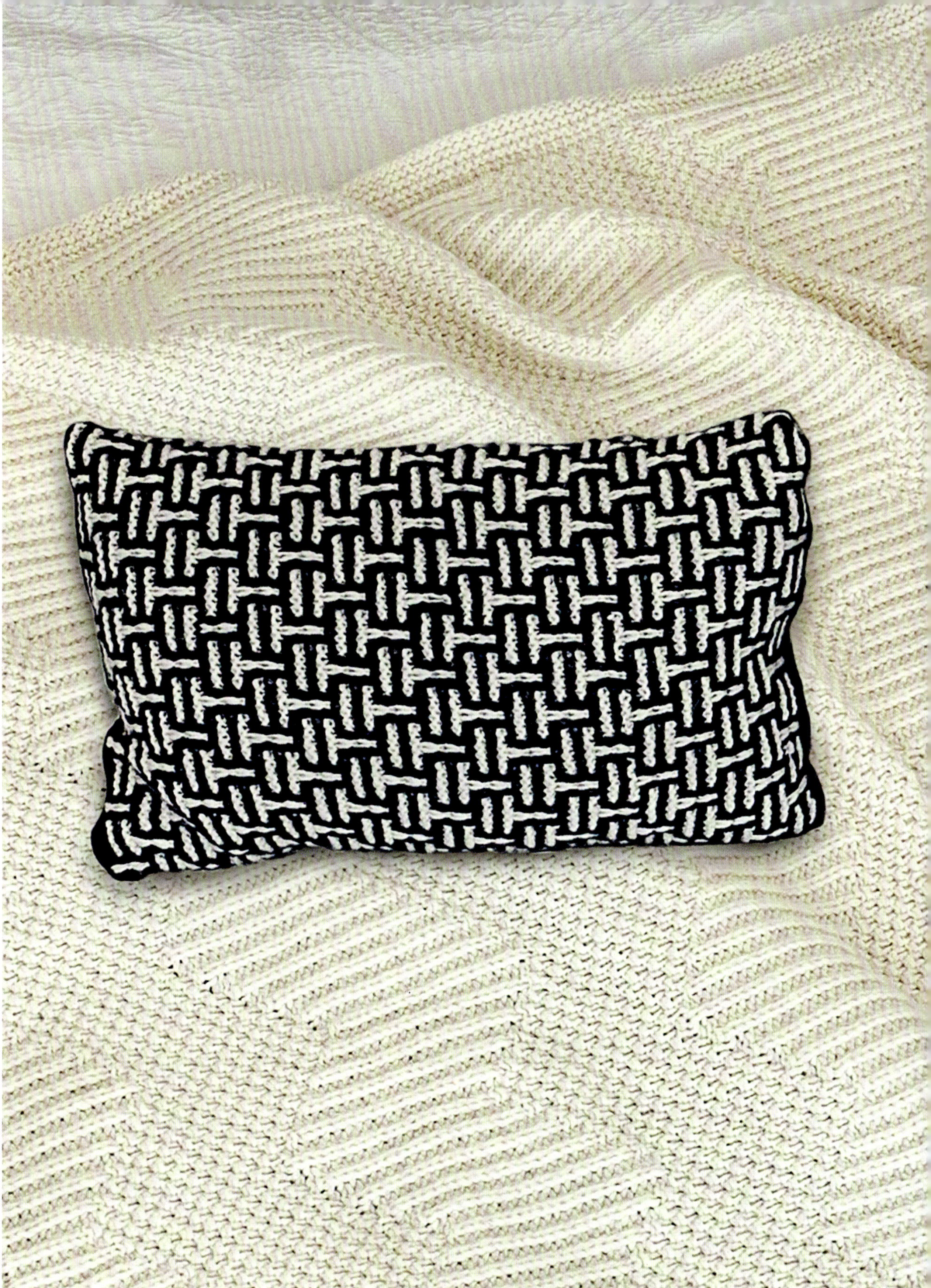

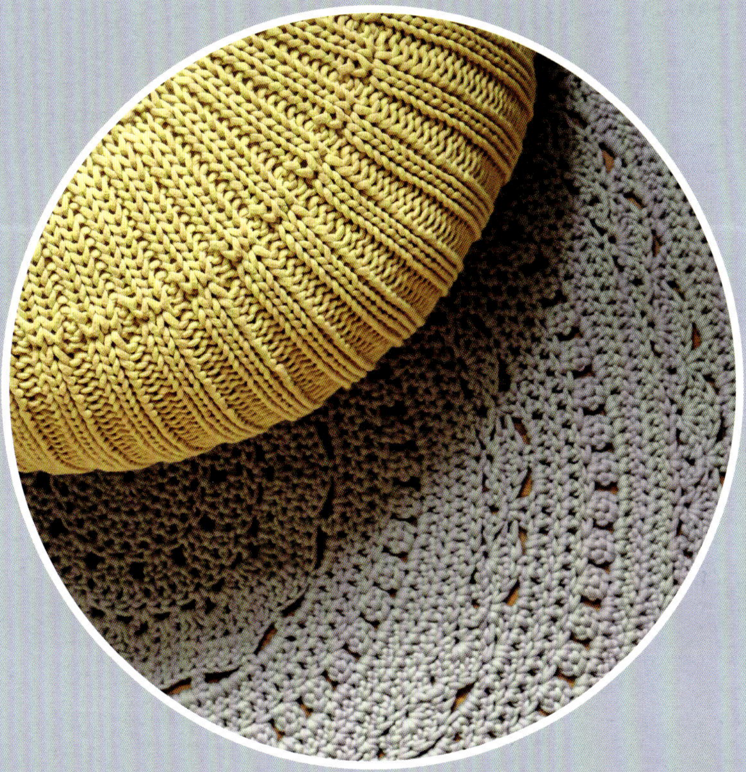

Ein bisschen Boho

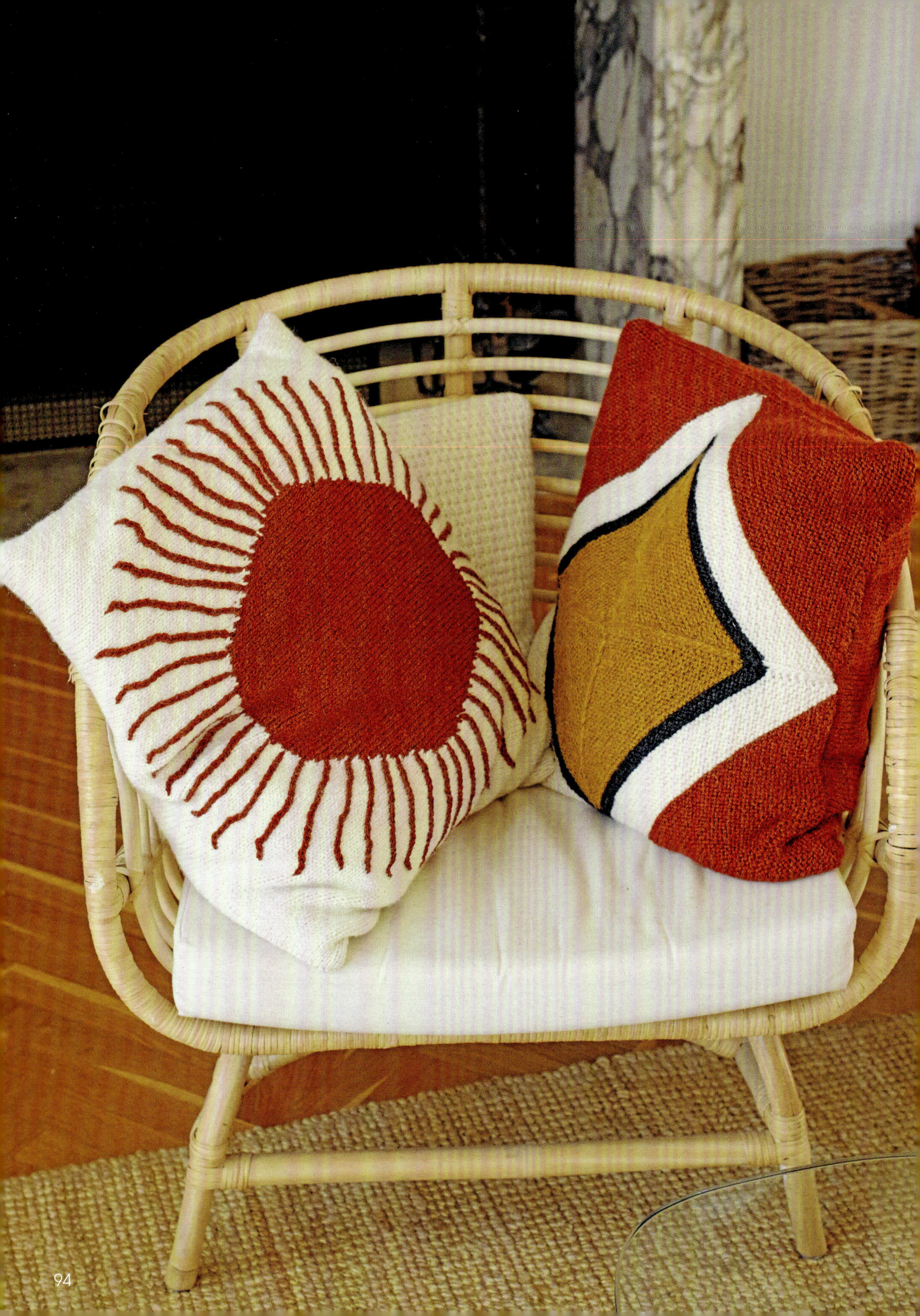

Ethno *Flair*

Zum entspannten, lockeren Bohemian-Chic gehören erdige Farben plus Natur, Musterinspirationen aus aller Welt und kunsthandwerklich anmutende Kissen als Blickfang-Einzelstücke unbedingt dazu! Am schönsten natürlich selbstgestrickt im typischen Look und richtig weich und gemütlich, um sich darauf lässig niederzulassen!

Kissenhülle mit Sonnenmotiv

GRÖSSE

50 cm x 50 cm, für eine Kissenfüllung von 50 cm x 50 cm

MATERIAL

Lana Grossa Alta Moda Alpaca (90 % (Baby) Alpaca, 5 % Schurwolle (Merino), 5 % Polyamid, LL = 140 m/50 g): 250 g Rohweiß (Fb 14) und 100 g Ziegelrot (Fb 91); Stricknadeln 4,5 mm, 1 Häkelnadel 4 mm; 1 waschbare Kissenfüllung, 50 cm x 50 cm.

MASCHENPROBE

20 M und 28 R glatt rechts mit Nadel 4,5 mm = 10 cm x 10 cm.

MUSTER

Knötchenrand

Die 1. M jeder R wie zum Rechtsstricken abheben. Die letzte M jeder R rechts stricken. Alle Ränder mit Knötchenrand arbeiten.

Glatt rechts

In Hinr rechte M, Rückr linke M stricken.

Sonnenmotiv

Nach dem Zählmuster glatt rechts in Intarsientechnik einstricken. Die Ziffern rechts außen bezeichnen die Hinr, die Ziffern links außen die Rückr. Die Hinr also von rechts nach links, die Rückr umgekehrt ablesen. Gezeichnet sind nur die farbigen M, die in Intarsientechnik in die quadratische Fläche eingestrickt werden. Die Anleitung beschreibt, wie die M zu beiden Seiten ergänzt werden. Für jede Farbfläche ein gesondertes Knäuel verwenden. Beim Farbwechsel die Fäden jeweils auf der Rückseite der Arbeit miteinander verkreuzen, damit keine Löcher entstehen. In der Breite das gezeichnete Motiv 1x mittig in Intarsientechnik in das Vorderteil einstricken. In der Höhe 1x die 1. – 35. R stricken. Dann ist die Hälfte des Motivs erreicht. Die 2. Hälfte nach oben hin gegengleich ergänzen. Dafür das Zählmuster von oben nach unten lesen. Insgesamt wird das Motiv über 70 R gestrickt.

Ethno *Flair*

ANLEITUNG

Für die **Vorderseite** 102 M mit den Stricknadeln 4,5 mm in Rohweiß anschlagen und glatt rechts stricken. Nach 12,5 cm = 34 R ab Anschlag mit dem Motiv über die mittleren 14 M wie gezeichnet beginnen und wie beschrieben und gezeichnet einstricken. Nach 25 cm = 70 R ab Motivbeginn ist das Motivende erreicht. Dann wieder nur in Rohweiß glatt rechts weiterarbeiten. Nach 12,5 cm = 34 R ab Motivende die M abketten. Nun um das Motiv ringsum Strahlen aus Kettm mit doppeltem Faden in Ziegelrot mit der Häkelnadel 4 mm aufhäkeln, siehe Modellbild und Schema, dabei liegt das Knäuel auf der Rückseite der Arbeit. Die Strahlen sind je ca. 10 cm lang. Die **Rückseite** wie die Vorderseite arbeiten, jedoch ohne Motiv, also nur uni in Rohweiß.

ZU GUTER LETZT

Die beiden Teile sorgfältig spannen, anfeuchten und trocknen lassen. Vorder- und Rückseite links auf links zusammenlegen. Nun 3 Nähte im Matratzenstich schließen. Die Kissenfüllung einschieben. Dann die letzte Naht schließen.

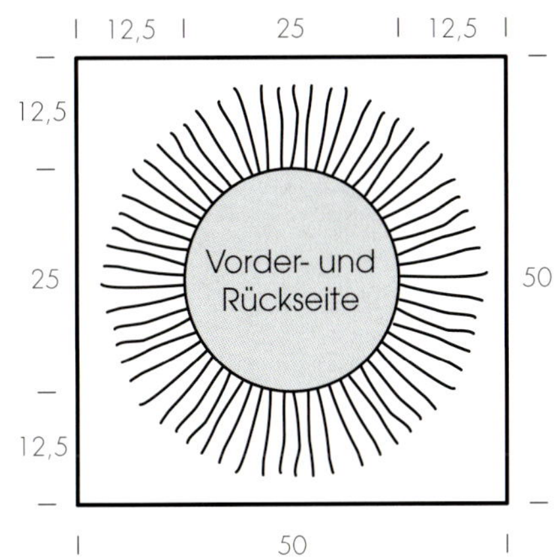

Sonnenmotiv

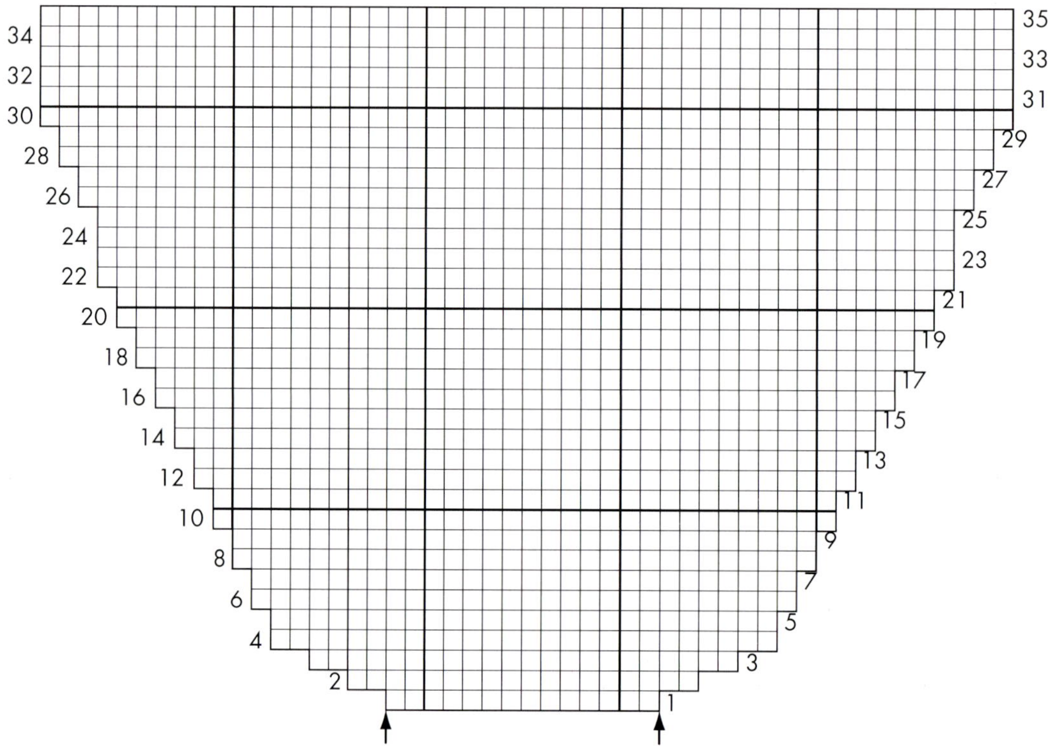

Zeichenerklärung:

□ = 1 M glatt rechts in Ziegelrot

Ethno Flair

Kissenhülle mit Rautenmotiv

GRÖSSE
ca. 48 cm x 48 cm, für eine waschbare Kissenfüllung von 50 cm x 50 cm

MATERIAL
Lana Grossa Alta Moda Alpaca (90 % (Baby) Alpaca, 5 % Schurwolle (Merino), 5 % Polyamid, LL = 140 m/50 g): 300 g Ziegelrot (Fb 91) und je 50 g Rohweiß (Fb 14), Anthrazit (Fb 13) und Ocker (Fb 73); Stricknadeln 4 mm; 1 waschbare Kissenfüllung, 50 cm x 50 cm.

MASCHENPROBE
20,5 M und 30 R glatt rechts mit Nadel 4 mm = 10 cm x 10 cm; 21 M und 41 R kraus rechts mit Nadel 4 mm, im geraden Strickverlauf (= Pfeilrichtung) gemessen = 10 cm x 10 cm.

MUSTER
Knötchenrand
Die 1. M jeder R wie zum Rechtsstricken abheben. Die letzte M jeder R rechts stricken. Alle Ränder mit Knötchenrand arbeiten.

Glatt rechts
In Hinr rechte M, in Rückr linke M stricken.

Kraus rechts
In Hin- und Rückr rechte M stricken.

Rautenmotiv

Nach der Strickschrift mit den Teilen A, B und C kraus rechts stricken. Die Ziffern rechts außen bezeichnen die Hinr, die Ziffern links außen die Rückr. Die Hinr also von rechts nach links, die Rückr umgekehrt lesen. Die hellgrau unterlegten M an beiden Seiten beschreiben den Patentrand über jeweils 2 M. Die dunkelgrau unterlegte M in der Mitte bezeichnet jeweils den Rapport von 1 M, der in der Breite stets zu wiederholen ist. In der Breite mit 5 M zwischen den Pfeilen beginnen, dabei wird in der 1. R bereits 1 M zugenommen = 6 M. Dann das Motiv beidseits entsprechend der Strickschrift im Teil A verbreitern, dabei in jeder R am R-Anfang nach den Randm 1 M wie gezeichnet zunehmen. In der Höhe 1x die 1. – 12. R arbeiten, dann die 11. und 12. R stets wiederholen, dabei die Zunahmen entsprechend fortsetzen. Wenn alle Zunahmen erfolgt sind, ist die Hälfte des Motivs erreicht. Dann 1x die 13. und 14. R nach der Strickschrift im Teil B arbeiten, dabei wie gezeichnet in der 13. R am R-Anfang 1 M zu- und am R-Ende 1 M abnehmen. Die M-Zahl ändert sich dadurch nicht. Dann die 2. Hälfte nach der Strickschrift im Teil C arbeiten, dabei in jeder R am R-Ende wie gezeichnet vor den Randm 2 M rechts zusammenstricken. Wenn nach der 26. R nur noch 5 M übrig sind, die Raute beenden.

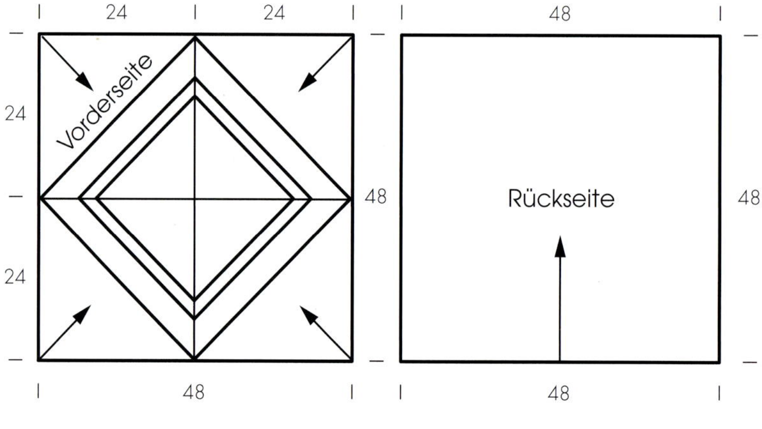

Ethno *Flair*

ANLEITUNG

Hinweis: Die Hüllenvorderseite wird aus 4 einzeln gestrickten Rautenmotiven zusammengesetzt. Die Pfeile zeigen jeweils die Strickrichtung an.

Für die **Rückseite** 102 M in Ziegelrot anschlagen und glatt rechts stricken. Nach 48 cm = 144 R ab Anschlag die M abketten.
Für die **Vorderseite** insgesamt 4 Rautenmotive arbeiten. Für jedes Rautenmotiv 5 M in Ziegelrot anschlagen. Dann zunächst nach der Strickschrift im Teil A mit Zunahmen wie beschrieben arbeiten. Nach 17,5 cm = 72 R ab Anschlag (mittig in Pfeilrichtung gemessen) liegen 77 M auf der Nadel. Die Raute misst hier in der Breite 36,5 cm. Nun in Rohweiß fortfahren, dabei zunächst 1x die 13. und 14. R nach der Strickschrift im Teil B stricken, dann 1x die 15. – 20. R nach der Strickschrift im Teil C arbeiten, anschließend 19. und 20. R stets wiederholen und die Abnahmen entsprechend fortsetzen. Nach 4,5 cm = 18 R ab Rohweiß 6 R in Anthrazit anfügen, dabei die Abnahmen an beiden Seiten fortsetzen. Anschließend nur noch in Ocker stricken, auch hier die Abnahmen entsprechend fortsetzen. Wenn noch 11 M übrig sind, die letzten 6 R nach der 21. – 26. R der Strickschrift im Teil C arbeiten. Dann die restlichen 5 M abketten.

ZU GUTER LETZT

Die 4 Rautenmotive entsprechend der Schnittskizze aneinanderlegen und die Nähte im Matratzenstich so schließen, dass von jedem Teil 1 Randm obenauf liegt. Dann Vorder- und Rückenteil sorgfältig spannen, anfeuchten und trocknen lassen. Die beiden Teile links auf links aufeinanderlegen und die 3 Nähte im Matratzenstich schließen. Dann die Kissenfüllung einschieben und die letzte Naht schließen.

Rautenmotiv

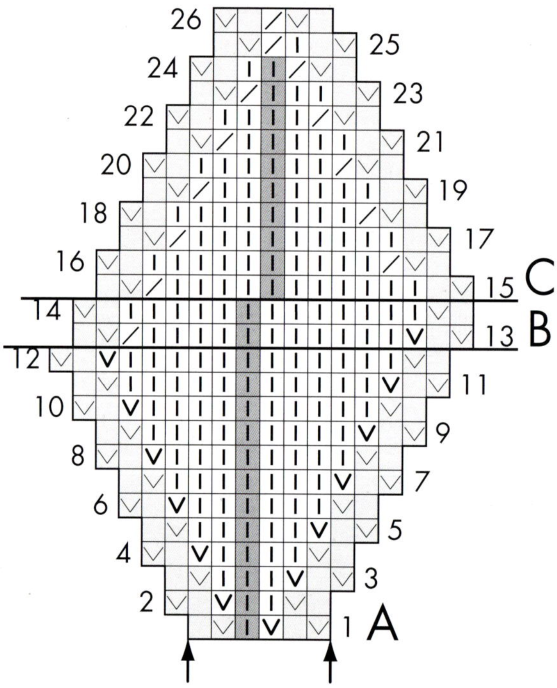

Zeichenerklärung:

☐ = 1 M rechts

[I] = 1 M kraus rechts (in Hin- und Rückr rechts stricken)

[/] = 2 M rechts zusammenstricken

[V] = 1 M rechts verschränkt aus dem Querfaden herausstricken

[V] = 1 M links abheben, dabei den Faden vor der M weiterführen

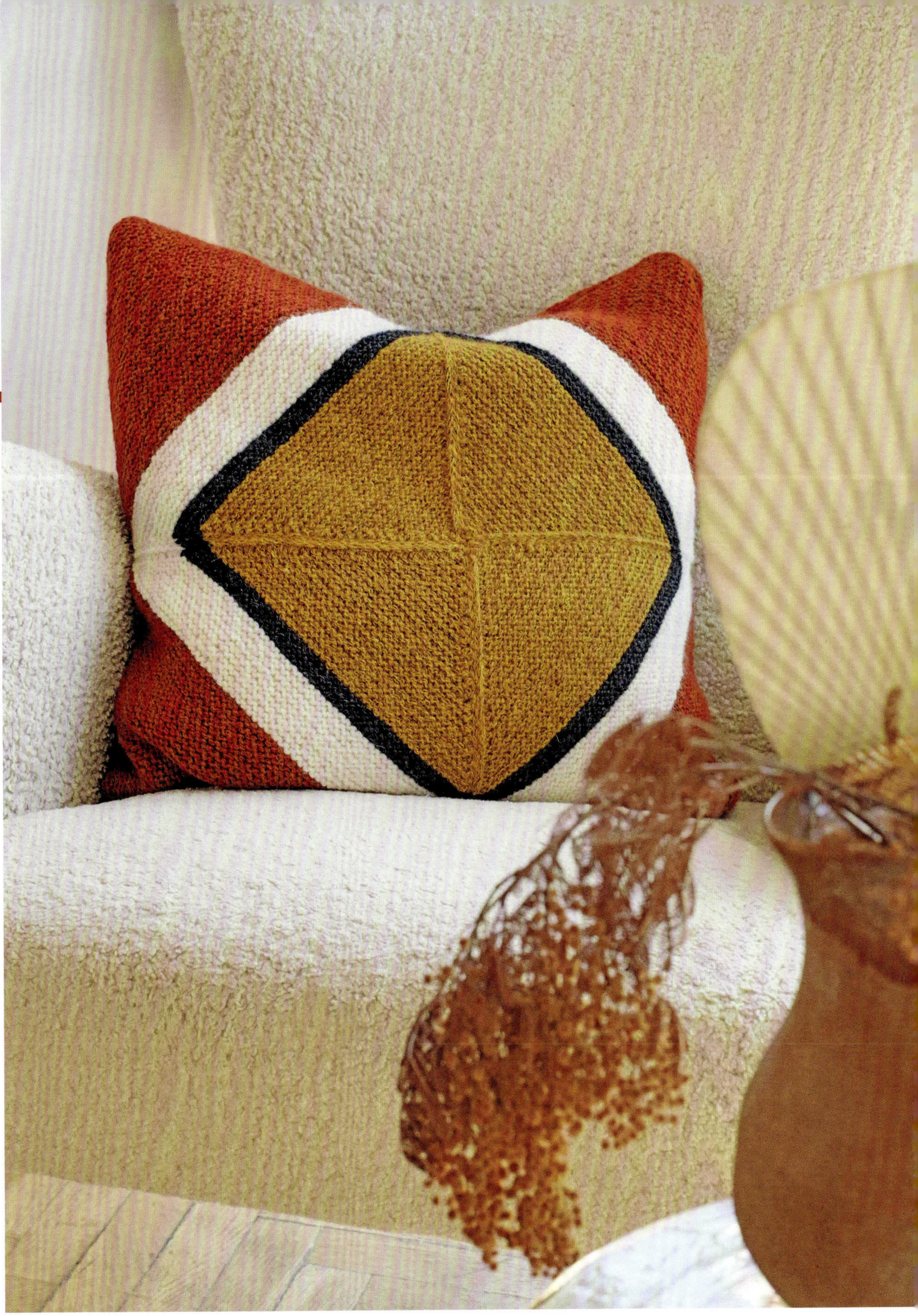

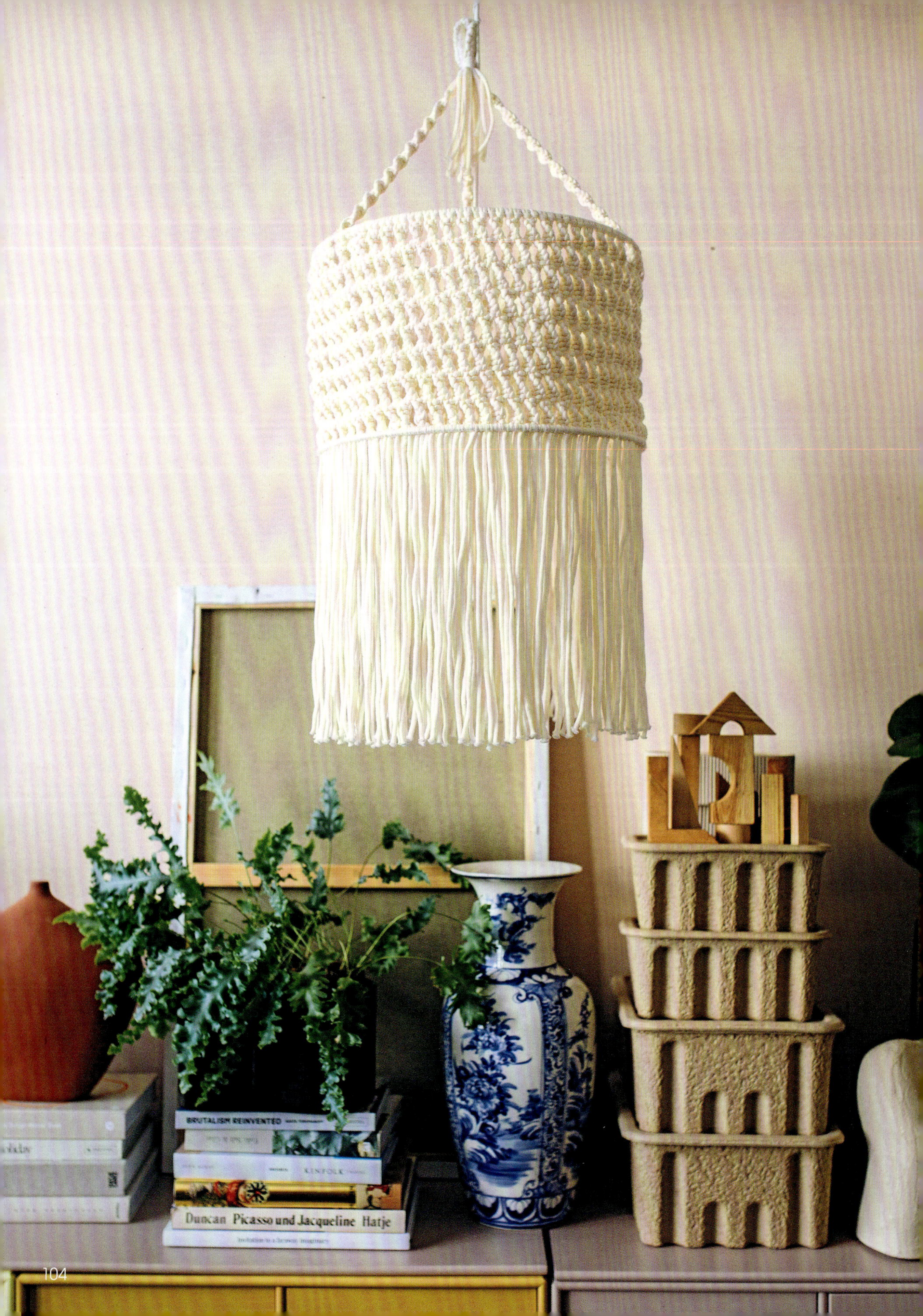
BRUTALISM REINVENTED
KINFOLK
Duncan Picasso und Jacqueline Hatje

Knüpf *Kunst*

Absolut typisch für den Boho-Style sind Makramee-Objekte mit langen, schwingenden Fransen. Ein Paradebeispiel ist dieser Lampenschirm, der kunstvoll mit unterschiedlichen Knoten geknüpft wird. Mit dem dekorativen Prachtstück zieht ganz entspannt ein locker-lässiger Wohnstil bei Ihnen ein!

Lampenschirm

GRÖSSE

Schirmhöhe ohne Fransen ca. 24 cm, Fransen 35 cm lang

MATERIAL

Lana Grossa The Tube (60 % Baumwolle, 40 % Nylon, LL = 114 m/200 g): 800 g Creme (Fb 2); 1 Rayher Metallring, ø 40 cm, Art. 2505600, 1 Rayher Metallring mit Lampenfassung, ø 40 cm, Art. 2300200; 1 IKEA Lampenaufhängung „HEMMA" in Creme, Art. 103.865.77; 2 breite Kleiderständer und 4 S-Haken zum Befestigen während des Knüpfens; 1 scharfe Schere; Rest weißer Zierdraht.

MUSTER

Makramee-Knüpfen

Es gibt Knüpf- und Leitfäden. Mit den Knüpffäden werden andere Fäden umschlungen und aufgeknotet. Die Leitfäden hängen nach unten und geben die Knüpfrichtung vor.

Ankerknoten

Der Ankerknoten wird am häufigsten verwendet, um Fäden an einem Stab oder einem horizontalen Leitfaden zu befestigen. Dafür werden die Fäden zur Hälfte gelegt, dann unter den Stab oder Leitfaden geschoben, sodass die Schlinge nach unten hängt, Abb. A. Dann die Fadenenden nach unten über den Stab oder Leitfaden durch die Schlinge führen, Abb. B. Die Fadenenden fest anziehen, um den Knoten zu sichern, Abb. C.

Ankerknoten

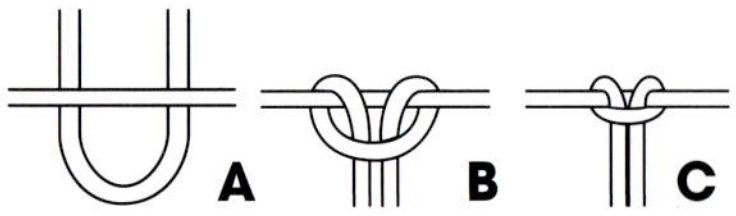

Knüpf Kunst

Doppelknoten

Der Doppelknoten (oder Weberknoten) wird aus 2 nebeneinanderliegenden Fadenpaaren gebildet. Die beiden äußeren Fäden (= Knüpffäden) werden im Wechsel über die beiden mittleren Fäden (= Leitfäden) gelegt und miteinander verschlungen, siehe Musterzeichnungen. Die Ziffern bezeichnen darin die Fäden: (1) und (4) = Knüpffäden, (2) und (3) = Leitfäden. ★ Zunächst den Faden (1) waagerecht über die 2 Leitfäden (2 und 3), dann unter den Faden (4) legen. Nun den Faden (4) waagerecht unter den Leitfäden durchschieben und nach vorne zwischen Faden (1) und (2) hindurchführen, sodass er über Faden (1) liegt. Der Faden (4) läuft nun unter, der Faden (1) über den Leitfäden durch. Nun den Faden (1) waagerecht zurück über die Leitfäden und unter Faden (4) hindurchführen. Dann Faden (4) wieder unter den Leitfäden hindurchführen und zwischen den Fäden (3) und (1) nach vorne durchholen. Nun die Knüpffäden gleichmäßig anziehen, dabei darauf achten, dass die Leitfäden stramm gehalten werden. Die Arbeitsschritte ab ★ stets wiederholen und die Knoten dicht aneinanderschieben.

Doppelknoten

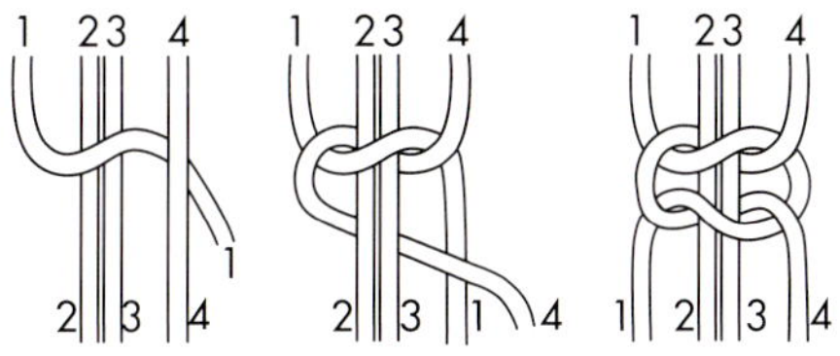

Halbknoten

Für einen Halbknoten wie beim Doppelknoten beginnen. Die Fäden sind genauso angeordnet. Dann den Faden (1) waagerecht über die 2 Leitfäden (2 und 3), anschließend unter den Faden (4) legen. Nun den Faden (4) waagerecht unter den Leitfäden durchschieben und nach vorne zwischen Faden (1) und (2) hindurchführen, sodass er über Faden (1) liegt. Der Faden (4) läuft nun unter, der Faden (1) über den Leitfäden durch. Für weitere Halbknoten diese Arbeitsschritte stets wiederholen, dabei wechseln sich jedoch Faden (1) und (4) immer ab. So ergibt sich eine Spirale. Die Knoten drehen sich um die eigene Achse nach rechts = Halbknotenspirale.

Halbknoten **Halbknotenspirale**

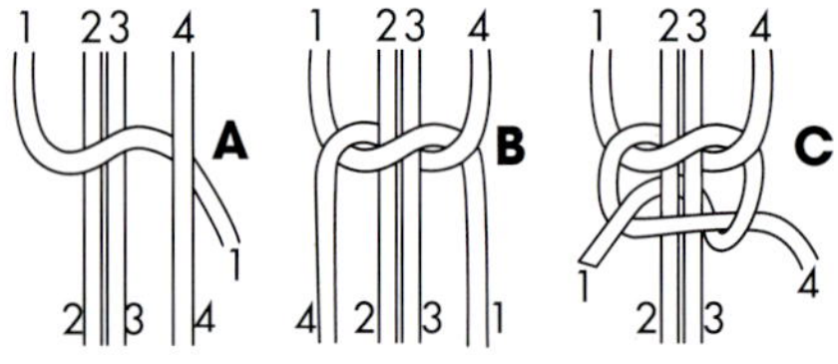

Halber Schlag

Halbe Schläge braucht man bei Makramee sehr oft. Sie werden mit 1 Knüpffaden und 1 Leitfaden gebildet. Der Knüpffaden wird von oben nach unten unter dem querliegenden Leitfaden durchgeführt, wieder nach oben genommen und gemäß Musterzeichnung um den Leitfaden gewickelt. Dies wird für einen doppelten halben Schlag 1x wiederholt, wobei sich ab dem 2. halben Schlag eine Schlinge bildet, durch die der Knüpffaden durchgeführt wird. Es können mehrere doppelte halbe Schläge nebeneinander gebildet werden. Wenn man den Faden fest nach unten anzieht, sieht es wie links in der Musterzeichnung (horizontaler doppelter halber Schlag) dargestellt aus.

Halber Schlag

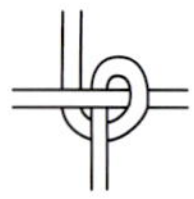

Doppelter halber Schlag

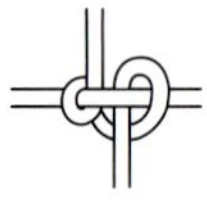

Horizontaler doppelter halber Schlag

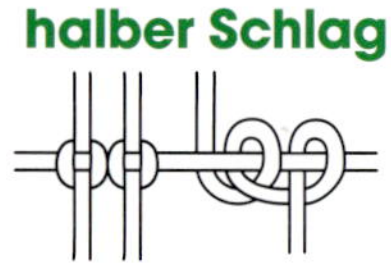

Knüpf Kunst

Wickelknoten
Dafür den Fadenanfang nach oben legen und eine Schlinge bilden. Diese gemäß Abbildung A über das Fadenende legen, dann den Faden weiter um die Leitfäden führen. Diese samt der Schlinge dicht umwickeln, bis unten noch eine kleine Öse übersteht. Am Ende der Umwicklungen das Fadenende durch die überstehende Öse führen. Dann mit dem Anfangsfaden festziehen. So legt sich die Öse mit dem Endfaden unter die Umwicklungen. Das überstehende Fadenende abschneiden.

Wickelknoten

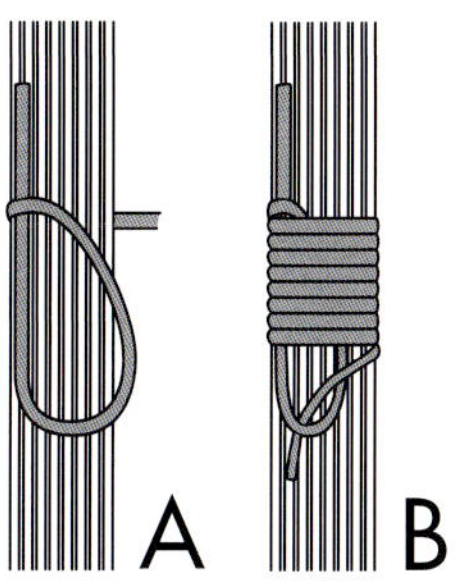

ANLEITUNG

Hinweis: Da das Garn im Gegensatz zu einem klassischen Makramee-Garn sehr weich ist, sollten die Knüpffäden gleichmäßig, aber nicht zu fest angezogen werden.

Für den **Lampenschirm** 126 Fäden von je 2,80 m Länge für Knüpf- und Leitfäden zuschneiden (1 Knäuel ergibt 40 Fäden). Dann 7 Fäden von 2,50 m Länge für die Lampenschirmaufhängung und 1 m Faden für den Wickelknoten zuschneiden. Nun alle 126 Fäden jeweils mit 1 Ankerknoten am Metallring mit der Lampenfassung anbringen, siehe Abb. 1, dabei in jedes Drittel des Ringes 42 Knoten arbeiten und auf die gleiche Länge der Fäden achten. Dann den Ring an 2 Kleiderständern, die im Abstand von 40 cm stehen sollten, mit Hilfe der 4 S-Haken einhängen, sodass man bequem im Stehen daran arbeiten kann. Alle Fäden hängen gerade nach unten.

1. Knoten-R: Mit je 4 Fäden 1 Halbknotenspirale, siehe Abb. 2, aus je 5 Knoten arbeiten. Darauf achten, dass keine Fäden zwischen den Knoten ausgelassen werden. Dann die Knoten dicht an den Metallring schieben. Jeder Strang dreht sich nun 1x um die eigene Achse und die Fäden hängen nun in getauschter Position. Für jede folgende R wird jeweils aus dieser neuen Position heraus geknüpft.

2. – 8. Knoten-R: Halbknotenspiralen aus je 6 Knoten knüpfen, die jeweils zur vorhergehenden R versetzt werden. Das bedeutet, dass von 4 herunterhängenden Fäden einer Halbknotenspirale der Vor-R nur je 2 Fäden mit 2 Fäden der danebenliegenden Spirale zusammengeknüpft werden. Somit versetzt sich das Muster. Die Knoten aller Spiralen immer dicht aneinanderknüpfen. Nach der 8. Knoten-R hat der Lampenschirm eine Länge von ca. 24 cm. Nun den 2. Metallring mit doppelten halben Schlägen und halben Schlägen, siehe Abb. 3, am Lampenschirm befestigen. Von den je 4 Fäden einer Halbknotenspirale die beiden äußeren jeweils mit 1 doppelten halben Schlag und die 2 mittleren Fäden mit je 1 halben Schlag an den Ring knüpfen. Danach alle Fäden gleichmäßig bei 35 cm Länge ab dem 2. Ring mit der Schere abschneiden. Für die **Halterung** 3x je 2x 2,50 m lange Fäden am oberen Ring in Höhe der Querverstrebungen der Fassung mit 1 Ankerknoten anknüpfen. Für das Knüpfen der Halbknotenspiralen die Leitfäden nur je 90 cm lang lassen und die Knüpffäden in der ganzen Länge. Dann je 50 Halbknoten dicht aneinander ausführen. Das ergibt eine Länge von je ca. 23 cm. Nun die Fäden aller 3 Spiralen zusammennehmen und mit dem letzten 2,50 m langen Faden um diese Fäden 12 cm lang Doppelknoten knüpfen. Diese zu einer Schlinge zur Hälfte legen und mit 1 Wickelknoten (1 m Faden) 1,5 cm lang abbinden, siehe Abb. 4. Den oberen Faden des Wickelknotens abschneiden, die unteren Fäden einfach nach unten hängen lassen und nach Belieben zurechtschneiden.

Knüpf *Kunst*

ZU GUTER LETZT

Die Lampenfassung am oberen Ring eindrehen und das Kabel mit dem Zierdraht an der Doppelknoten-Schlinge befestigen, siehe Abb. 5.

Ankerknoten

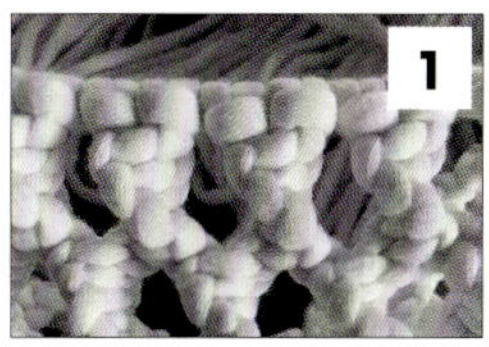

Halbknotenspirale

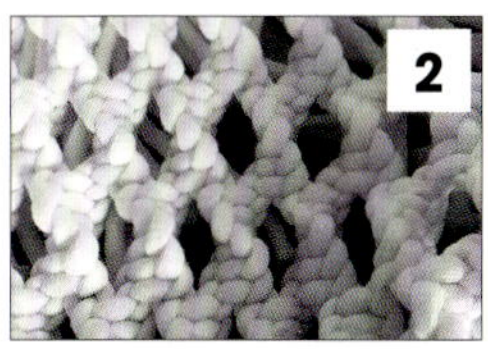

Halbe Schläge

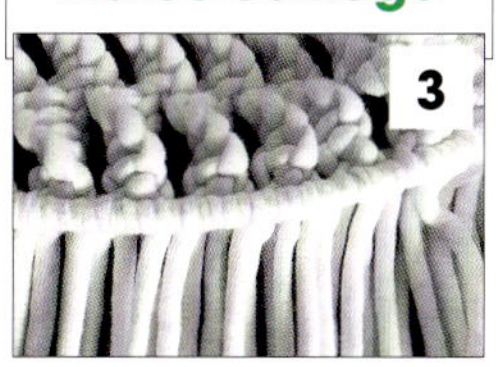

Aufhängung

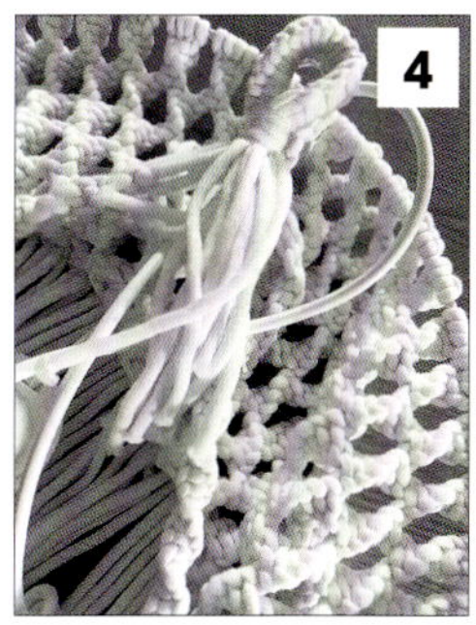

Lampenfassung

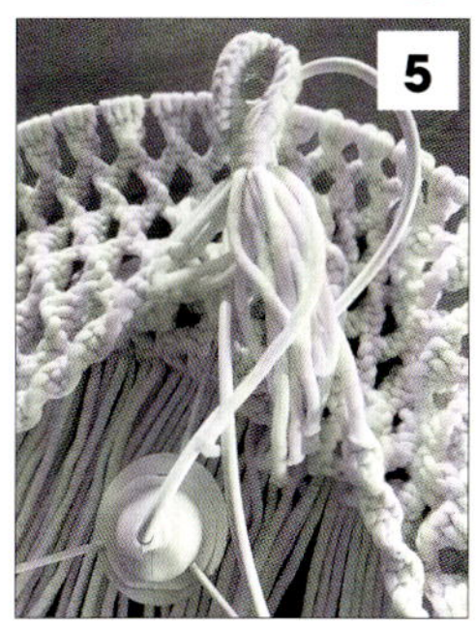

Happy *Hippie*

Leuchtende, bunte Farben und ein expressiver Muster- und Materialmix machen die Häkeldecke zum Hingucker! Ein verspieltes, superdekoratives Einzelstück, das sich wunderbar als Farbklecks und unbekümmertes Flower-Power-Element in den lässig zusammengewürfelten Boho-Look einfügt.

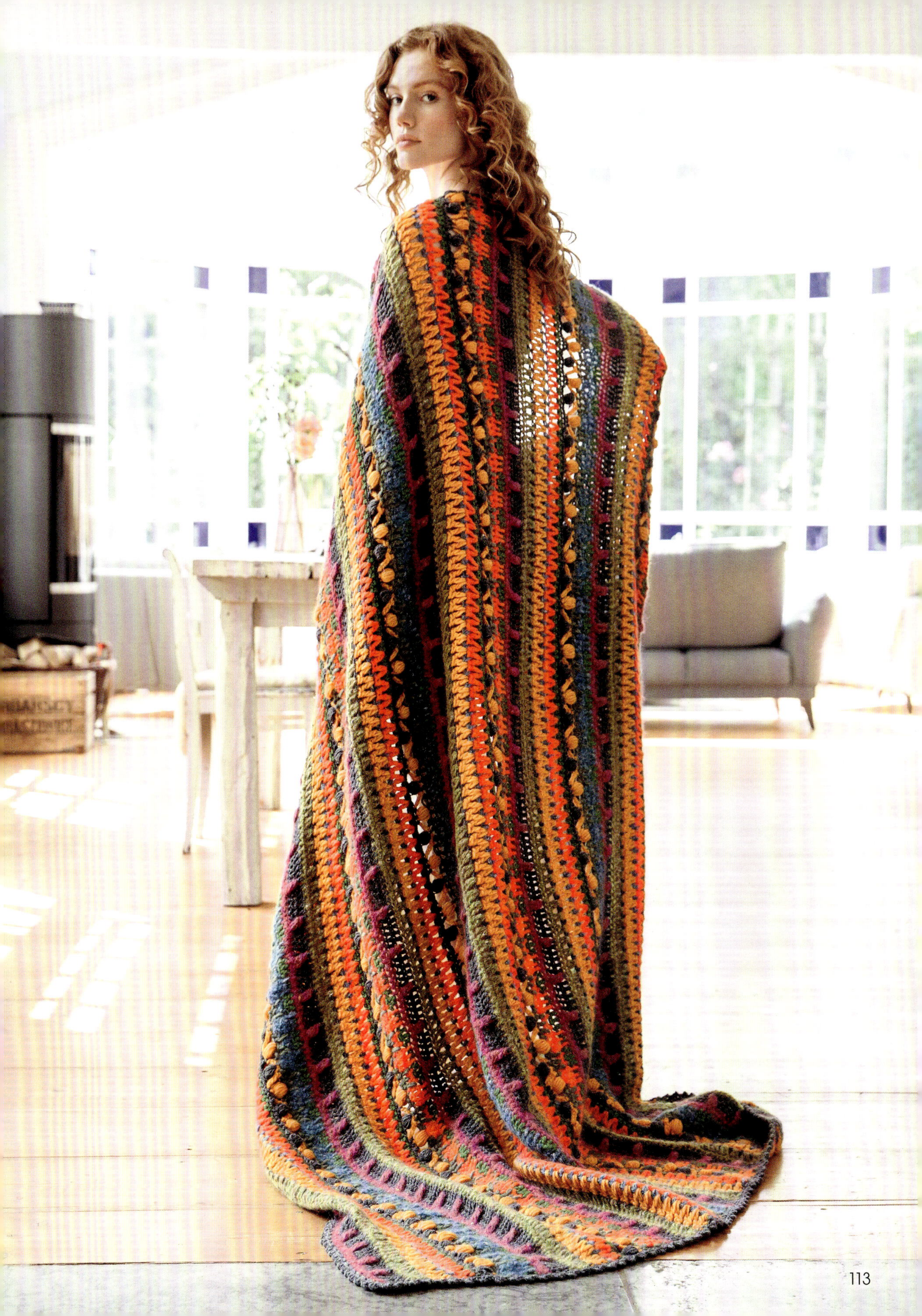

Decke

GRÖSSE

ca. 200 cm x 160 cm

MATERIAL

Lana Grossa Merino Uno (We Care) (100 % Schurwolle Merino, superwash, LL = 125 m/ 50 g): 250 g Koralle (Fb 57) und 100 g Resedagrün (Fb 34), Lana Grossa Alpaca Moda (74 % Baby Alpaca, 13 % Schurwolle Merino, 13 % Polyamid, LL = 135 m/50 g): 200 g Goldgelb (Fb 12), Fuchsia (Fb 18) und Petrol (Fb 26), Lana Grossa Brigitte No. 2 (47 % (Baby) Alpaka, 45 % Baumwolle, 8 % Schurwolle (Merino), LL = 140 m/50 g): je 200 g Koralle (Fb 25) und Grün (Fb 1) und Lana Grossa Alta Moda Alpaca (90 % (Baby) Alpaka, 5 % Schurwolle (Merino), 5 % Polyamid, LL = 140 m/50 g): 300 g Dunkelgrau meliert (Fb 22); 1 Häkelnadel 7 mm.

MASCHENPROBE

12 M und 8 R Muster- und Materialmix mit Häkelnadel 7 mm = 10 cm x 10 cm.

MUSTER

Muster- und Materialmix

Nach Häkelschrift A in hin- und hergehenden R häkeln. Die Ziffern links außen bezeichnen die Rückr, die Ziffern rechts außen die Hinr. Die Buchstaben an beiden Seiten geben die im markierten Abschnitt zu verwendende Farbe an, siehe Zeichenerklärung. Die waagrechten Linien beidseits der Häkelschrift begrenzen die Farbbereiche. In der 1. R das 1. Stb in die 4. Luftm ab der Nadel arbeiten. Dann zu jeder folgenden R mit der notwendigen Anzahl an Luftm wie gezeichnet wenden. In der Breite die R mit den M vor dem 1. Pfeil beginnen, den Rapport von anfangs 6 M zwischen den Pfeilen stets wiederholen und mit den M nach dem 2. Pfeil enden. Der Deutlichkeit halber sind 3 Rapporte gezeichnet. Die übrigen Rapporte sind grau unterlegt und werden ebenfalls stets wiederholt. In der 6. und 8. R sowie in der 24. und 26. R sind die

M grau gezeichnet, damit man den R-Verlauf besser erkennen kann. In diesen R wird jeweils das 1. und 3. Stb der Dreiergruppen um die Luftm in die 2. darunterliegende R gehäkelt. In der **13., 15., 31. und 33. R** die Stb jeweils um die Luftm der Vor-R arbeiten. In der **17. und 35. R** je 2 Stb um die Luftm der Vor-R häkeln. **In der Höhe** die 1. – 36. R stets wiederholen, die Stb der 1. R dann jeweils in die festen M der Vor-R häkeln.

Picotrand

Nach Häkelschrift B in 2 Rd häkeln. Für die 1. Rd mit 1 Kettm nach einer Ecke anschlingen. In der 1. Rd ca. 12 feste M über 10 cm Rand häkeln. Die Rd mit den M vor dem 1. Pfeil beginnen, den Rapport von 2 M zwischen den Pfeilen stets wiederholen und mit den M nach dem 2. Pfeil enden. Jede Rd mit 1 Kettm in die Luftm des Rd-Beginns schließen. Diese zählt nicht als M.

ANLEITUNG

192 Luftm + 3 Luftm zum Wenden mit Alta Moda Alpaca anschlagen. Im Muster- und Materialmix arbeiten = 193 Stb nach der 1. R. Nach 200 cm = 166 R ab Anschlag nach einer 22. Muster-R die Arbeit beenden.

ZU GUTER LETZT

Das Teil spannen, anfeuchten und trocknen lassen. Den Rand der Decke ringsum mit 2 Rd Picotrand und Alta Moda Alpaca umhäkeln. Dann die Arbeit beenden. Alle Fäden sorgfältig vernähen.

Häkelschrift A

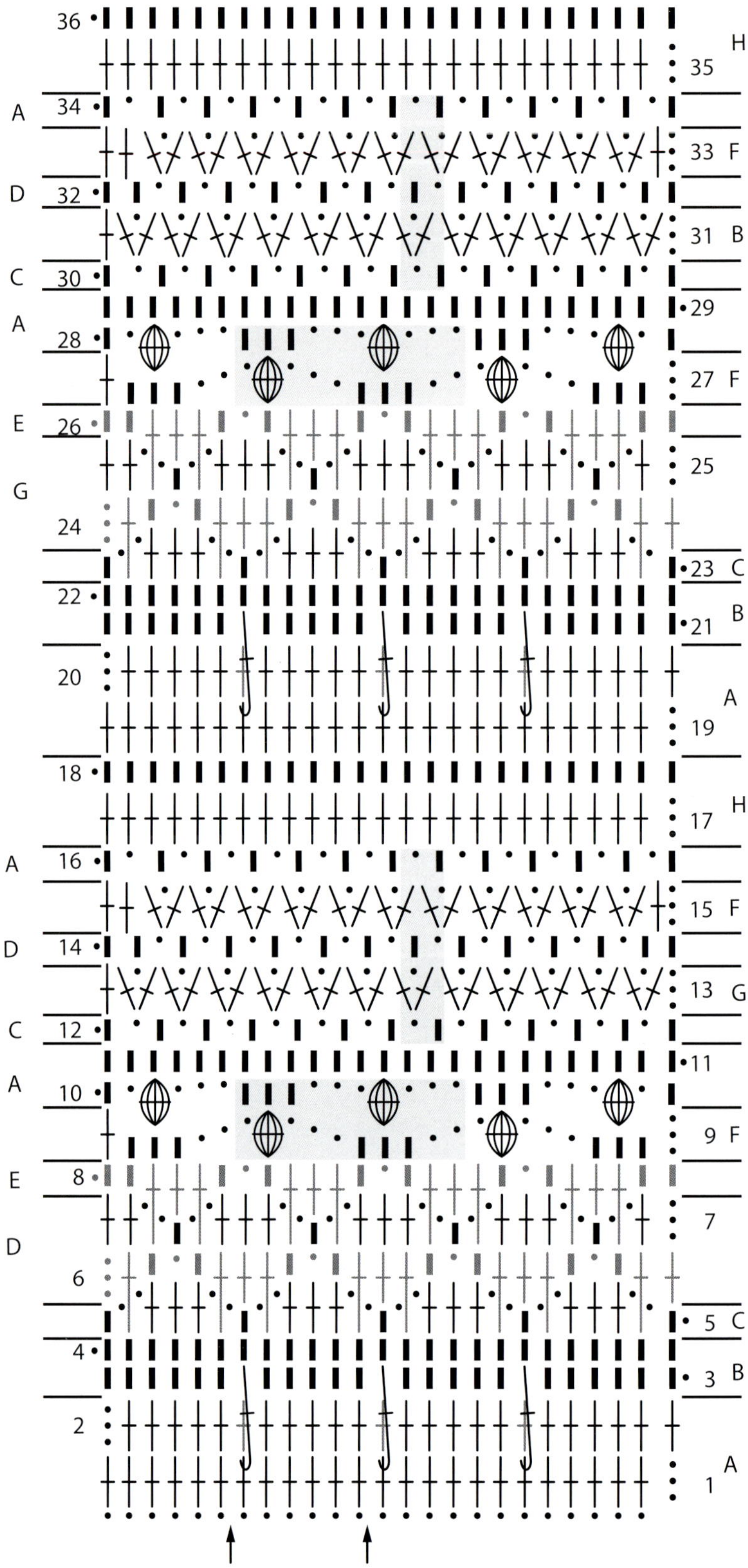

Happy Hippie

Häkelschrift B

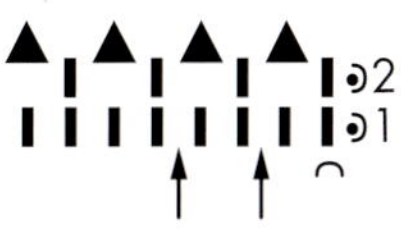

Zeichenerklärung:

= 1 Luftm
= 1 Kettm
= 1 feste M
= 1 Stb
= 3 zusammen abgemaschte Relief-Stb von vorn (= 3x 1 halb abgemaschtes Stb von vorn nach hinten um den Kopf des Stb der 2. darunterliegenden R häkeln, dann mit 1 Umschlag alle auf der Nadel liegenden Schlingen zusammen abmaschen)
= 1 Noppe (= 5 zusammen abgemaschte Stb in 1 Einstichstelle, die Noppe mit 1 Kettm schließen)
= 1 Picot (= 3 Luftm und 1 feste M zurück in die 1. Luftm häkeln)

Farbschlüssel:

A = Dunkelgrau meliert
B = Fuchsia
C = Grün
D = Petrol
E = Resedagrün
F = Merino Uno: Koralle
G = Brigitte No. 2: Koralle
H = Goldgelb

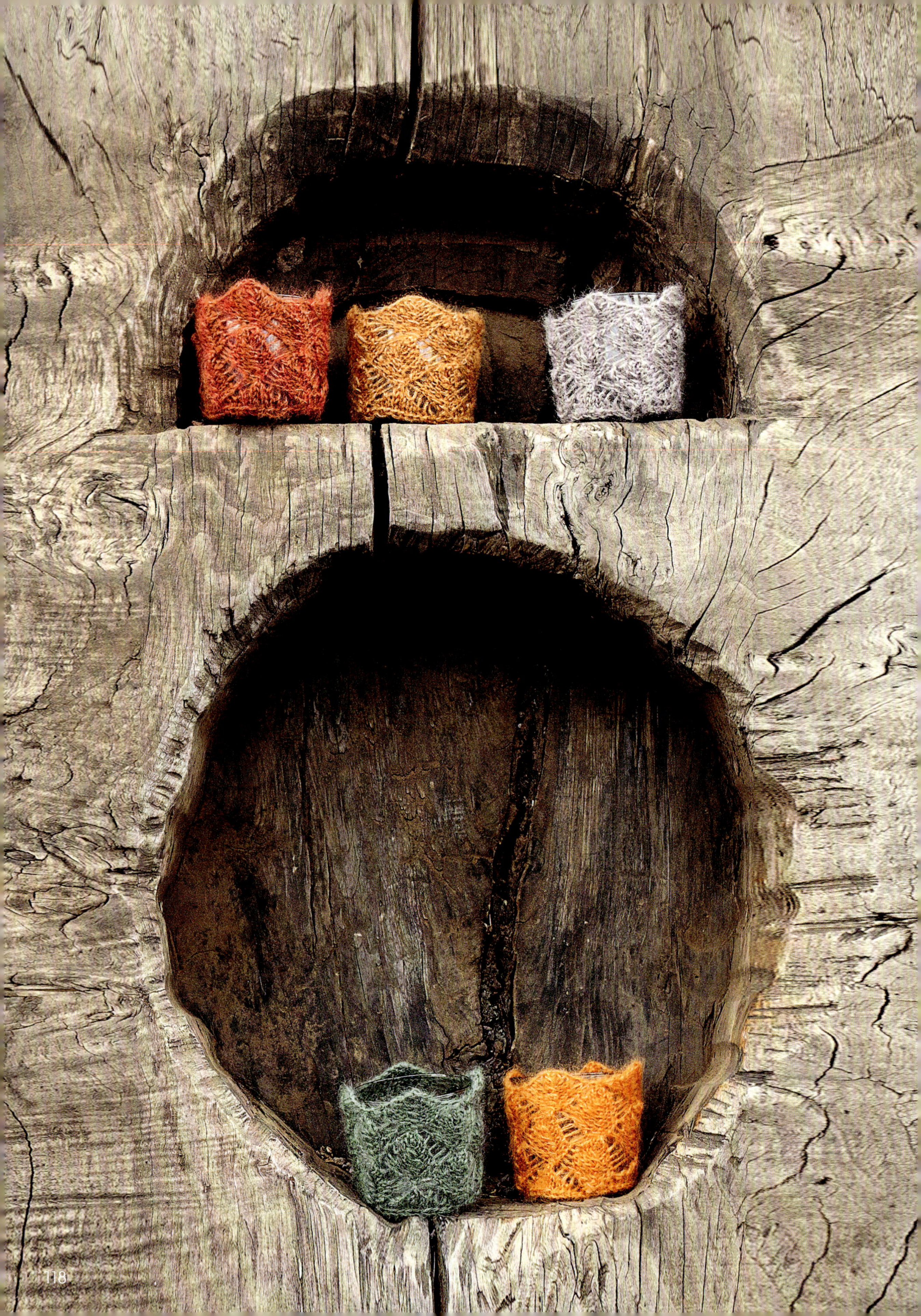

Warmes *Licht*

Ein zauberhaftes, spitzenzartes Ajourmuster und flauschige, doppelfädig verarbeitete Mohairseide geben den umstrickten Windlichtgläsern eine duftige Anmutung. So wirkt Kerzenlicht noch weicher und wärmer! Besonders schön sehen die Hussen in der Gruppe in erdigen Naturtönen aus.

Windlichthussen

GRÖSSE

ca. 22 cm Umfang für ein Glas mit ca. 7 cm ø, 9 cm hoch

MATERIAL

Lana Grossa Silkhair (70 % Mohair (Superkid), 30 % Seide, LL = 210 m/25 g): je 25 g Moosgrün (Fb 127), Zimt (Fb 124), Goldbraun (Fb 115), Orange (Fb 125), Perlbeige (Fb 123) und Taupe (Fb 35); Nadelspiel 5 mm.

MASCHENPROBE

21,5 M und 20 Rd Ajourmuster mit doppeltem Faden und Nadelspiel 5 mm = 10 cm x 9 cm.

MUSTER

Ajourmuster

Nach der Strickschrift in Rd stricken. Die Ziffern rechts außen bezeichnen die Rd. **In der Breite** die Rd mit den M vor dem 1. Pfeil beginnen, den Rapport von 12 M zwischen den Pfeilen stets wiederholen und mit den M nach dem 2. Pfeil enden. Am Rd-Ende darauf achten, dass in der 6. Rd die letzte M rechts verschränkt gestrickt wird. Der Deutlichkeit halber sind 3 Rapporte gezeichnet. **In der Höhe** 2x die 1. – 10. Rd arbeiten = 20 Rd.

ANLEITUNG

Hinweis: Pro Farbe 1 Husse arbeiten, dabei stets mit doppeltem Faden stricken.

48 M mit doppeltem Faden anschlagen, gleichmäßig auf 4 Nadeln des Nadelspiels verteilen (= je 12 M pro Nadel) und zur Rd schließen. Den Rd-Beginn markieren. Dann im Ajourmuster in der beschriebenen Einteilung stricken, dabei darauf achten, dass die Rd-Übergänge nicht zu locker gearbeitet werden. Nach 9 cm = 20 Rd ab Anschlag die M abketten.

ZU GUTER LETZT

Alle Fäden sorgfältig vernähen.

Warmes Licht

Ajourmuster

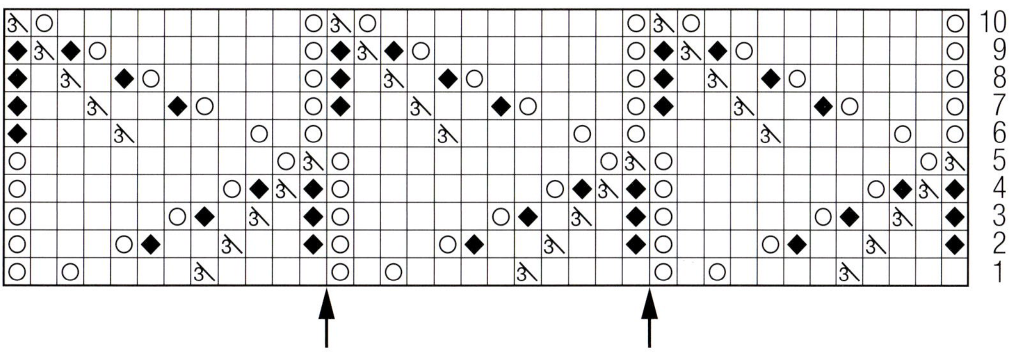

Zeichenerklärung:

- ☐ = 1 M rechts
- ○ = 1 Umschlag
- ◆ = 1 M rechts verschränkt
- 3\ = 3 M überzogen rechts zusammenstricken (= 1 M wie zum Rechtsstricken abheben, 2 M rechts zusammenstricken, dann die abgehobene M über die gestrickten M ziehen)

Sit down & relax

Kissen und Teppiche sorgen für ein behagliches, anheimelndes Wohnambiente – sie laden dazu ein, sich ungezwungen zusammenzusetzen und lassen sich ganz flexibel immer neu arrangieren und je nach Gelegenheit und Laune platzieren. Häkeln oder stricken oder beides – Sie haben die Wahl!

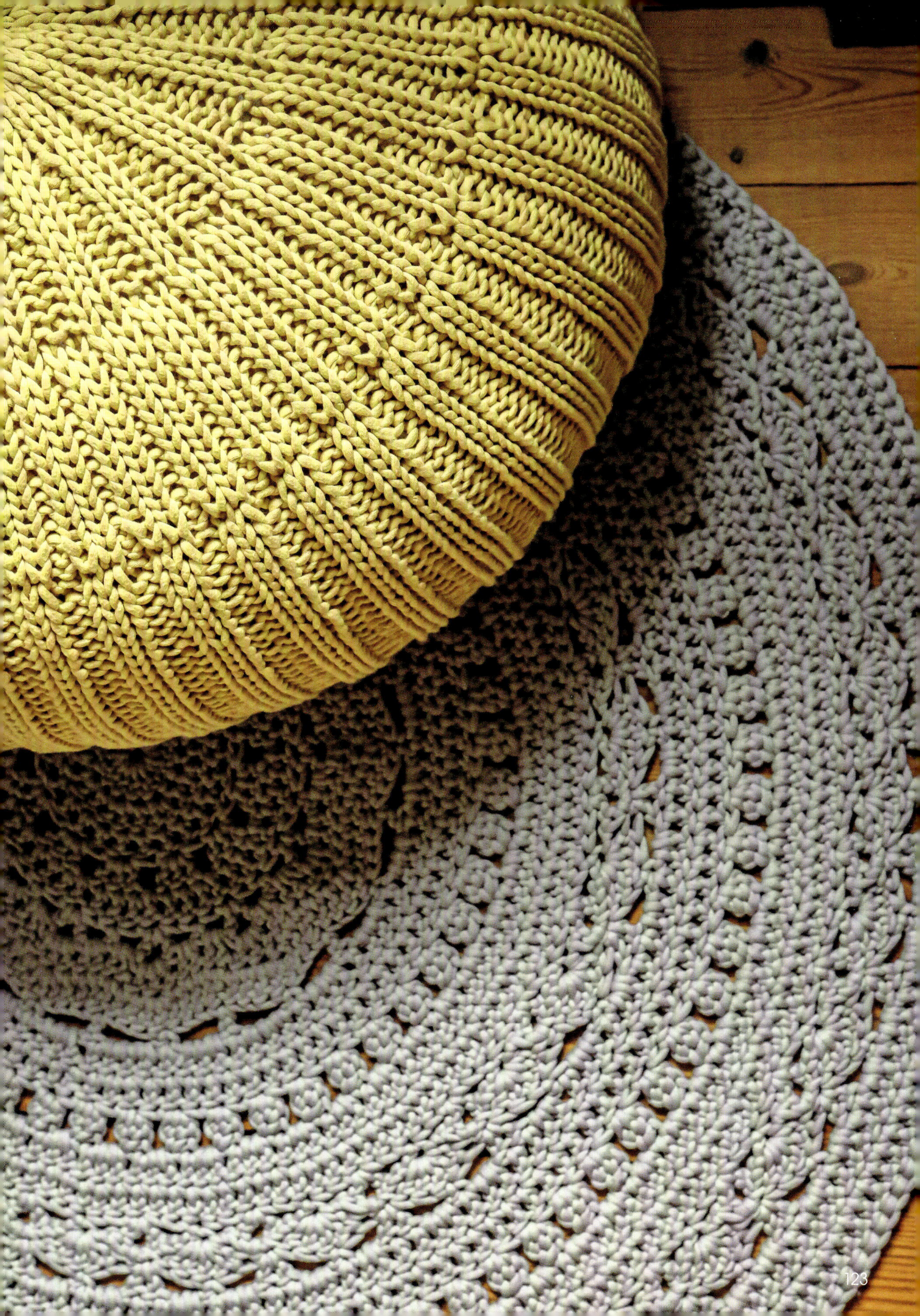

Boden-Pouf

GRÖSSE

ca. 55 cm ø, ca. 30 cm hoch

MATERIAL

Lana Grossa The Tube (60 % Baumwolle, 40 % Nylon, LL = 114 m/200 g): 1200 g Gelb (Fb 4); je 1 Rundstricknadel 8 mm, 100, 80, 60 und 40 cm lang; 1 rundes Innenkissen VARIO mit einer Füllung aus Schaumstoff-flocken, Art. 113002, 70 cm ø über Kissen-welt.de.

MASCHENPROBE

10 M und 16 Rd Rippen mit Nadel 8 mm = 10 cm x 10 cm.

MUSTER

Rippen

2 M rechts, 2 M links im Wechsel stricken.

Sit down & relax

ANLEITUNG

Für das **Seiten- und Oberteil** mit der langen Rundstricknadel 176 M anschlagen und Rippen in Rd stricken. Nach 29 cm = in der 47. Rd ab Anschlag jeweils die 2 linken M links zusammenstricken = 132 M und auf die nächstkürzere Rundstricknadel wechseln. In der 48. – 57. Rd die M stricken, wie sie erscheinen. In der 58. Rd jede 2. rechte M wie zum Rechtsstricken abheben, die linke M stets rechts stricken und die abgehobene M darüber ziehen = 88 M. Auf die nächstkürzere Rundstricknadel wechseln. In der 59. – 67. Rd Rippen wie zu Beginn stricken. In der 68. Rd jeweils die 2 linken M links zusammenstricken = 66 M und auf die kurze Rundstricknadel wechseln. In der 69. – 72. Rd die M stricken, wie sie erscheinen. In der 73. Rd wieder jede 2. rechte M wie zum Rechtsstricken abheben, die linke M stets rechts stricken und die abgehobene M darüber ziehen = 44 M. In der 74. Rd stets je 2 M überzogen rechts zusammenstricken (= 1 M wie zum Rechtsstricken abheben, die folgende M rechts stricken und die abgehobene M darüber ziehen) = 22 M. Diese restlichen 22 M mit dem Fadenende zusammenziehen, auf die Innenseite ziehen und gut vernähen. Nun für den **Boden** mit der langen Rundstricknadel aus dem Anschlagrand 176 M auffassen und 1 Rd Rippen stricken, wie die M erscheinen. Nun das Innenkissen in das Strickteil hineinschieben und die M auf 3 bis 4 Nadeln verteilen. Dann gleich ab der 47. – 74. Rd wie am Oberteil beschrieben weiterarbeiten, dabei diese Rd mit eingeschobenem Innenkissen beenden.

ZU GUTER LETZT

Die restlichen 22 M mit dem Fadenende zusammenziehen. Den Endfaden sorgfältig vernähen.

Häkelteppich

GRÖSSE

ø ca. 120 cm

MATERIAL

Lana Grossa The Tube (60 % Baumwolle, 40 % Nylon, LL = 114 m/200 g): 1400 g Graubeige (Fb 15); 1 Häkelnadel 10 mm.

MASCHENPROBE

8 Stb und 4 Rd (die 11. – 14. Rd der Häkelschrift) mit Häkelnadel 10 mm = 10 cm x 10 cm.

MUSTER

Rundes Motiv

Nach der Häkelschrift in 27 Rd häkeln. Einen Fadenring bilden und in der 1. Rd 16 Stb in den Ring häkeln, dabei das 1. Stb durch 3 Luftm ersetzen. Nun den Anfangsfaden fest anziehen, sodass sich der Ring schließt. Die 1. und jede folgende Rd mit 1 Kettm schließen. Zur 7. Rd mit 1 weiteren Kettm wie gezeichnet vorgehen, um mustergemäß an der richtigen Stelle weiterhäkeln zu können. Die Ziffern bezeichnen die Rd-Übergänge. Wenn Stb und feste M über Luftm gezeichnet sind, diese jeweils um die Luftm bzw. Luftm-Bögen der Vor-Rd häkeln. Die 1. – 19. Rd ist vollständig gezeichnet. Diese 1x häkeln, dann die 12. – 19. Rd 1x entsprechend wiederholen = insgesamt 27 Rd.

Sit down & relax

ANLEITUNG

Hinweis: Der Teppich wird in der Mitte begonnen und in Rd von innen nach außen gehäkelt. Der Pfeil in der Schnittskizze gibt die Häkelrichtung an.

Einen Fadenring bilden und die 27 Rd des runden Motivs häkeln. Als Abschluss die letzte Stb-Rd noch mit 1 Rd Kettm umhäkeln. Dann die Arbeit beenden.

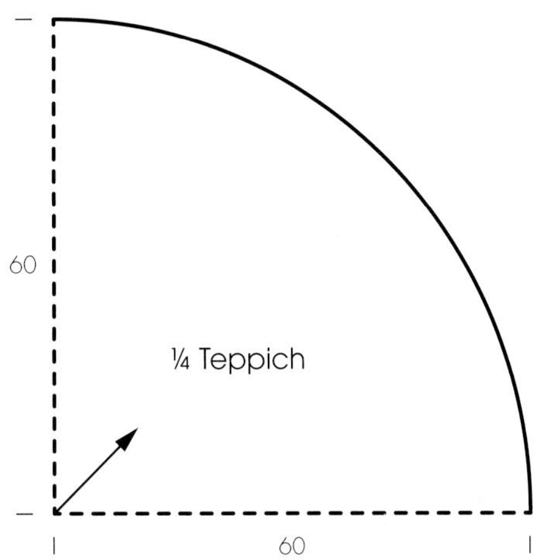

ZU GUTER LETZT

Alle Fäden sorgfältig auf der Unterseite vernähen.

Rundes Motiv

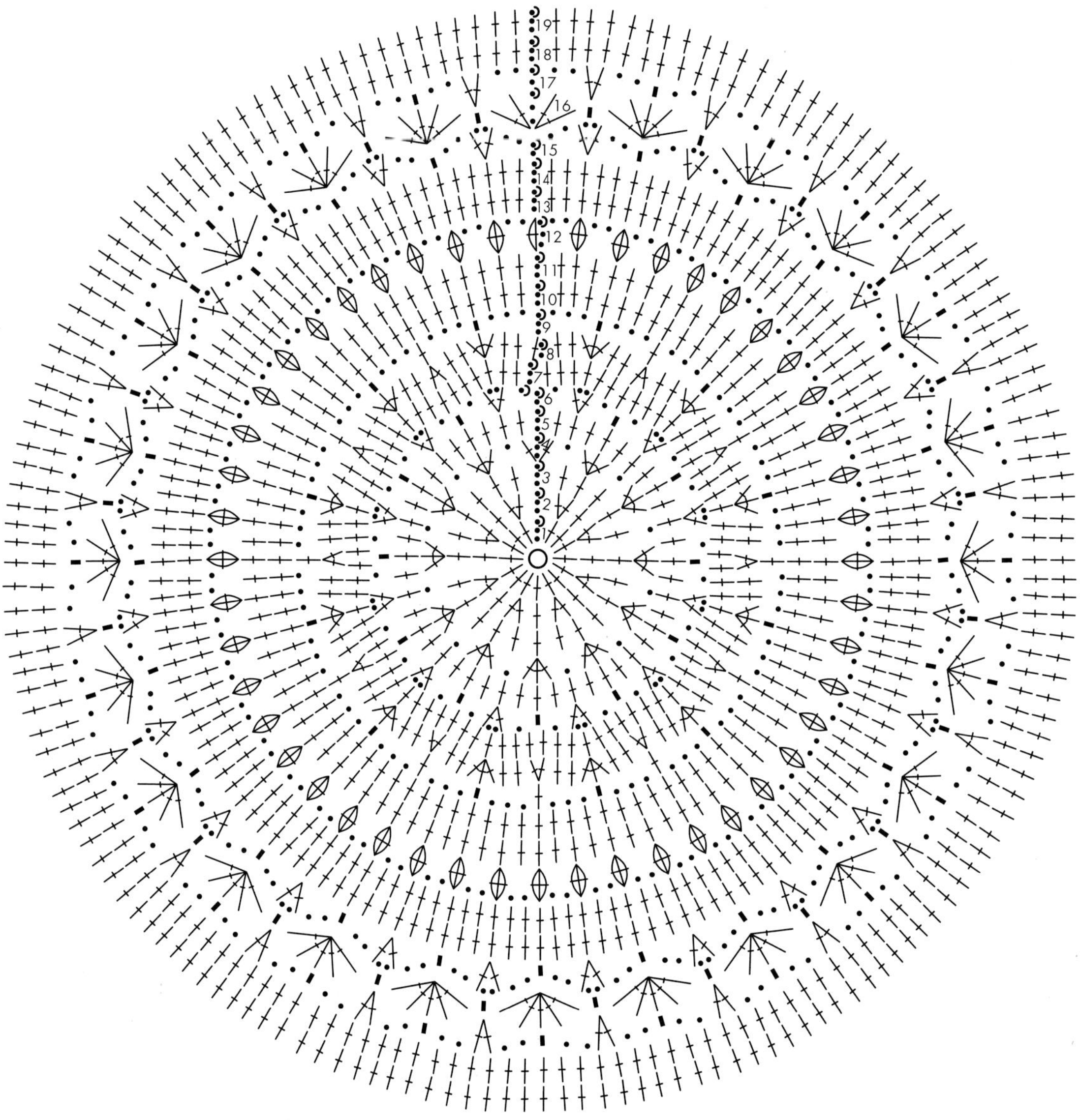

Zeichenerklärung:

= 1 Fadenring

= 1 Luftm

= 1 Kettm

= 1 feste M

= 1 Stb

= 2 Stb in 1 Einstichstelle

= 3 Stb in 1 Einstichstelle

= 5 Stb in 1 Einstichstelle

= (1 Stb, 2 Luftm, 1 Stb) in 1 Einstichstelle

= 2 bzw. 3 zusammen abgemaschte Stb in 1 Einstichstelle

= 2 zusammen abgemaschte Stb

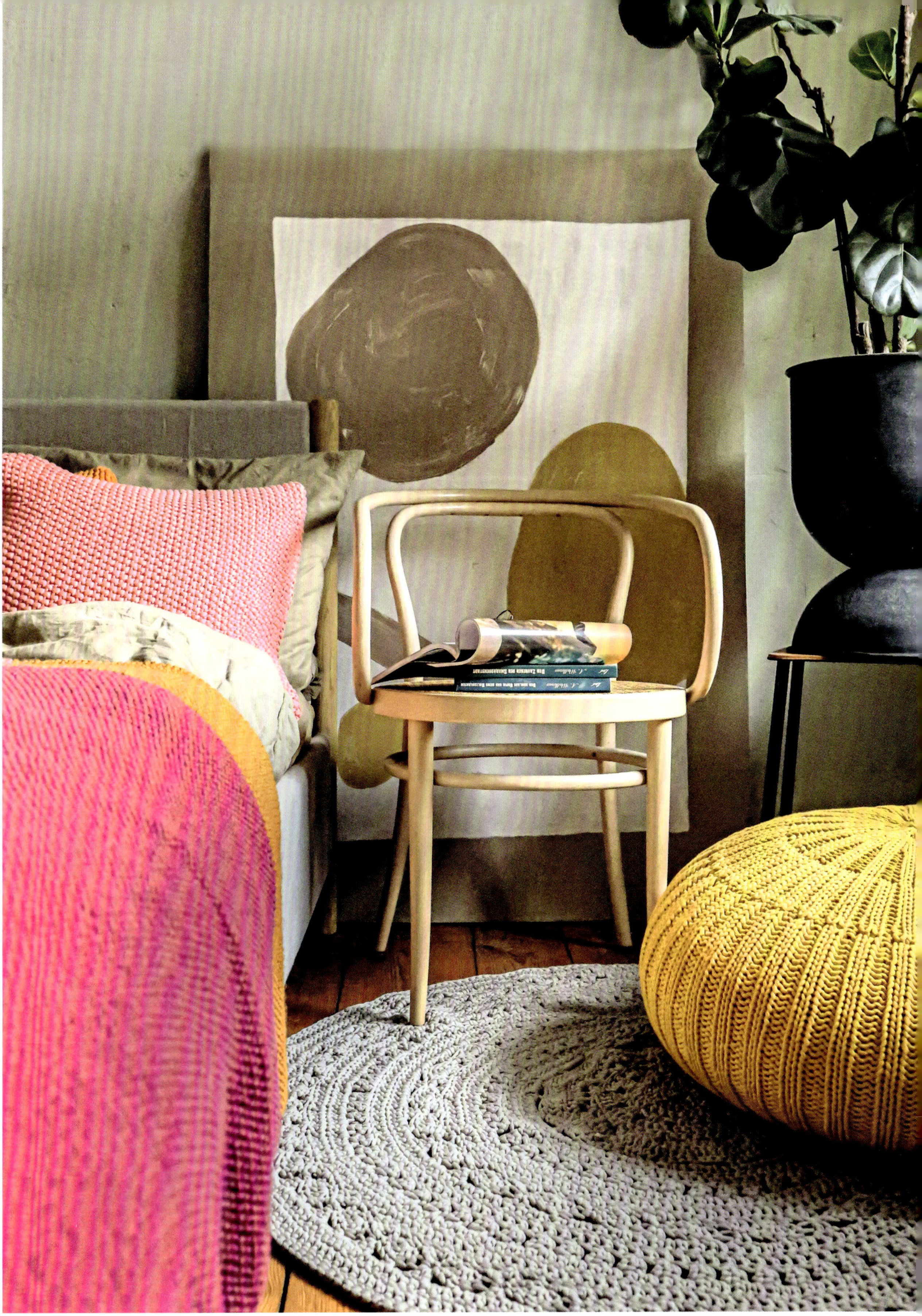

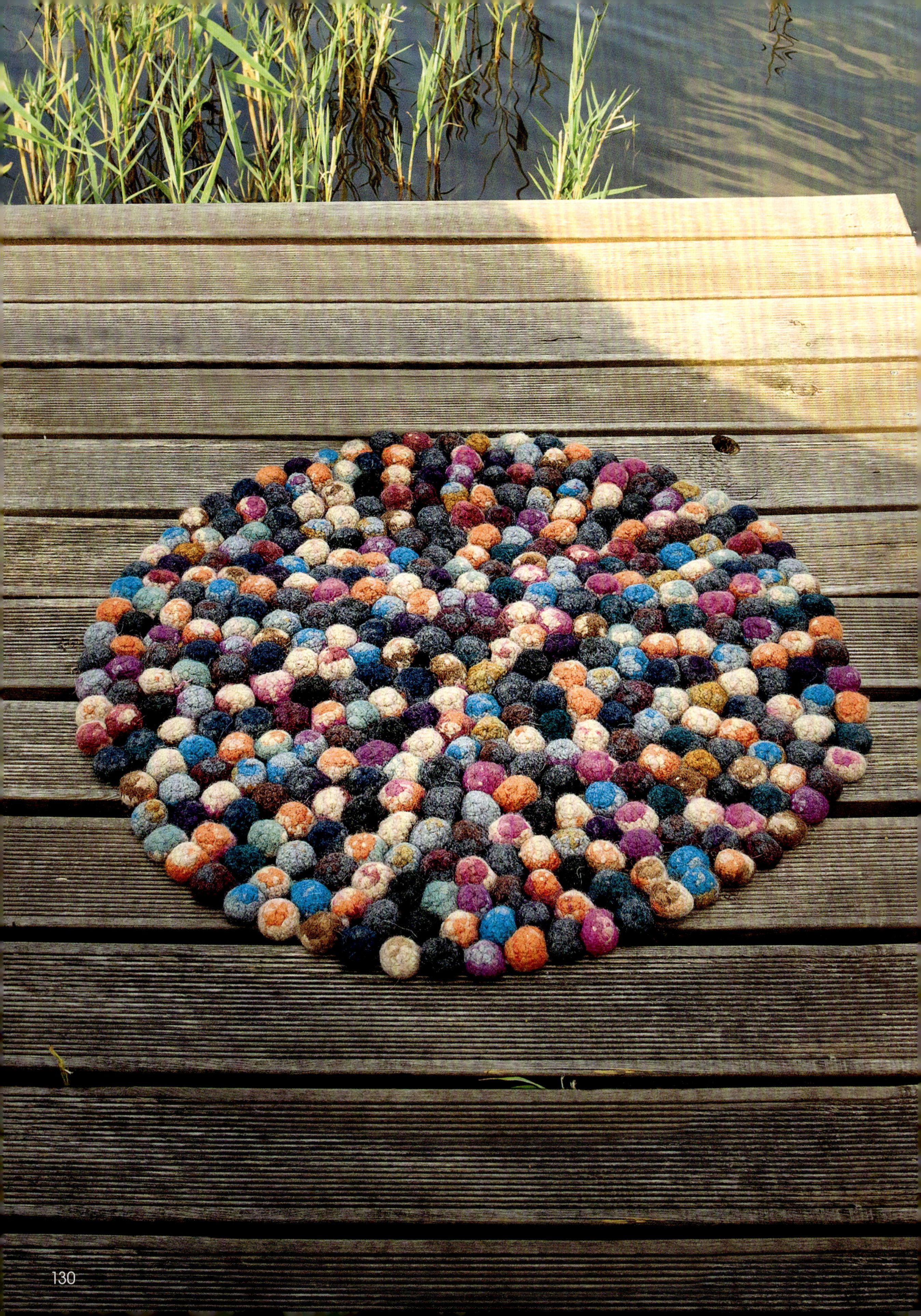

Kugelrund & bunt

Filzen in der Waschmaschine macht die aus Color-Mélange-Dochtgarn gehäkelten Kugeln robust, lässt sie schrumpfen und gibt ihnen die typische Filzoptik. 372 Stück werden für diesen superschönen, individuellen und unverwüstlichen Wollteppich zusammengenäht – Boho-Style at its best!

Gefilzter Teppich

GRÖSSE

gefilzt ca. 80 cm ø
Die Angaben in Klammern gelten für eine Kugelgröße vor dem Filzen.

MATERIAL

Lana Grossa Feltro Print (100 % Schurwolle, LL = 50 m/50 g): 350 g Silber-/Mittel-/ Dunkelgrau (Fb 331) und Feltro Line (100 % Schurwolle, LL = 50 m/50 g): je 300 g Pfirsich-/ Lachs-/Flieder-/Mauve-/Pink (Fb 431), Rohweiß-/Hellblau-/Taupe-/Altrosa (Fb 432), Silbergrau-/Hellblau-/Rosa-/Nougat (Fb 433) und Türkis-/Dunkelgrau-/Taupe-/Blaulila (Fb 436); Häkelnadel 7 mm; 1 Wollnadel von Lana Grossa; Nähgarn in passender Farbe.

MASCHENPROBE

1 Häkelkugel, ungefilzt mit Häkelnadel 7 mm = 4,5 cm ø; dieselbe Häkelkugel, gefilzt = 3,5 cm ø.

MUSTER

Feste Maschen

In Rd häkeln. Jede Rd mit 1 Luftm beginnen (sie ersetzt keine feste M, sondern dient nur zum Aufsteigen in die nächste Rd) und mit 1 Kettm in die Anfangs-Luftm schließen. 1 M verdoppeln: In 1 M der Vor-Rd 2 feste M häkeln.

Kugel

4 Luftm anschlagen und mit 1 Kettm zum Ring schließen. In der 1. Rd: 7 feste M in den Ring häkeln. Diese Rd und jede folgende Rd mit 1 Kettm in die Anfangs-Luftm schließen. Dann wie folgt feste M in Rd häkeln: 2. Rd: jede feste M verdoppeln = 14 M, 3. Rd: 6x jede 2. feste M verdoppeln = 20 M, dabei in der 2. und der 3. Rd jeweils nur in das hintere M-Glied einstechen (dadurch bilden sich waagrechte Linien). Die Arbeit beenden und einen längeren Faden (auch für das spätere Zusammennähen) hängenlassen. Nun mit der Wollnadel den Endfaden durch jedes einzelne M-Glied der festen M der 3. Rd ziehen. Den Faden fest anziehen, dabei die ursprüngliche Vorderseite nach innen stülpen und eine Kugel formen. Die Rückseite der festen M liegt nun außen.

Kugelrund & bunt

Dann den Anfangsfaden mit der Wollnadel durch die Mitte auf die Gegenseite durchziehen und mit dem Endfaden verknoten. Den Anfangsfaden kurz abschneiden. Den Endfaden noch hängenlassen. Jede Kugel wiegt ca. 4 g, sodass aus 1 Knäuel 12 Kugeln gearbeitet werden können.

ANLEITUNG

372 Kugeln häkeln (= aus jedem Knäuel jeder Farbe jeweils 12 Kugeln). Dann die Kugeln bunt durcheinander verteilen, siehe Modellbild. In der Mitte gemäß Zeichnung mit 1 Kugel beginnen. Dann ringsum **in der 2. Rd** 6 Kugeln, **in der 3. Rd** 12 Kugeln, **in der 4. Rd** 18 Kugeln, **in der 5. Rd** 24 Kugeln, **in der 6. Rd** 34 Kugeln, **in der 7. Rd** 43 Kugeln, **in der 8. Rd** 51 Kugeln, **in der 9. Rd** 57 Kugeln, **in der 10. Rd** 61 Kugeln und **in der 11. Rd** 65 Kugeln anordnen. Anschließend die Kugeln mit je 2 Stichen verbinden. Dazu jeweils den Endfaden einer Kugel mit der Wollnadel durch die Seitenmitte ziehen. Dann in die nächste Kugel an entsprechender Stelle einstechen und die Kugeln verbinden. Falls die Endfäden für das Zusammennähen nicht ausreichen, entsprechendes Nähgarn verwenden.

Hinweis: Beim Zusammennähen darauf achten, dass die Kugeln alle in gleicher Häkelrichtung miteinander verbunden werden, also alle Kugelenden auf der Unterseite liegen.

ZU GUTER LETZT

Alle Fäden sorgfältig vernähen. Dann den Teppich bei 40 °C in der Feinwäsche mit 800 Touren beim Schleudern in der Waschmaschine mit flüssigem Colorwaschmittel waschen. Teil in nassem Zustand kräftig in Form ziehen. Dazu am besten einen 80 cm großen Kreis auf eine stabile Pappe aufzeichnen. Dann den Teppich flach auflegen, mit großen Stecknadeln feststecken und gut trocknen lassen.

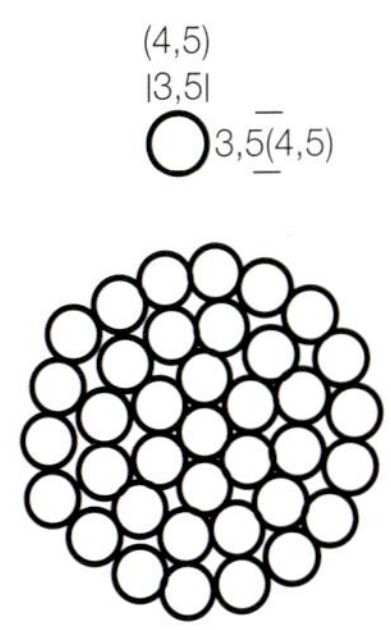

Schema für das Zusammennähen

Tunesisch *häkeln*

Ein wenig wie gewebt wirkt das Maschenbild bei dieser Häkeltechnik, bei der eine lange Nadel mit Haken am Ende zum Einsatz kommt. Das softe, volumig dicke Garn mit Cotton, Schurwolle und Baby-Alpaka bringt die Struktur der Kissenhüllen schön zur Geltung und fühlt sich wunderbar kuschelig an.

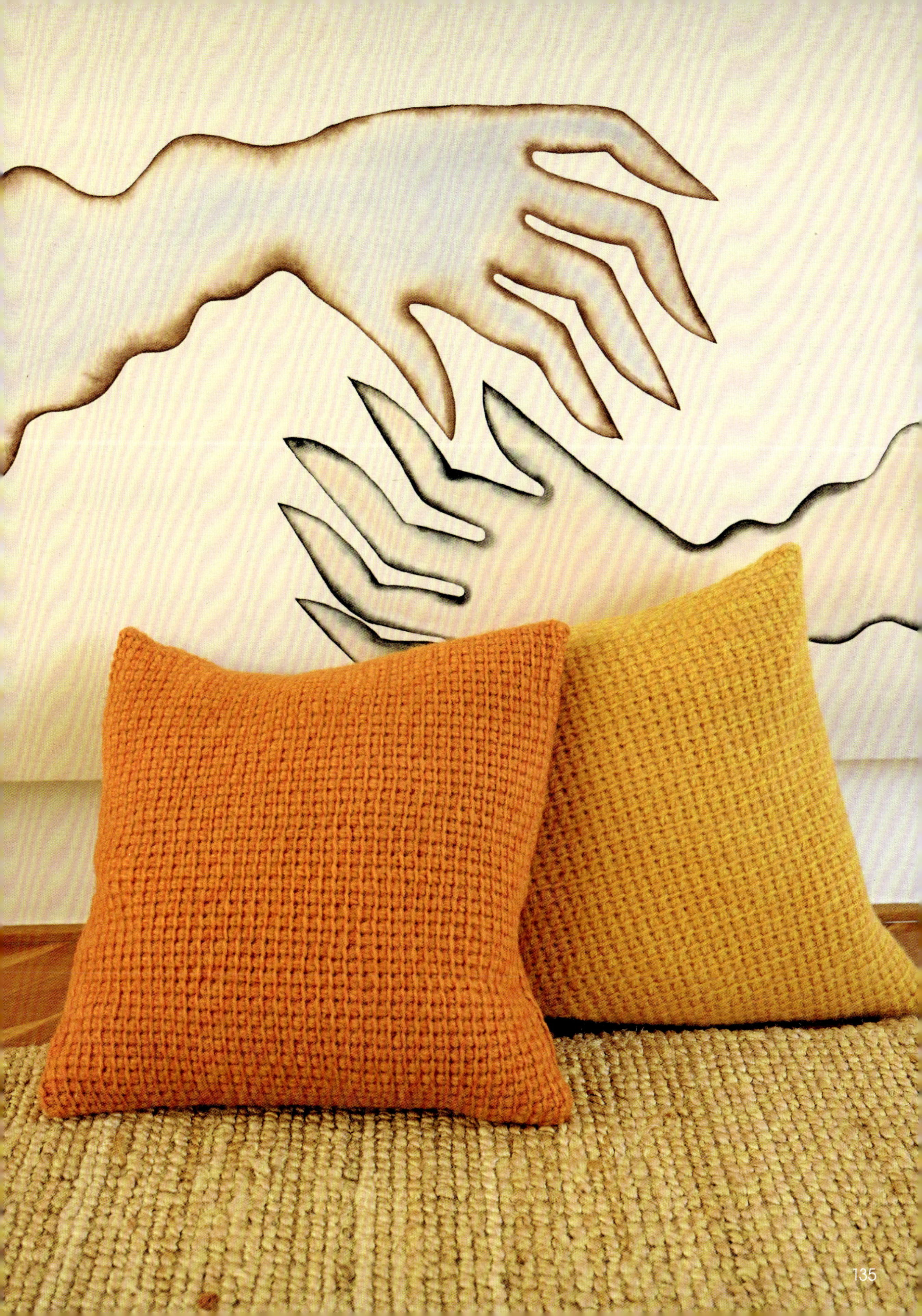

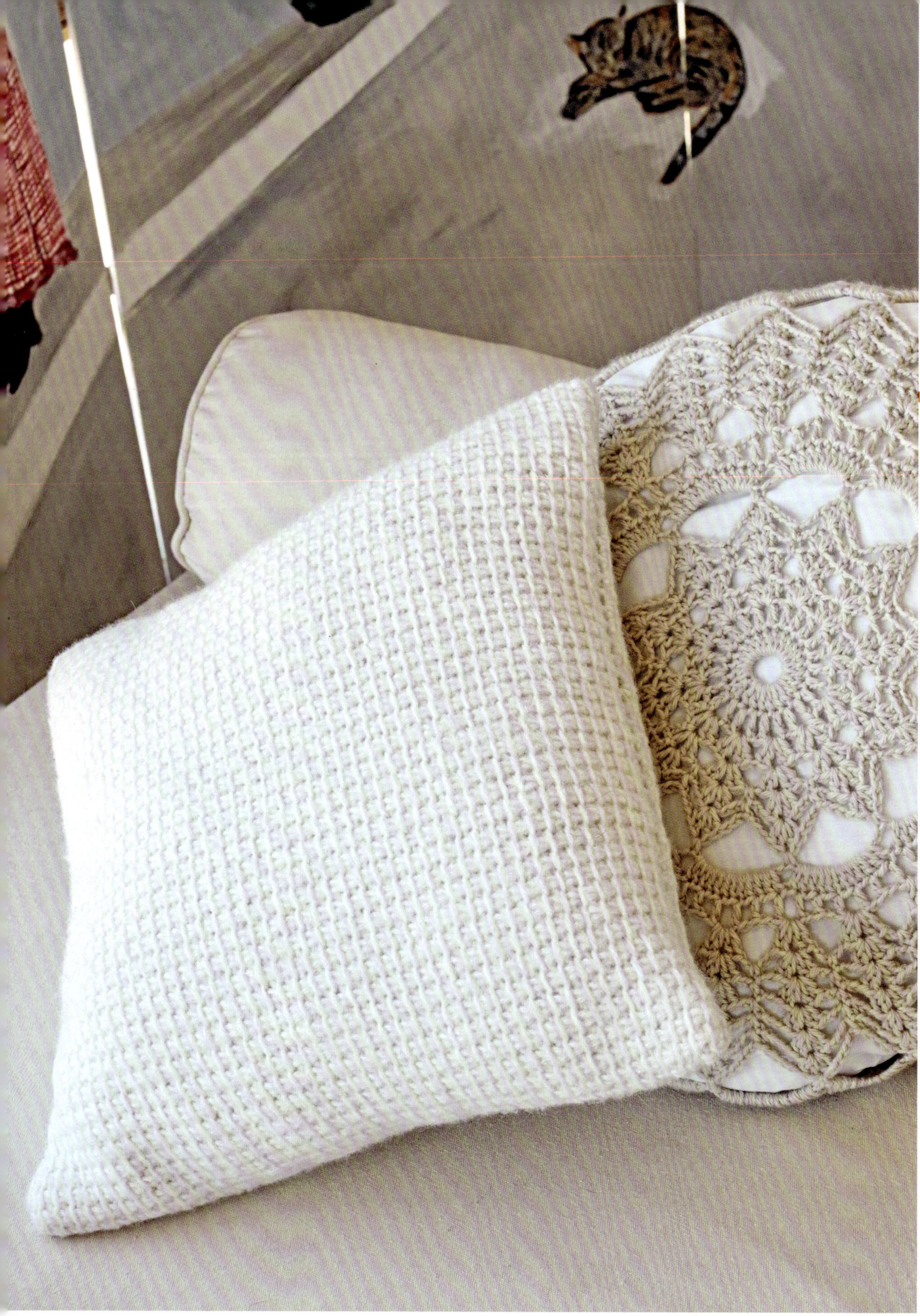

Tunesisch *häkeln*

Drei Kissenhüllen

GRÖSSE

je ca. 38 cm x 38 cm, für Kissenfüllungen von je 40 cm x 40 cm

MATERIAL

Lana Grossa Ecopuno Chunky (48 % Baumwolle, 33 % Schurwolle (Merino extrafine), 19 % (Baby) Alpaka, LL = 70 m/50 g): je 300 g Rohweiß (Fb 111), Rost (Fb 115) und Gelb (Fb 116); 1 tunesische Häkelnadel 8 mm; 3 waschbare Kissenfüllungen, je 40 cm x 40 cm.

Hinweis: Aus jeder Farbe jeweils 1 Hülle häkeln.

MASCHENPROBE

12 M und 10,5 R (1 R = 2 Arbeitsgänge) einfacher tunesischer Häkelstich mit Nadel 8 = 10 cm x 10 cm.

MUSTER

Allgemeines

Beim tunesischen Häkeln wird jede R in 2 Arbeitsgängen ausgeführt, ohne die Arbeit zu wenden. Man arbeitet mit einer langen tunesischen Häkelnadel, auf der im Gegensatz zu anderen Häkeltechniken viele Schlingen statt nur einer auf der Nadel liegen. Im 1. Arbeitsgang werden Schlingen nacheinander von rechts nach links aufgefasst und im 2. Arbeitsgang von links nach rechts abgemascht.

Einfacher tunesischer Häkelstich

Mit einer tunesischen Häkelnadel arbeiten und diese wie eine Stricknadel halten. Als Basis eine nicht zu fest gearbeitete Luftm-Kette häkeln.

1. R (1. Arbeitsgang): Aus der 2. Luftm ab der Nadel und dann aus jeder folgenden Luftm je 1 Schlinge durchholen, siehe Abb. 1. Die Schlingen bleiben auf der Nadel liegen. Für den 1. Arbeitsgang immer am rechten Rand der Arbeit beginnen.

1. R (2. Arbeitsgang): Die 1. Schlinge am linken Rand mit 1 Umschlag abmaschen, siehe Abb. 2. Dann stets 2 Schlingen zusammen mit 1 Umschlag abmaschen, siehe Abb. 3. Die Arbeit nicht wenden.

2. R (1. Arbeitsgang): Die Schlingen aus den senkrecht liegenden M-Schenkel der Vor-R auffassen, siehe Abb. 4, dabei ab der 2. M beginnen, da schon die 1. Schlinge durch das letzte Abmaschen aus der Vor-R auf der Nadel liegt. Abb. 5 zeigt die aufgefassten Schlingen bis zum R-Ende. Hier wird auch aus dem letzten senkrechtliegenden M-Schenkel der Vor-R 1 Schlinge durchgeholt.

2. R (2. Arbeitsgang): Wie in der 1. R gemäß Abb. 2 und Abb. 3 arbeiten. Abb. 6 zeigt das R-Ende. Für jede folgende R die 2 Arbeitsgänge der 2. R stets wiederholen, Abb. 7 zeigt den Beginn des 1. Arbeitsgangs der folgenden R. Abb. 8 und Abb. 9 zeigen jeweils mehrere gehäkelte R, 1x von der Vorder- und 1x von der Rückseite, die sich im M-Bild deutlich voneinander unterscheiden. Für das Beenden der tunesischen Häkelarbeit ist die Abschluss-R bzw. das Abketten der Schlingen erforderlich. Dazu die letzte R in einer Hinr mit Kettm abhäkeln, dafür in jeden senkrechten M-Schenkel 1 Kettm arbeiten, siehe Abb. 10. Somit erhält der Rand noch Stabilität.

ANLEITUNG

Hinweis: Beide Hüllenseiten werden in einem Stück gehäkelt, dabei wird mit der Vorderseite begonnen. Der Pfeil in der Schnittskizze gibt die Häkelrichtung an.

46 Luftm in der Wunschfarbe anschlagen. Im einfachen tunesischen Häkelstich arbeiten. Nach 38 cm = 40 R ab Anschlag an beiden Seiten 1 Markierung anbringen. Hier ist die Mitte (= Bruch) erreicht. Nun die Rückseite gerade weiterhäkeln. Nach 38 cm = 40 R ab Bruch die M mit 1 R Kettm abketten. Aus jeder der 3 Farben je 1 Hülle häkeln.

ZU GUTER LETZT

Jedes Teil spannen, anfeuchten und trocknen lassen. Jede Hülle im Bruch links auf links zur Hälfte legen. Zunächst die Seitennähte im Matratzenstich schließen. Jeweils 1 Kissenfüllung einschieben und die untere Naht schließen.

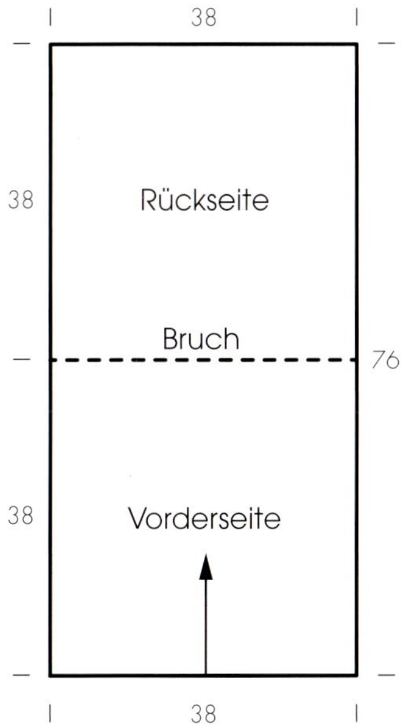

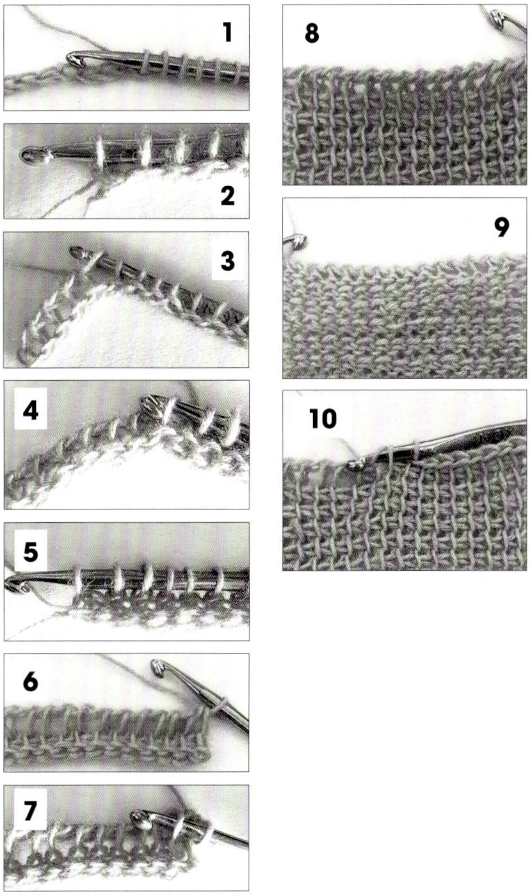

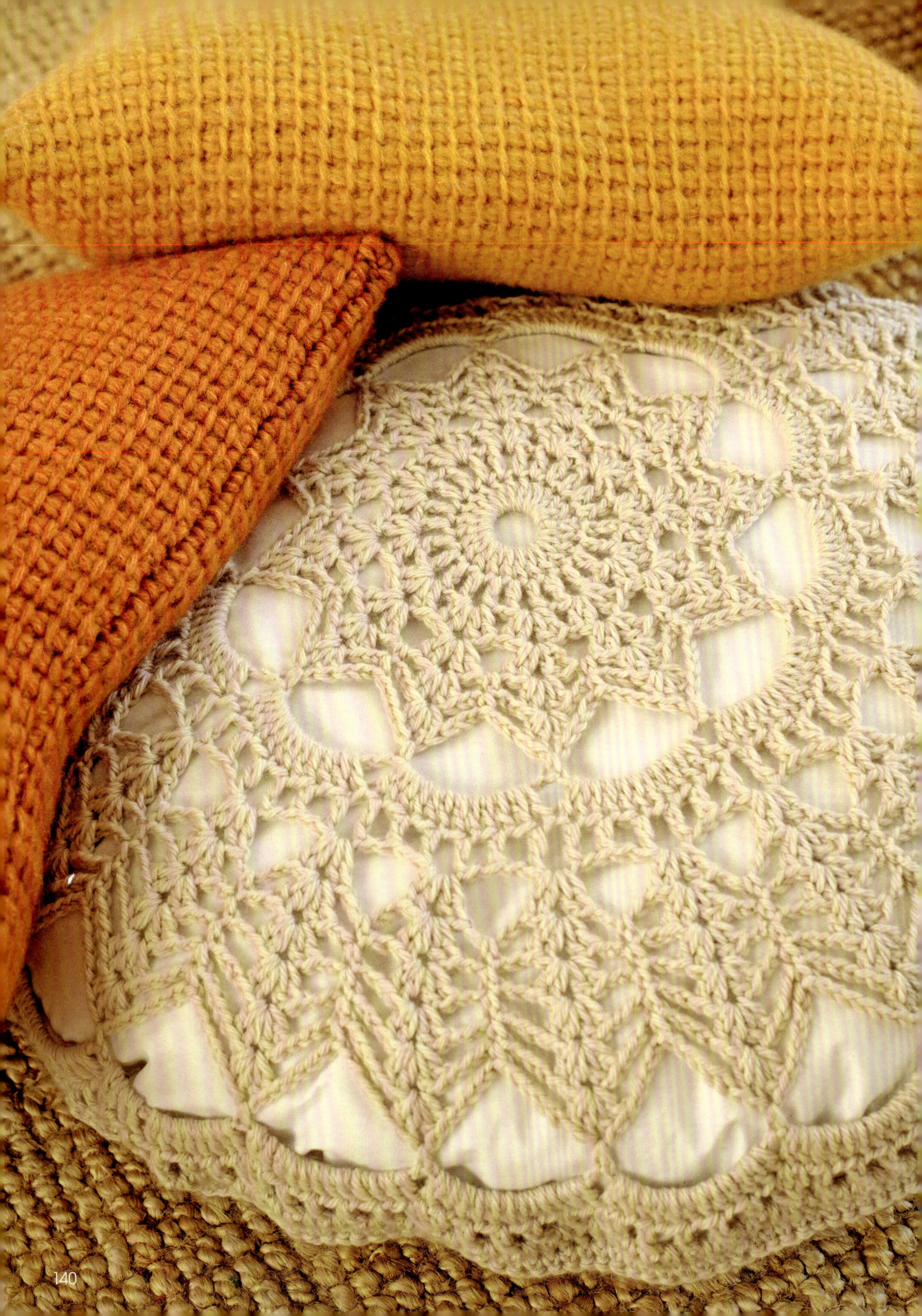

Spitzen *häkelei* XXL

Unkonventionell mit Witz und Charme – auch das ist typisch für den künstlerisch-verspielten Bohemian-Chic. Hier wird ein filigranes Häkelmuster, wie es sonst für kleine, feine Spitzendeckchen zum Einsatz kommt, aus dickerem Garn gehäkelt und wirkt so überraschend neu und sehr dekorativ.

Kissenhülle

GRÖSSE

ø ca. 50 cm, für eine Kissenfüllung von ø 50 cm

MATERIAL

Lana Grossa Landlust Alpaka Merino 100 (50 % Schurwolle (Merino), 50 % (Baby) Alpaka, LL = 100 m/50 g): 300 g Hellbeige (Fb 302); 1 Häkelnadel 5 mm; 1 waschbare Kissenfüllung, ø 50 cm.

MASCHENPROBE

17 Stb und 7 R mit Häkelnadel 5 mm = 10 cm x 10 cm; 1. – 6. Rd Sternmotiv mit Häkelnadel 5 mm = ø 19 cm; 19 Rd Sternmotiv mit Häkelnadel 5 mm = ø 50 cm.

MUSTER

Sternmotiv

Nach der Häkelschrift in 19 Rd häkeln. 8 Luftm anschlagen und mit 1 Kettm zum Ring schließen. In der 1. Rd 24 Stb in den Ring häkeln, dabei das 1. Stb durch 3 Luftm ersetzen. Diese und jede folgende Rd mit 1 Kettm schließen. Zur 3. – 8. Rd und zur 10. – 19. Rd jeweils mit weiteren Kettm wie gezeichnet vorgehen, um mustergemäß an der richtigen Stelle weiterhäkeln zu können. Die Ziffern bezeichnen die Rd-Übergänge. In der 3. – 6. Rd, 8. Rd, 10. – 15. Rd, 17. und 19. Rd die Stb, in der 7. und 16. Rd die festen M um die Luftm bzw. Luftm-Bögen der Vor-Rd häkeln. Die 1. – 4. Rd ist vollständig gezeichnet. Die Pfeile zeigen 1 Viertel der Häkelschrift bzw. des Motivs an, dieses jeweils noch 3x in der Rd arbeiten. Ab der 5. Rd die weiteren Rd nach dem gleichen Prinzip ergänzen. Der Deutlichkeit halber sind vor dem 1. und nach dem 2. Pfeil noch weitere M gezeichnet. Das Motiv nach der 19. Rd beenden = 264 Stb.

Spitzen *häkelei* XXL

Stäbchen
In Rd häkeln. Jede Rd mit 3 Luftm als Ersatz für das 1. Stb beginnen und am Rd-Ende mit 1 Kettm in die obere Ersatz-Luftm schließen.

1 Stäbchen verdoppeln
In 1 Stb der Vor-Rd 2 Stb häkeln.

ANLEITUNG

Hinweis: Der Pfeil im Schnittschema zeigt die Häkelrichtung an.

Für die **Vorderseite** 1 Sternmotiv in 19 Rd häkeln. Dann die Arbeit mit 264 Stb beenden. Für die Rückseite in der Rd-Mitte beginnen: Einen Fadenring bilden und mit der Häkelnadel 5 mm Stb in Rd wie beschrieben häkeln.
1. Rd: 15 Stb in den Ring häkeln. Nun den Anfangsfaden anziehen, damit sich der Ring schließt.
2. Rd: Jedes Stb verdoppeln = 30 M.
3. Rd: 15x jedes 2. Stb verdoppeln = 45 M.
4. Rd: 15x jedes 3. Stb verdoppeln = 60 M.
5. Rd: 15x jedes 4. Stb verdoppeln = 75 M.
6. Rd: 15x jedes 5. Stb verdoppeln = 90 M.
7. Rd: 15x jedes 6. Stb verdoppeln = 105 M.
Ab der folgenden Rd die Zunahmen versetzen, damit keine Ecken entstehen, sondern sich eine schöne Rundung ausformt.
8. Rd: Das 3. Stb verdoppeln, dann 14x jedes 7. Stb verdoppeln = 120 M.
9. Rd: 15x jedes 8. Stb verdoppeln = 135 M.
10. Rd: Das 4. Stb verdoppeln, dann 14x jedes 9. Stb verdoppeln = 150 M.
11. Rd: 15x jedes 10. Stb verdoppeln = 165 M.
12. Rd: Das 5. Stb verdoppeln, dann 14x jedes 11. Stb verdoppeln= 180 M.
13. Rd: 15x jedes 12. Stb verdoppeln = 195 M.
14. Rd: Das 6. Stb verdoppeln, dann 14x jedes 13. Stb verdoppeln = 210 M.
15. Rd: 15x jedes 14. Stb verdoppeln = 225 M.
16. Rd: Das 7. Stb verdoppeln, dann 14x jedes 15. Stb verdoppeln = 240 M.
17. Rd: 15x jedes 16. Stb verdoppeln = 255 M.
Dann die Arbeit beenden.

ZU GUTER LETZT

Beide Seiten sorgfältig spannen, anfeuchten und trocknen lassen. Die Vorderseite an die Rückseite mit festen M anhäkeln, siehe Abbildung. Dafür vom Rand der Vorderseite aus durch beide Lagen einstechen, 1 Schlinge durchholen und 1 feste M häkeln. Dann stets feste M in der Rd häkeln, dabei an der Vorderseite gleichmäßig verteilt 9x je 1 Stb übergehen. An der Rückseite in jedes Stb einstechen. Bevor die ganze Rd gehäkelt ist, die Kissenfüllung einschieben und die Rd zu Ende häkeln. Die Rd mit 1 Kettm schließen. Dann die Fäden sorgfältig vernähen.

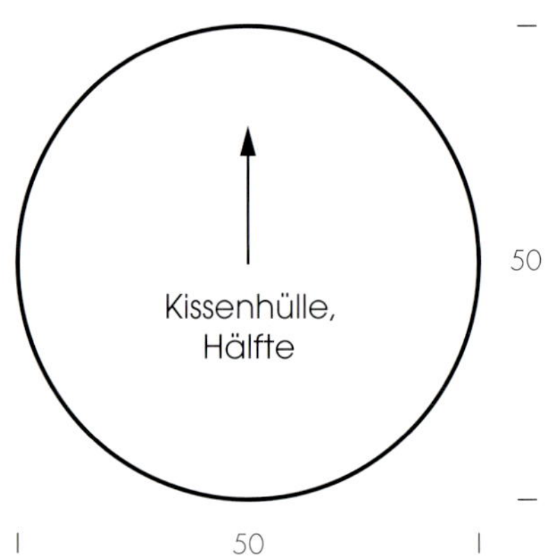

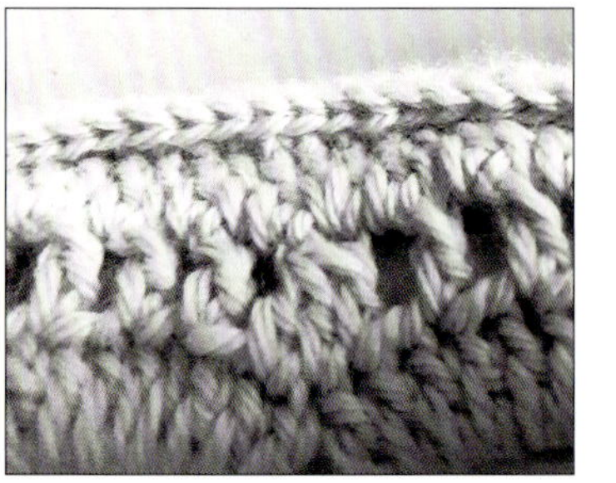

Sternmotiv

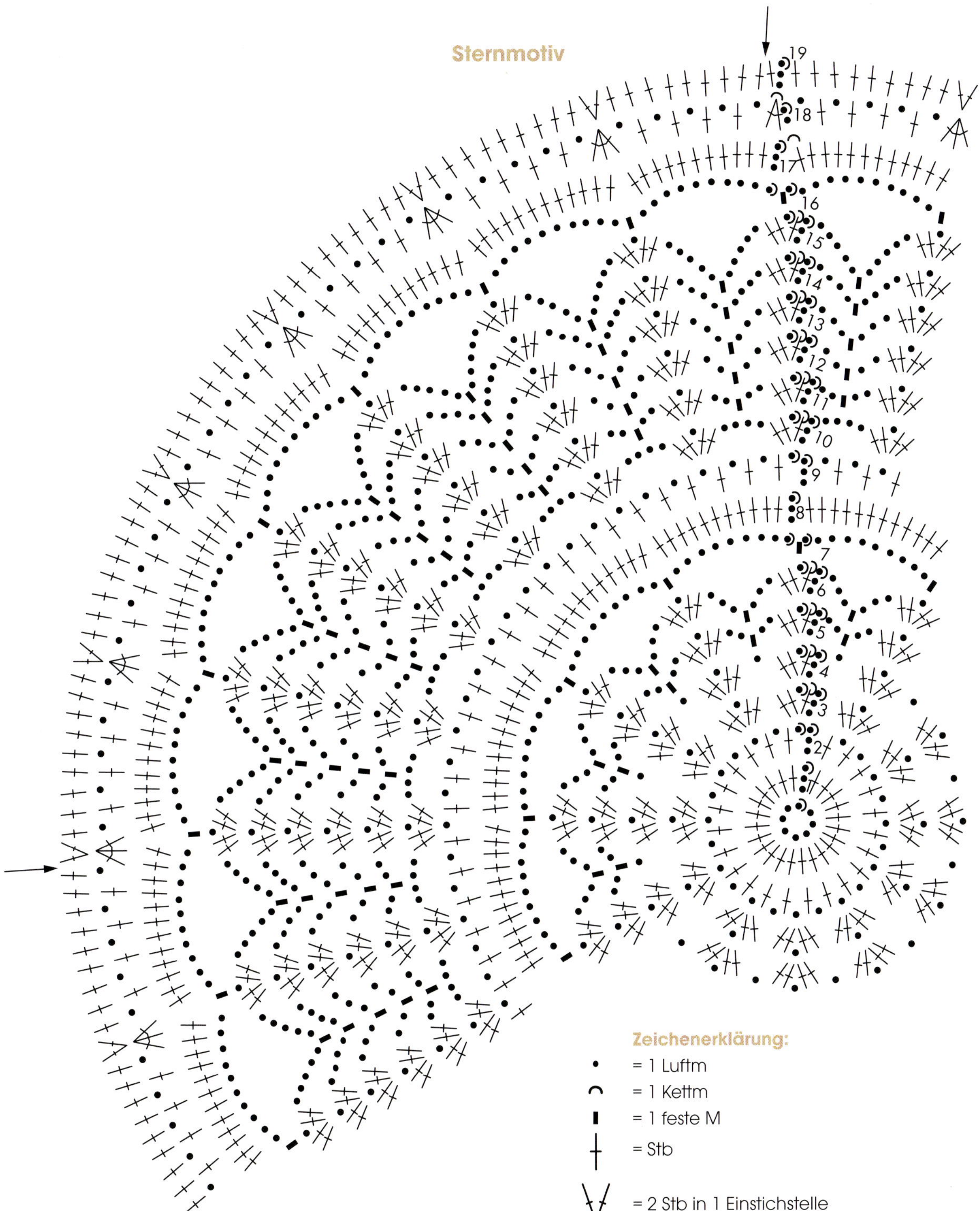

Zeichenerklärung:

- • = 1 Luftm
- ⌒ = 1 Kettm
- ▮ = 1 feste M
- ┼ = Stb
- V = 2 Stb in 1 Einstichstelle
- A = 2 zusammen abgemaschte Stb
- A = 3 zusammen abgemaschte Stb

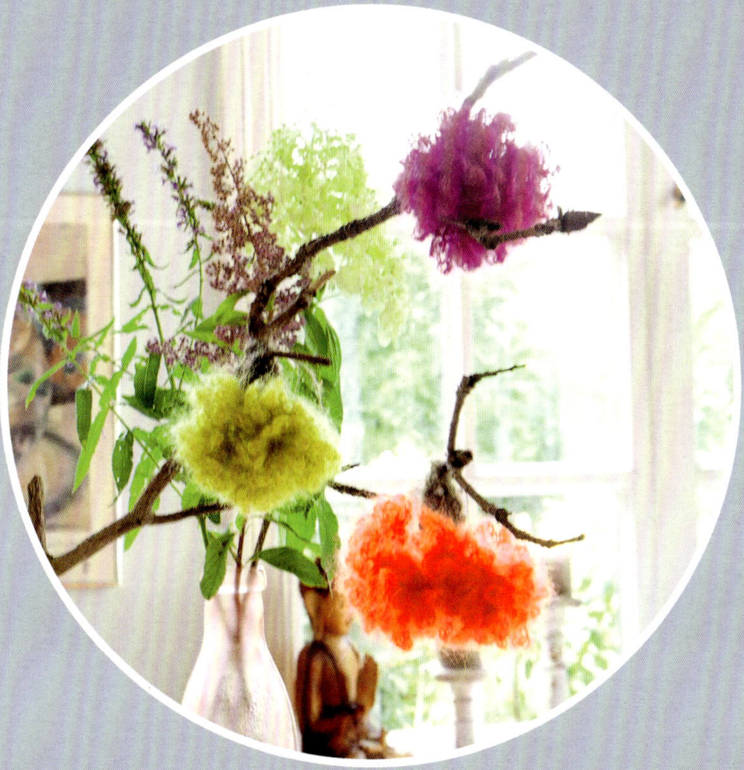

Feminin und verspielt

Hübsch *verziert*

Zusätzlich zu ausdrucksstarken Maschenstrukturen bieten diese dekorativen Kissen feine Details, die ihnen liebenswerten Handmade-Charakter verleihen. Bei der Häkelhülle sind es Reliefzöpfe mit gestickten Blüten, beim Strickmodell schmückt eine niedliche Picot-Kante das körnige Perlmuster.

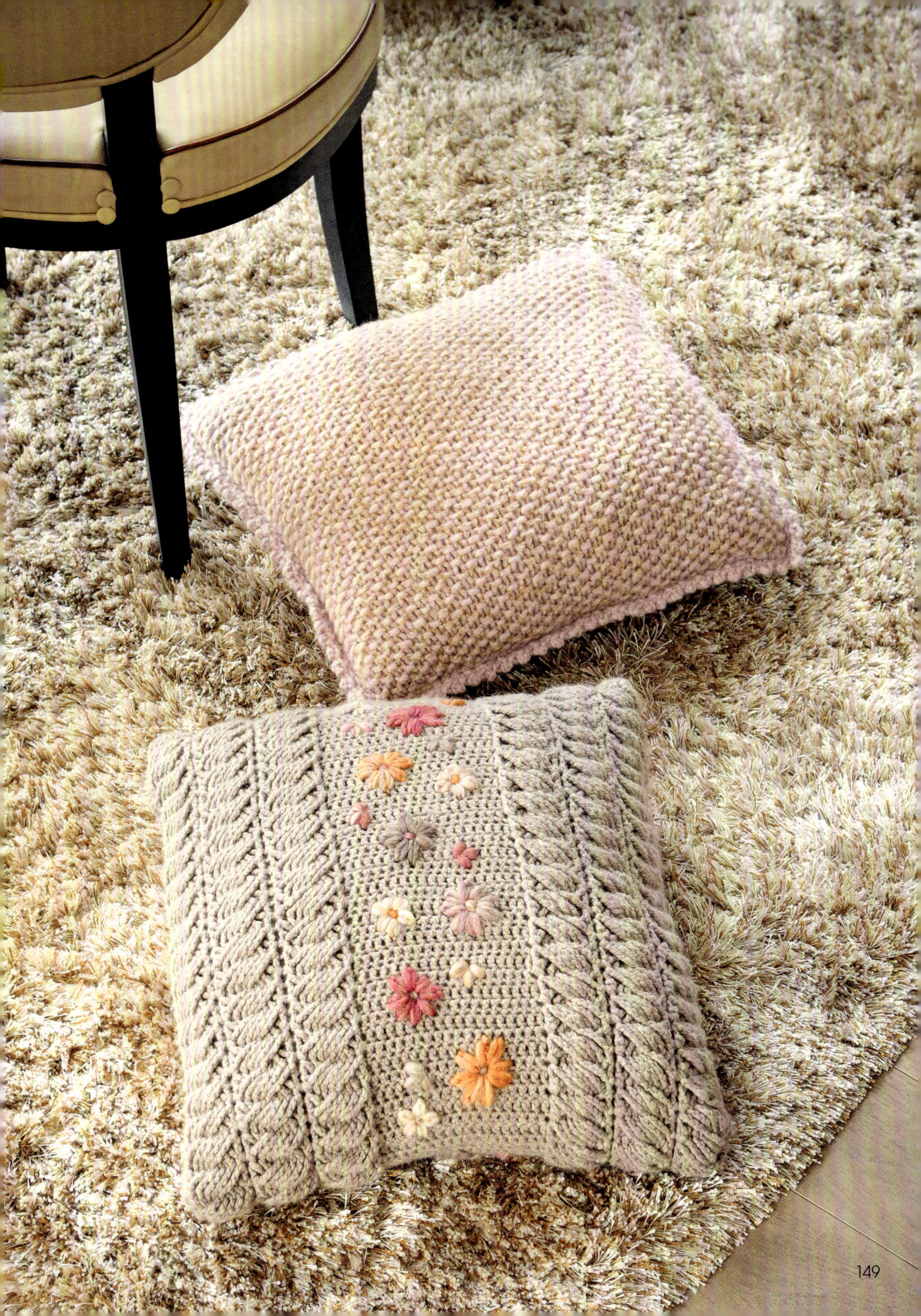

Kissenhülle mit Blüten

GRÖSSE

ca. 45 cm x 45 cm, für eine Kissenfüllung von 45 cm x 45 cm

MATERIAL

Lana Grossa Alta Moda Cashmere 16 (78 % Schurwolle (Merino), 12 % Kaschmir, 10 % Nylon, LL = 110 m/50 g): 550 g Taupe (Fb 3) und zum Besticken Wollreste in Taupe-, Rose- und Gelb/Orange-Tönen; 1 Häkelnadel 5 mm, 1 Wollnadel von Lana Grossa; 1 waschbare Kissenfüllung, 45 cm x 45 cm.

MASCHENPROBE

13,5 Stb und 9,5 R mit Häkelnadel 5 mm = 10 cm x 10 cm; 18 M und 9,5 R Zopf-Reliefmuster mit Häkelnadel 5 mm = 10 cm x 10 cm.

MUSTER

Stäbchen

In R häkeln, dabei für jedes Stb 1 Umschlag aufnehmen, 1 Schlinge durchholen, dann 2x je 2 auf der Nadel liegende Schlingen mit 1 neuen Umschlag abmaschen (= paarweise abmaschen). Jede R mit 3 Luftm als Ersatz fürs 1. Stb beginnen und mit 1 Stb in die 3. Ersatz-Luftm enden.

Vierfaches Relief-Stäbchen

Für jedes Vierfach-Relief-Stb 4 Umschläge auf die Nadel nehmen, 1 Schlinge gemäß Zeichenerklärung durchholen, dann stets je 2 Schlingen, also paarweise abmaschen.

Fünffaches Relief-Stäbchen

Im Prinzip wie das Vierfach-Relief-Stb arbeiten, jedoch 5 Umschläge aufnehmen.

Hübsch *verziert*

Zopf-Reliefmuster
Nach der Häkelschrift in hin- und hergehenden R arbeiten. Die Ziffern links außen bezeichnen die Rückr, die Ziffern rechts außen die Hinr. In der 1. R das 1. Stb in die 4. Luftm ab der Nadel häkeln. In der Breite die Rückr mit den M vor Pfeil a beginnen, dann 2x den Rapport von 9 M zwischen Pfeil a und Pfeil b häkeln, 1x die 18 M von Pfeil b bis Pfeil c häkeln, dann 2x den Rapport von 9 M zwischen Pfeil c und Pfeil d häkeln und mit den M nach Pfeil d enden. Die Hinr entsprechend in umgekehrter Richtung häkeln. In der Höhe 1x die 1. – 5. R häkeln, dann die 4. und 5. R stets wiederholen. Der Deutlichkeit halber sind in der Höhe 2 Rapporte gezeichnet.

ANLEITUNG

Hinweis: Die Hülle ziemlich fest in einem Stück häkeln. Dabei wird mit der Vorderseite begonnen.

75 Luftm + 3 Wende-Luftm mit Alta Moda Cashmere 16 anschlagen und im Zopf-Reliefmuster häkeln, vor und nach der Stb-Mitte liegen je 3 Zöpfe. Nach 45 cm = 43 R ab Anschlag das Ende der Vorderseite markieren und für die Rückseite auf gleiche Weise weiterhäkeln. Nach weiteren 45 cm = 43 R ab Markierung das Teil beenden.

ZU GUTER LETZT

Das Teil spannen, anfeuchten und trocknen lassen. Nun den Mittelstreifen mit größeren und kleineren Blüten im Margeritenstich gemäß Schnittskizze oder nach Belieben mit den Wollresten besticken. Für den Margeritenstich von der Rückseite nach vorne ausstechen und direkt wieder in der Ausstichstelle einstechen. Dann mit 1 Stichlänge Abstand ausstechen, dabei den Arbeitsfaden als Schlinge um die Nadelspitze legen. Anschließend die Schlinge mit 1 Überfangstich festhalten. Nun das Teil links auf links zur Hälfte legen und die Seitennähte im Matratzenstich schließen. Die Füllung einschieben und noch die untere Naht schließen.

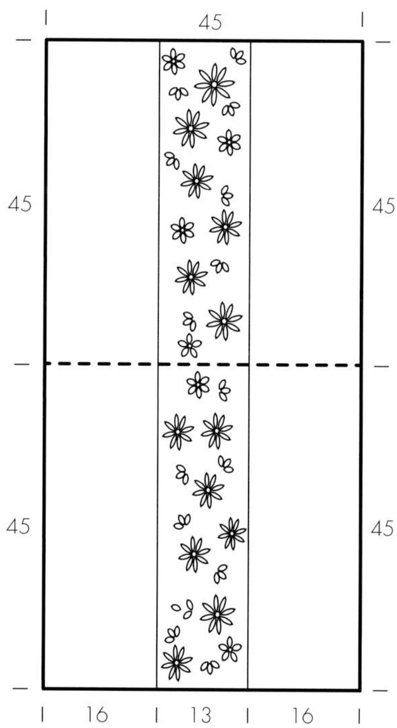

Margeritenstich

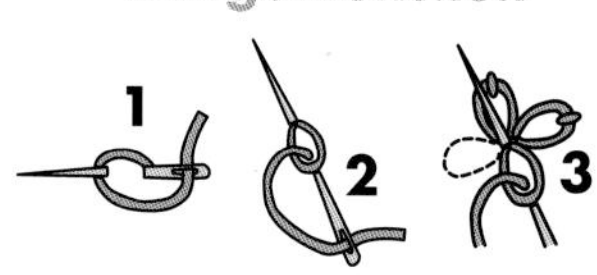

Zopf-Reliefmuster

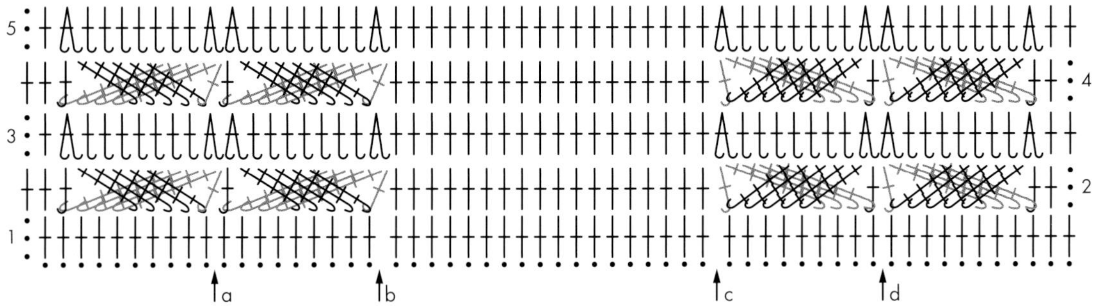

Zeichenerklärung:

• = 1 Luftm

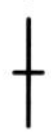 = 1 Stb

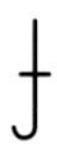 = 1 Relief-Stb von vorn (= 1 Stb von vorn nach hinten um den Kopf des Stb bzw. Relief-Stb der Vor-R häkeln)

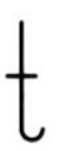 = 1 Relief-Stb von hinten (= 1 Stb von hinten nach vorn um den Kopf des Relief-Stb der Vor-R häkeln)

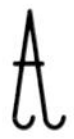 = 2 zusammen abgemaschte Relief-Stb von hinten, dabei immer das einzelne Relief-Stb mit dem 1. bzw. letzten Mehrfach-Relief-Stb der Gruppe zusammenfassen

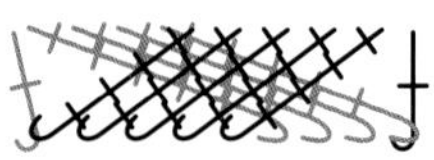 = Relief-Zopf nach rechts (= 1 Relief-Stb von vorn um das Stb bzw. Relief-Stb der Vor-R häkeln, die nächsten 3 Stb bzw. Relief-Stb übergehen, um die folgenden 5 Stb bzw. Relief-Stb 5 Vierfach-Relief-Stb von vorn häkeln, dann hinter diesen die 4 Fünffach-Relief-Stb arbeiten, dabei das 1. in die gleiche Einstichstelle des zuerst gehäkelten einzelnen Relief-Stb häkeln, dann um jedes folgende Stb bzw. Relief-Stb der Vor-R einstechen, am Ende dieser Fünffach-Relief-Stb noch 1 einzelnes Relief-Stb von vorn in die letzte Einstichstelle des 5. Vierfach-Relief-Stb häkeln)

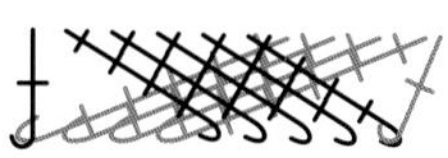 = Relief-Zopf nach links (= 1 Relief-Stb von vorn um das Stb bzw. Relief-Stb der Vor-R häkeln, die nächsten 4 Stb bzw. Relief-Stb übergehen, um die folgenden 4 Stb bzw. Relief-Stb 4 Fünffach-Relief-Stb von vorn häkeln, dann vor diesen die 5 Vierfach-Relief-Stb arbeiten, dabei das 1. in die gleiche Einstichstelle des zuerst gehäkelten einzelnen Relief-Stb häkeln, dann um jedes folgende Stb bzw. Relief-Stb der Vor-R einstechen, am Ende dieser Vierfach-Relief-Stb noch 1 einzelnes Relief-Stb von vorn in die letzte Einstichstelle des 4. Fünffach-Relief-Stb häkeln)

Kissenhülle mit Häkelrand

GRÖSSE

ca. 43 cm x 43 cm, für eine Kissenfüllung von 45 cm x 45 cm

MATERIAL

Lana Grossa Lala Berlin Lovely Cotton (75 % Schurwolle Merino superfine, 25 % Baumwolle, LL = 90 m/50 g: 200 g Rosa (Fb 6) und Lana Grossa Brigitte No. 2 (47 % Baby Alpaca, 45 % Baumwolle, 8 % Schurwolle Merino, LL = 140 m/50 g, 100 g Beige (Fb 15); Stricknadeln 9 mm, 1 Häkelnadel 6 mm; 1 waschbare Kissenfüllung, 45 cm x 45 cm.

MASCHENPROBE

9 M und 15 R im Perlmuster mit Nadel 9 mm und doppeltem Faden = 10 cm x 10 cm.

MUSTER

Perlmuster

1 M rechts, 1 M links im Wechsel stricken. Das Muster in jeder R um 1 M versetzen.

Häkelrand

Nach der Häkelschrift in 2 Rd über einen Strickrand häkeln. Die Ziffern bezeichnen jeweils den Rd-Übergang. Nach einer Ecke mit 1 Kettm anschlingen. Dann die **1. Rd** mit 2 Luftm beginnen und feste M häkeln. Über jeder Ecke 3 feste M in 1 Einstichstelle arbeiten. Diese und die nächste Rd jeweils mit 1 Kettm schließen. Zur **2. Rd** mit 1 Luftm vorgehen. Dann wie gezeichnet im Wechsel 1 Picot, 1 feste M häkeln. Die Pfeile oben und rechts markieren jeweils den Rapport von 2 M, der stets wiederholt wird. Nach der 2. Rd die Arbeit beenden.

Hübsch *verziert*

ANLEITUNG

<u>Hinweis:</u> Stets zweifädig mit je 1 Faden beider Garne stricken.

Für die **Vorderseite** 40 M mit doppeltem Faden anschlagen und im Perlmuster stricken. Nach 43 cm = 64 R ab Anschlag alle M abketten. Die **Rückseite** wie die Vorderseite stricken.

Häkelrand

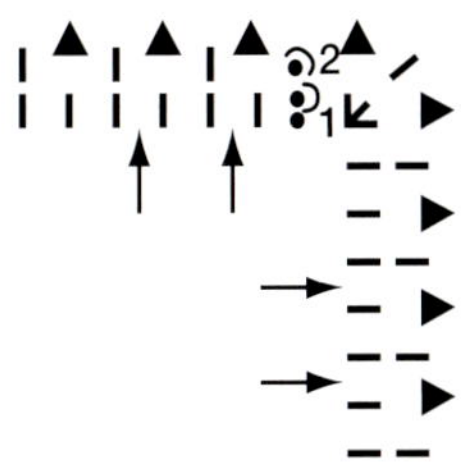

Zeichenerklärung:

- • = 1 Luftm
- ⌒ = 1 Kettm
- I = 1 feste M
- ↓ = 3 feste M in 1 Einstichstelle
- ▲ = 1 Picot (= 3 Luftm, 1 Kettm zurück in die 1. Luftm)

ZU GUTER LETZT

Die Teile spannen, anfeuchten und trocknen lassen. Dann beide Seiten in gleicher Strickrichtung übereinanderlegen und ringsum mit 2 Rd Häkelrand mit der Häkelnadel 6 mm und einfädig mit Lala Berlin Lovely umhäkeln, dabei zunächst nur 3 Ränder zusammenhäkeln und den Anschlagrand der Kissenrückseite frei lassen. Die Kissenfüllung einschieben und die untere Naht hinter dem Häkelrand schließen.

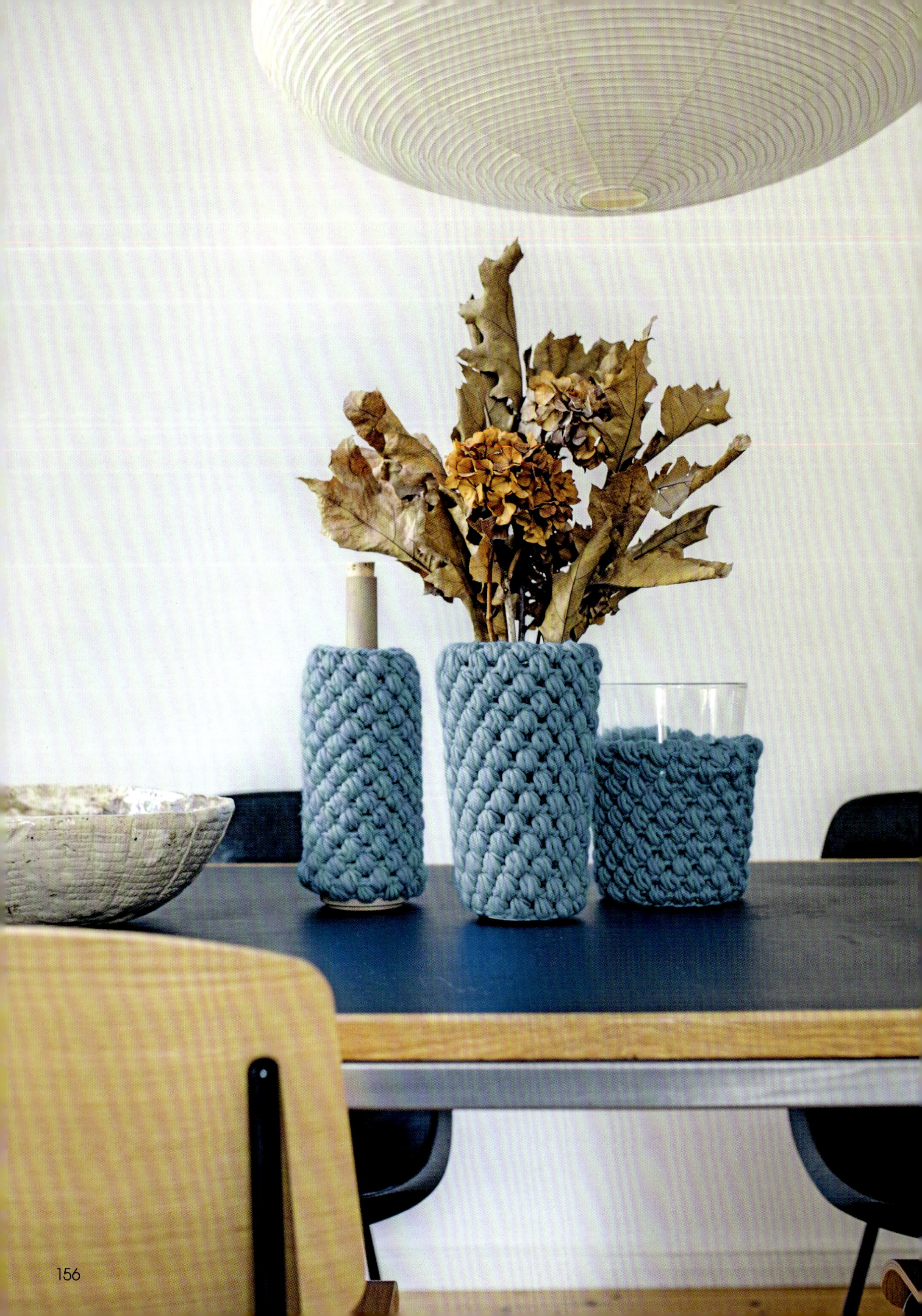

Noppen *pracht*

Zarte Farbe – starke Struktur! Mit dicht an dicht gesetzten Noppen entsteht ein prägnantes, expressives Maschenbild, das als Hülle für Vasen, Flaschen oder Kübel diese in superedle Deko-Objekte verwandelt. Für kreative Stillleben, die sich immer wieder neu und sehr stylisch arrangieren lassen!

Hussen

GRÖSSE

ca. 8 cm x 28 cm (11 cm x 24 cm / 13 cm x 17 cm)

Die Angaben für Größe 11 cm x 24 cm stehen in Klammern vor und die für Größe 13 cm x 17 cm nach dem Schrägstrich. Steht nur eine Angabe, so gilt sie für alle Größen.

MATERIAL

Lana Grossa Per Lei (100 % Schurwolle (Merino), LL = 60 m/50 g): 250 g Hellblau (Fb 22) für das Set aus 3 Hussen, für eine einzelne Husse werden je 100 g benötigt; Häkelnadel 7 mm.

MASCHENPROBE

10 M (5 Noppen) und 6 R Noppenmuster mit Nadel 7 mm = 10 cm x 10 cm.

MUSTER

1 Noppe

* 1 Umschlag auf die Nadel nehmen, 1 Schlinge aus der M der Vor-Rd holen, ab * 3x arbeiten, dann mit 1 weiteren Umschlag alle 7 Schlingen der Nadel abmaschen.

Noppenmuster

1. Rd: 3 Luftm, * 1 Noppe, mit 1 Luftm 1 M der Vor-Rd übergehen, ab * stets wiederholen und mit 1 Kettm auf die oberste der 3 Luftm des Rd-Anfangs enden.

2. Rd: 3 Luftm, * mit 1 Luftm 1 M der Vor-Rd übergehen, 1 Noppe, ab * stets wiederholen und mit 1 Kettm auf die oberste der 3 Luftm des Rd-Anfangs enden. Die 1. und 2. Rd stets wiederholen.

Noppen *pracht*

ANLEITUNG

24 (30/36) Luftm mit Nadel 7 mm anschlagen und mit 1 Kettm in die 1. Luftm zur Rd schließen. Weiter in Rd im Noppenmuster häkeln. In 28 (24/17) cm Gesamthöhe oder in gewünschter Höhe die Arbeit beenden.

Chic in Schale

Erst häkeln, dann zu heiß waschen – so bekommt die große, flache Häkelschale ihre handfest-urige Optik und genügend Stand, um Nützliches und Dekoratives ansehnlich zu präsentieren. Häkelfilzen macht Spaß und auch ein wenig süchtig nach Dekoschalen in allen Größen und Farben!

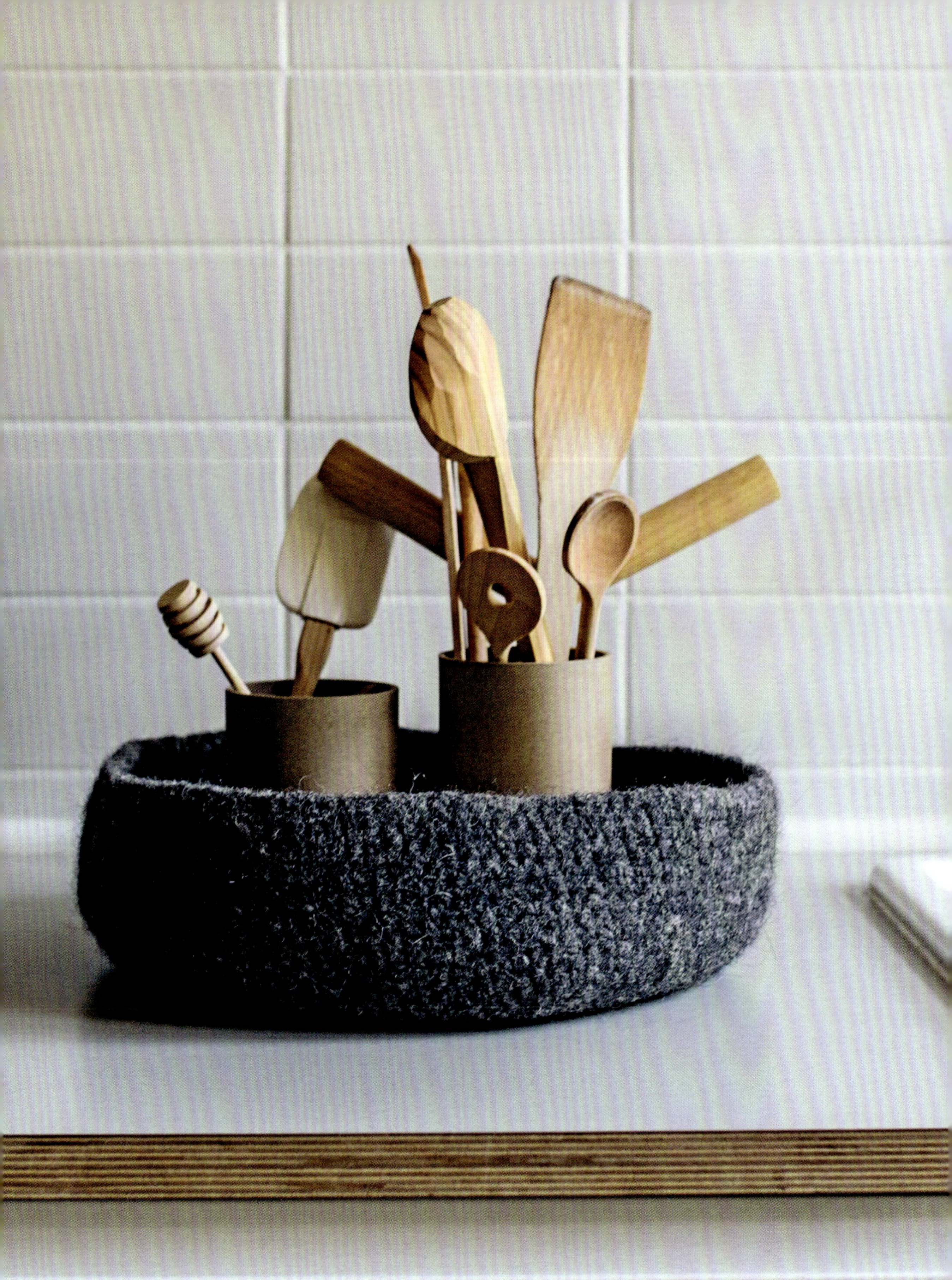

Große Filzschale

GRÖSSE
gefilzt ca. 29 cm ø, ca. 10 cm hoch

MATERIAL
Lana Grossa **Feltro** (100 % Schurwolle, LL = 50 m/50 g): **250 g** Dunkelgrau meliert **(Fb 4)**; Häkelnadel 8 mm; 1 Maschenmarkierer.

MASCHENPROBE
10 M und 11 R feste M mit Nadel 8 mm = 10 cm x 10 cm.

MUSTER
Feste Maschen
In Spiral-Rd feste M häkeln. Den Rd-Anfang markieren.

1 Masche verdoppeln
2 feste M auf 1 M der Vor-Rd häkeln.

Chic in Schale

ANLEITUNG

Mit Dunkelgrau meliert 2 Luftm anschlagen und in die 2. Luftm ab der Häkelnadel 6 feste M häkeln. Nun wie folgt feste M in Spiral-Rd häkeln:

1. Rd: Jede M verdoppeln = 12 M.
2. Rd: Jede 2. M verdoppeln = 18 M.
3. Rd: Jede 3. M verdoppeln = 24 M.
4. Rd: Jede 4. M verdoppeln = 30 M.
5. Rd: Jede 5. M verdoppeln = 36 M.
6. Rd: Jede 6. M verdoppeln = 42 M.
7. Rd: Jede 7. M verdoppeln = 48 M.
8. Rd: Jede 8. M verdoppeln = 54 M.
9. Rd: Jede 9. M verdoppeln = 60 M.
10. Rd: Jede 10. M verdoppeln = 66 M.
11. Rd: Jede 11. M verdoppeln = 72 M.
12. Rd: Jede 12. M verdoppeln = 78 M.
13. Rd: Jede 13. M verdoppeln = 84 M.
14. Rd: Jede 14. M verdoppeln = 90 M.
15. Rd: Jede 15. M verdoppeln = 96 M.
16. Rd: Jede 16. M verdoppeln = 102 M.
17. Rd: Jede 17. M verdoppeln = 108 M.
18. Rd: Jede 18. M verdoppeln = 114 M.
19. Rd: Jede 19. M verdoppeln = 120 M.

Dann 10 Rd ohne weitere Zunahmen arbeiten. Anschließend mit 1 Rd Kettm enden.

ZU GUTER LETZT

Filzen

Die Schale bei 40 °C in der Waschmaschine waschen. Danach in Form bringen, mit zerknülltem Zeitungspapier ausstopfen und trocknen lassen.

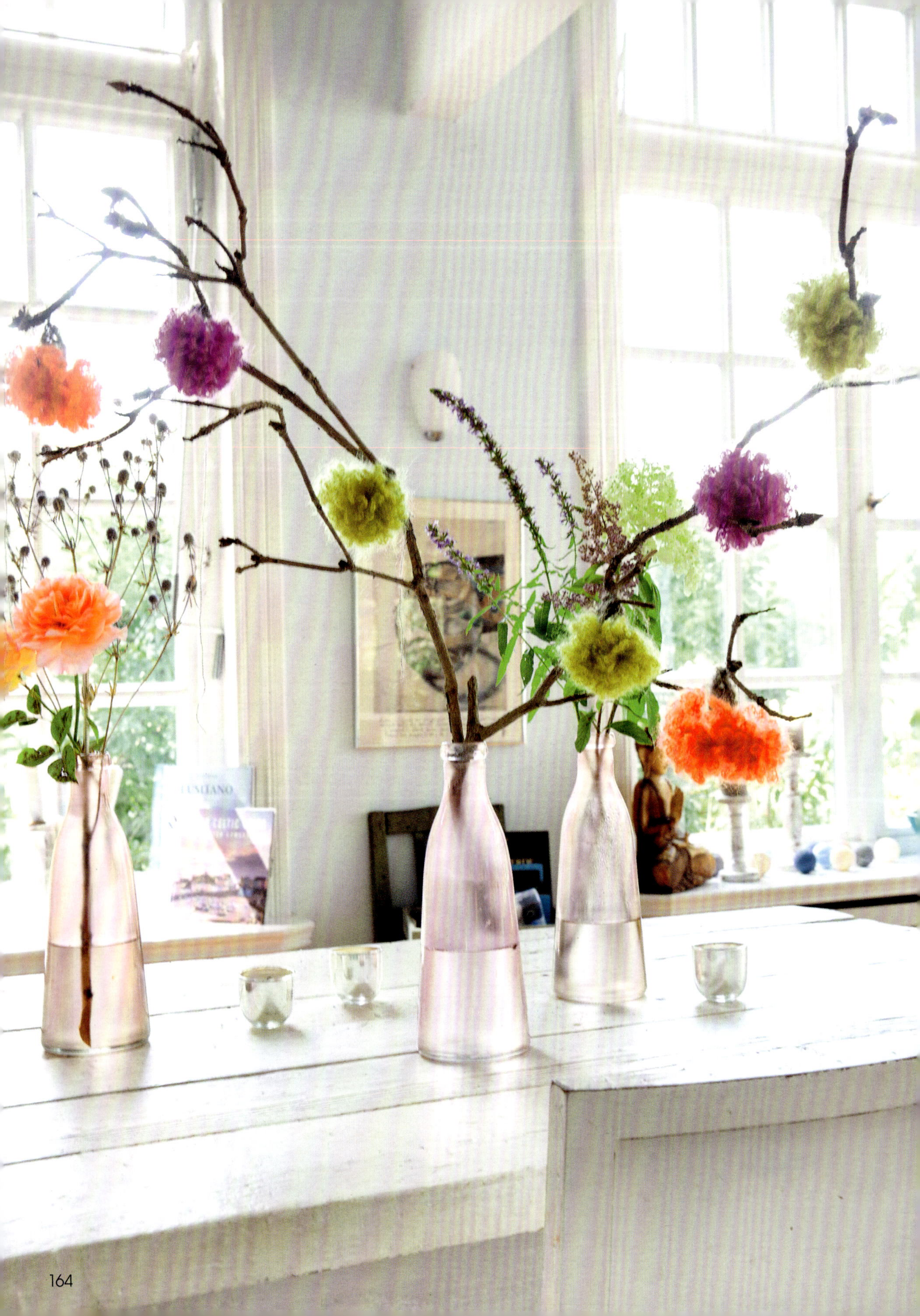

Flauschige *Blüten*

Frische Farben, fluffige Mohairseide und luftige Häkelmaschen geben diesen zarten Deko-Blüten ihre duftige, heitere Ausstrahlung. Sie werden in der Runde gehäkelt und dann zum Blütenkelch zusammengezogen – so schaffen Sie im Handumdrehen ein Blumenmeer, das niemals verblüht!

Häkelblüten

GRÖSSE

ca. 7 cm hoch, ø ca. 8,5 cm

MATERIAL

Lana Grossa Silkhair (70 % Mohair (Superkid), 30 % Seide, LL = 210 m/25 g): je 25 g Dunkeloliv (Fb 111), Magnolie (Fb 75), Dunkelorange (Fb136) und Limette (Fb 139); 1 Häkelnadel 3,5 mm; Zieräste zum Anbinden der Blüten.

MASCHENPROBE

1 fertige Blüte mit Häkelnadel 3,5 mm = 7 cm x 8,5 cm.

MUSTER

Blütenmotiv

Nach der Häkelschrift in 7 Rd häkeln. Zunächst 3 Luftm anschlagen und mit 1 Kettm zum Ring schließen. Die Ziffern bezeichnen die Rd-Übergänge.

1. Rd: Den Luftm-Ring mit 6 verbundenen Stb überhäkeln, dabei das 1. Stb durch 3 Luftm ersetzen. Für das 1. verbundene Stb zurück in die 2. Luftm ab der Nadel einstechen, 1 Schlinge durchholen und hochziehen. Dann durch den Luftm-Ring 1 Schlinge durchholen und hochziehen. Nun 2x je 2 Schlingen mit 1 neuen Umschlag abmaschen. * Für das nächste verbundene Stb durch den Querfaden unter dem Kopf des letzten Stb 1 Schlinge durchholen und hochziehen (= 2 Schlingen auf der Nadel). Dann durch den Luftm-Ring 1 Schlinge durchholen und hochziehen (= 4 Schlingen auf der Nadel). Jetzt 2x je 2 Schlingen mit 1 neuen Umschlag abmaschen, ab * noch 4x wiederholen. Die Rd mit 1 Kettm in die 3. Luftm des Rd-Beginns schließen.

Flauschige Blüten

2. Rd: In jedes Stb der 1. Rd 2 verbundene dreifache Stb häkeln, dabei das 1. dreifache Stb durch 5 Luftm ersetzen. Für das 1. verbundene dreifache Stb jeweils zurück in die 2., 3. und 4. Luftm ab der Nadel einstechen und jeweils 1 Schlinge durchholen und hochziehen, dann noch aus der Luftm am Rd-Übergang 1 Schlinge durchholen (= 5 Schlingen auf der Nadel). Jetzt jeweils mit 1 neuen Umschlag 4x je 2 Schlingen zusammen abmaschen. ** Für das nächste verbundene dreifache Stb jeweils durch die 3 Querfäden unter dem Kopf des letzten Stb je 1 Schlinge durchholen und hochziehen. Dann nochmal aus der Luftm am Rd-Übergang 1 Schlinge durchholen. Nun jeweils mit 1 neuen Umschlag 4x je 2 Schlingen zusammen abmaschen. Ab ** noch 10x wiederholen, dabei je 2 verbundene dreifache Stb in 1 Einstichstelle gemäß Häkelschrift arbeiten (= 12 verbundene dreifache Stb in der Rd). Die dünnen Linien in der 1. und 2. Rd zeigen die Verbindungsstellen zwischen den Stb an.

3. und 4. Rd: Je 12 feste M häkeln.
5. Rd: Je 3 feste M in 1 M der Vor-Rd arbeiten, dabei liegt der Rd-Übergang zwischen der 1. und letzten festen M der Rd.
6. Rd: Je 3 Stb in 1 feste M der Vor-Rd häkeln.
7. Rd: In jedes Stb der Vor-Rd 1 feste M getrennt durch 5 Luftm häkeln. Jede Rd mit 1 Kettm schließen. Nach der 7. Rd das Motiv beenden.

ANLEITUNG

Insgesamt 9 Blütenmotive häkeln, dabei die **1. und 2. Rd** stets in Dunkeloliv arbeiten. Die **3. – 7. Rd** bei je 2 Blüten in Magnolie, Dunkelorange und Limette häkeln.

ZU GUTER LETZT

Die Blüten jeweils mit 1 Faden in Dunkeloliv nach der 2. Rd zusammenziehen (= Blütenkelch). So ergibt sich die Blütenform. Nach Belieben an einem entsprechenden Ast in Dunkeloliv festbinden.

Blütenmotiv

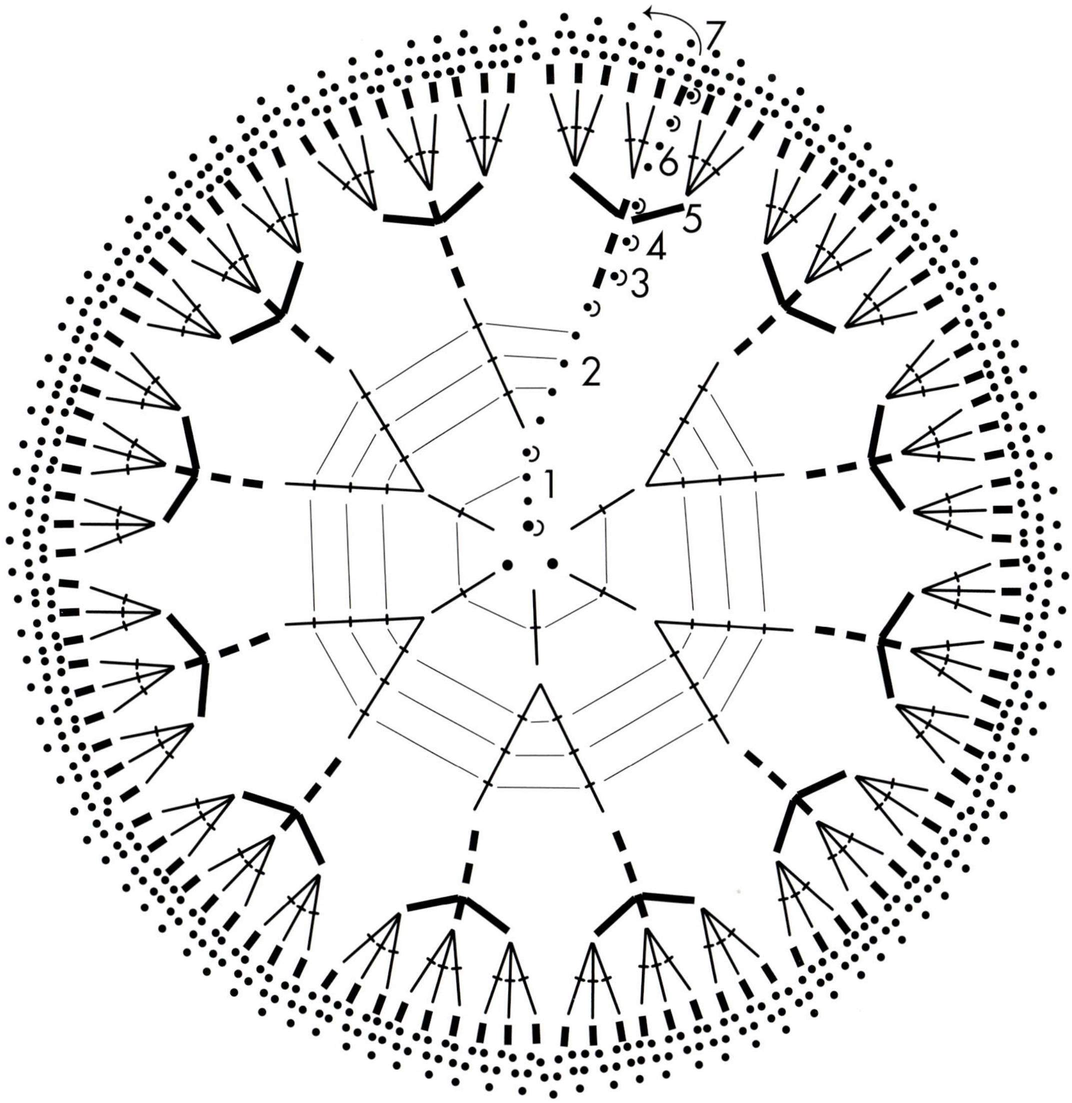

Zeichenerklärung:

- = 1 Luftm
- = 1 Kettm
- = 1 feste M
- = 1 verbundenes Stb
- = 1 verbundenes dreifaches Stb
- = 2 Stb in 1 Einstichstelle häkeln
- = 3 Stb in 1 Einstichstelle häkeln
- = 2 feste M in 1 Einstichstelle häkeln
- = 3 feste M in 1 Einstichstelle häkeln

Hinweis: Die dünnen Linien in der 1. und 2. Rd gelten als Verbindungsstellen zwischen den Stb und dreifachen Stb

Plakative *Streifen*

Warmes Ziegelrot im Kontrast zu Natur, strickleichte, aber ausdrucksvolle Rechts-Links-Strukturen in grafischer Aufteilung sowie ein edles, supersoftes Alpakagarn mit wunderbar weichem Griff – so ein Plaid verbindet Style mit Komfort und ist ein Lieblingsstück fürs Leben.

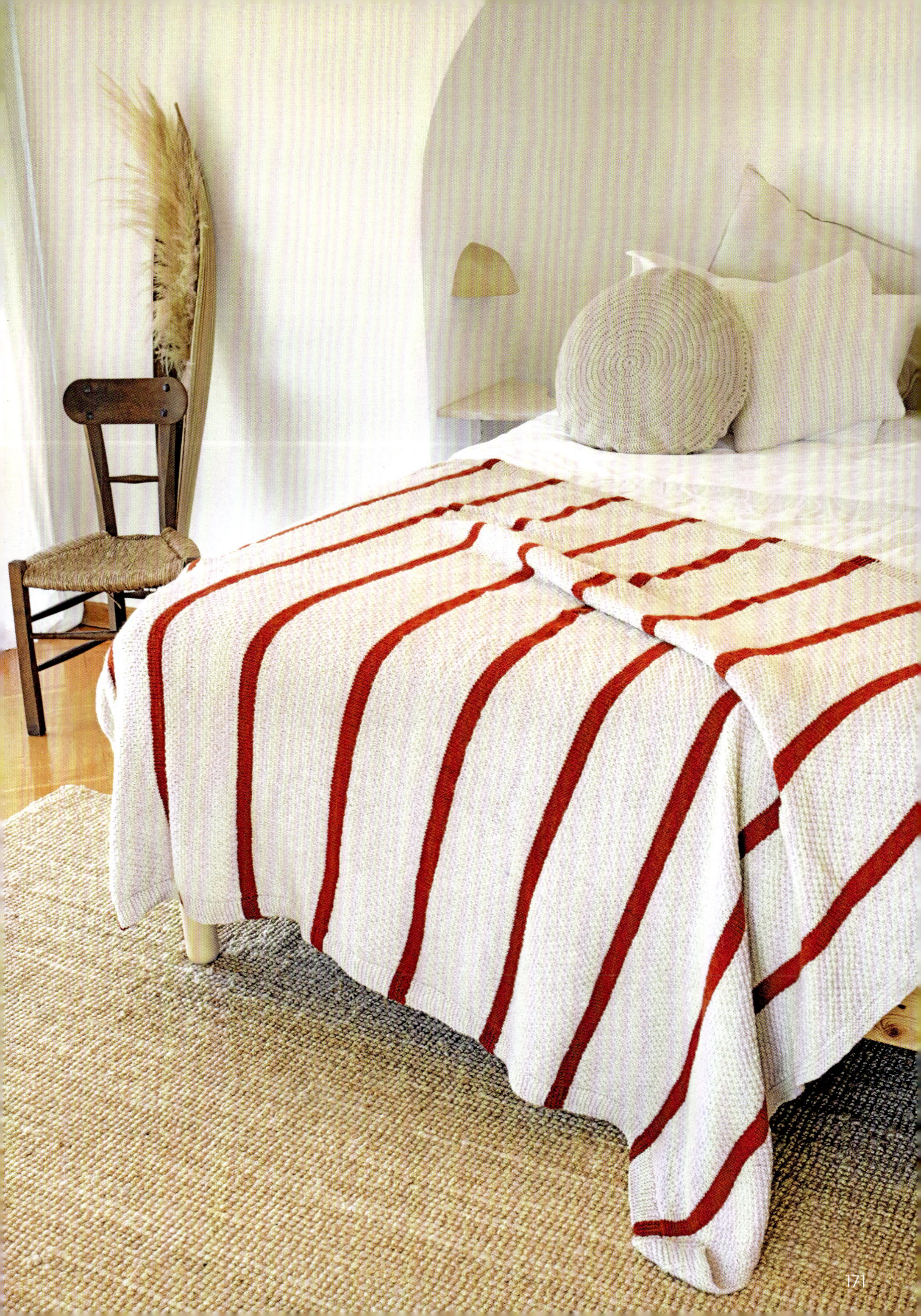

Plaid

GRÖSSE

ca. 160 cm x 140 cm

MATERIAL

Lana Grossa Alta Moda Alpaca (90 % (Baby) Alpaka, 5 % Schurwolle (Merino), 5 % Polyamid, LL = 140 m/50 g): 1050 g Natur (Fb 72) und 250 g Ziegelrot (Fb 91); 1 Rundstricknadel 5,5 mm, 120 cm lang.

MASCHENPROBE

19 M und 29,5 R im Plaidmuster mit Nadel 5,5 mm = 10 cm x 10 cm.

MUSTER

Knötchenrand

Die 1. M jeder R wie zum Rechtsstricken abheben. Die letzte M jeder R rechts stricken. Hinweis: Beide Ränder mit Knötchenrand arbeiten!

Plaidmuster

Nach der Strickschrift arbeiten. Die Ziffern links außen bezeichnen die Rückr, die Ziffern rechts außen die Hinr. In allen nicht gezeichneten Rückr die Blenden-M weiterhin kraus rechts, alle übrigen M stricken, wie sie erscheinen. In der Breite die R mit den M vor dem 1. Pfeil beginnen, den Rapport von 2 M zwischen den Pfeilen stets wiederholen und mit den M nach dem 2. Pfeil enden. In der Höhe von Abschnitt **A** 1x die 1. – 8. R (= kraus rechts) stricken, anschließend von Abschnitt **B** 1x die 1. – 84. R arbeiten und die 37. – 84. R noch 7x wiederholen (= 420 R), dann mit der 421. – 448. R enden und schließlich von Abschnitt **C** noch 1x die 1. – 9. R arbeiten. Dabei die grau unterlegten Streifen in Ziegelrot, alle anderen R in Natur stricken.

Plakative *Streifen*

ANLEITUNG

270 M in Natur anschlagen und im Plaidmuster nach der Strickschrift arbeiten, anschließend alle M abketten.

ZU GUTER LETZT

Das Teil gemäß der Schnittskizze spannen, anfeuchten und trocknen lassen.

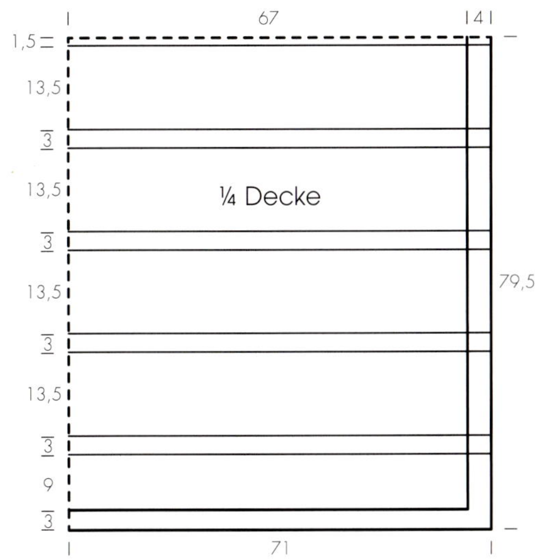

Plaidmuster

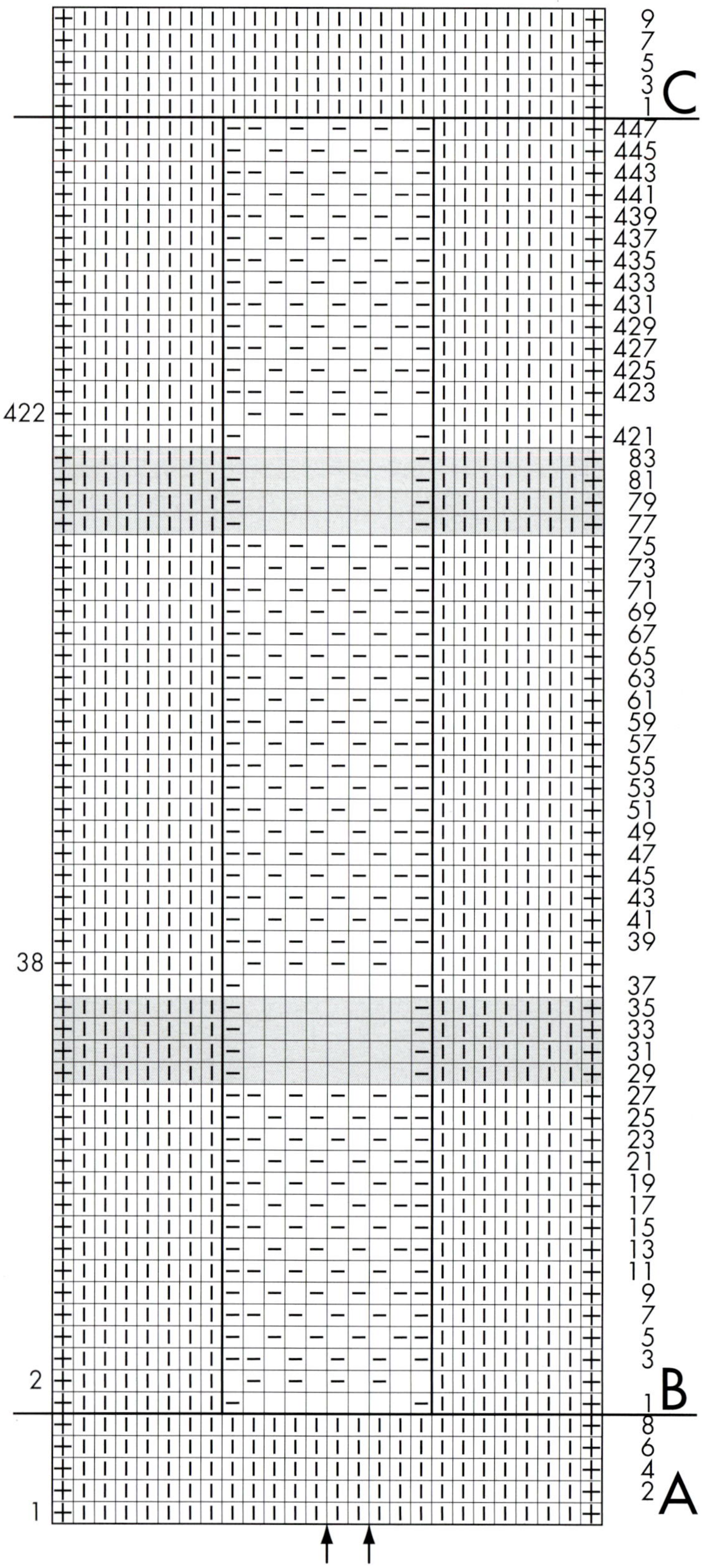

Zeichenerklärung:

- ⊞ = Randm im Knötchenrand
- □ = 1 M glatt rechts (in Hinr rechts, in Rückr links stricken)
- ⊟ = 1 M glatt links (in Hinr links, in Rückr rechts stricken)
- ⎅ = 1 M kraus rechts (in Hin- und Rückr rechts stricken)

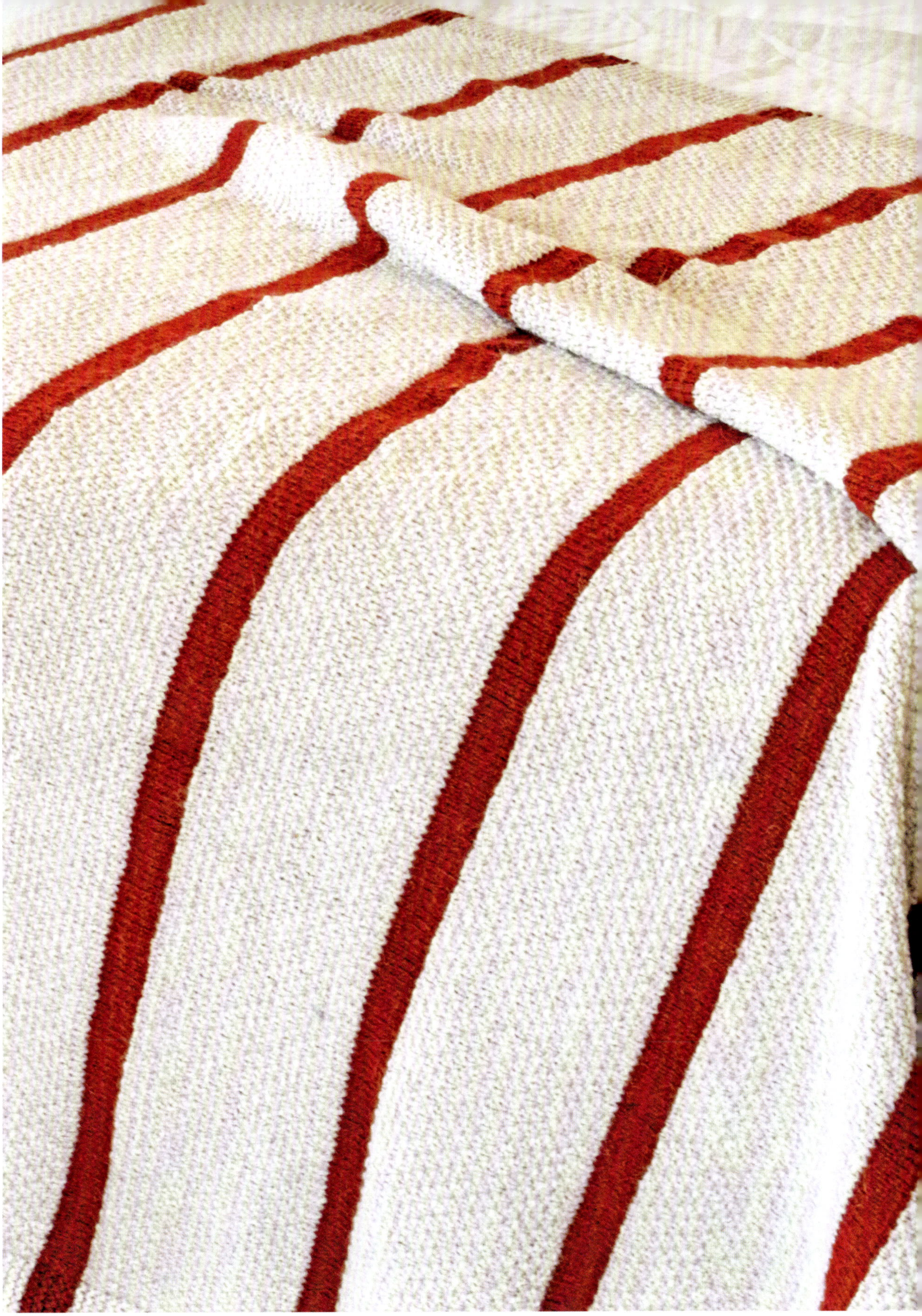

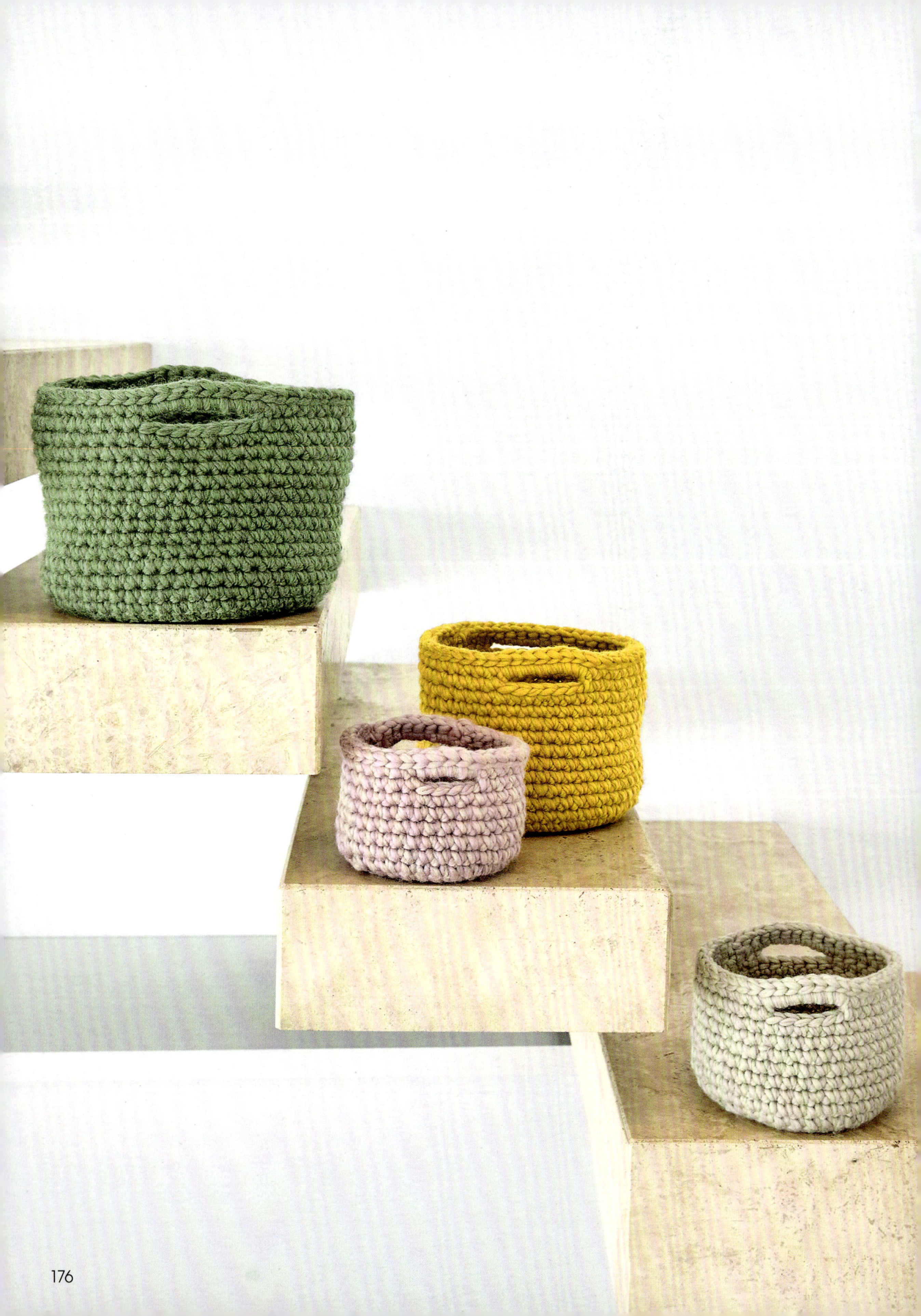

Ab ins Körbchen

Die niedlichen Henkelkörbchen gibt es in vier Größen – egal, was darin verstaut werden soll, das passende Format ist bestimmt dabei! Sie schaffen Ordnung und Übersicht und sehen dabei megadekorativ aus – vor allem als Gruppe in kontrastreicher, aber harmonischer Farbzusammenstellung.

Vier Körbe

GRÖSSE

graugrüner Korb ø ca. 20 cm, 15 cm hoch, gelber Korb ø ca. 18 cm, 13 cm hoch, beigefarbener Korb ø ca. 15 cm, 10 cm hoch, altrosa Korb ø ca. 13 cm, 9 cm hoch

MATERIAL

Lana Grossa Per Lei (GOTS, 100 % Schurwolle (Merino), LL = 60 m/50 g): **für den graugrünen Korb:** 250 g Graugrün (Fb 6), **für den gelben Korb:** 200 g Gelb (Fb 1), **für den beigefarbenen Korb:** 100 g Beige (Fb 19) und **für den altrosa Korb:** 100 g Altrosa (Fb 20); 1 Häkelnadel 7 mm.

MASCHENPROBE

9 feste M und 10 Rd mit Häkelnadel 7 mm und doppeltem Faden = 10 cm x 10 cm.

MUSTER

Feste Maschen

In Rd häkeln. Jede Rd mit 1 Luftm beginnen (sie dient nur zum Aufsteigen in die nächste Rd und ersetzt keine feste M) und mit 1 Kettm in die Anfangs-Luftm zur Rd schließen.

1 Masche verdoppeln

In 1 M der Vor-Rd 2 feste M häkeln.

Ab ins Körbchen

ANLEITUNG

Hinweis: Stets sehr fest mit doppeltem Faden häkeln! Die Körbe werden jeweils in der Bodenmitte mit einem Fadenring begonnen und dann in Rd von unten nach oben gehäkelt. Die Pfeile in der Schnittskizze geben jeweils die Häkelrichtung an.

Für den **graugrünen Korb** einen Fadenring bilden und mit doppeltem Faden wie folgt feste M in Rd häkeln:

1. Rd: 6 feste M in den Ring häkeln. Den Anfangsfaden fest anziehen, sodass sich der Ring schließt.

Dann wie folgt feste M in Rd häkeln:

2. Rd: Jede M verdoppeln = 12 M.

3. Rd: 6x jede 2. M verdoppeln = 18 M.

4. Rd: 6x jede 3. M verdoppeln = 24 M.

5. Rd: 6x jede 4. M verdoppeln = 30 M.

Ab der folgenden Rd die Zunahmen versetzen, damit sich eine schöne runde Form ergibt.

6. Rd: Die 3. M verdoppeln, dann 5x jede 5. M verdoppeln = 36 M.

7. Rd: 6x jede 6. M verdoppeln = 42 M.

8. Rd: Die 4. M verdoppeln, dann 5x jede 7. M verdoppeln = 48 M.

9. Rd: 6x jede 8. M verdoppeln = 54 M.

Nun für den **Seitenrand** nur noch feste M von außen in Rd gerade hochhäkeln, also die 10. – 23. Rd über je 54 feste M arbeiten. Dabei in der 22. Rd für die **Griffe** an 2 gegenüberliegenden Stellen jeweils 7 feste M mit 8 Luftm übergehen und in der 23. Rd diese Luftm-Bögen mit jeweils 9 festen M dicht umhäkeln. Dann den oberen Rand zum Abschluss noch mit 1 Rd Kettm behäkeln und die Arbeit beenden.

Den **gelben Korb** bis zur 8. Rd wie den graugrünen Korb häkeln = 48 feste M. Darüber nun den Seitenrand gerade hochhäkeln. In der **19. Rd** die Griffe entsprechend einhäkeln, dafür jedoch nur 6 feste M mit 7 Luftm übergehen. In der **20. Rd** diese Luftm-Bögen jeweils mit 8 festen M dicht umhäkeln. Dann den oberen Rand zum Abschluss noch mit 1 Rd Kettm behäkeln und die Arbeit beenden.

Den **beigefarbenen Korb** bis zur 7. Rd wie den graugrünen Korb häkeln = 42 feste M. Darüber nun den Seitenrand gerade hochhäkeln. In der **15. Rd** die Griffe entsprechend einhäkeln, dafür jedoch nur 5 feste M mit 6 Luftm übergehen. In der **16. Rd** diese Luftm-Bögen jeweils mit 7 festen M dicht umhäkeln. Dann den oberen Rand zum Abschluss noch mit 1 Rd Kettm behäkeln und die Arbeit beenden.

Ab ins Körbchen

Den **altrosa Korb** bis zur 6. Rd wie den graugrünen Korb häkeln = 36 feste M. Darüber nun den Seitenrand gerade hochhäkeln. In der 12. Rd die Griffe entsprechend einhäkeln, dafür jedoch nur 4 feste M mit 5 Luftm übergehen. In der 13. Rd diese Luftm-Bögen jeweils mit 6 festen M dicht umhäkeln. Dann den oberen Rand zum Abschluss noch mit 1 Rd Kettm behäkeln und die Arbeit beenden.

ZU GUTER LETZT

Bei jedem Korb die Fäden sorgfältig vernähen.

4 Körbe

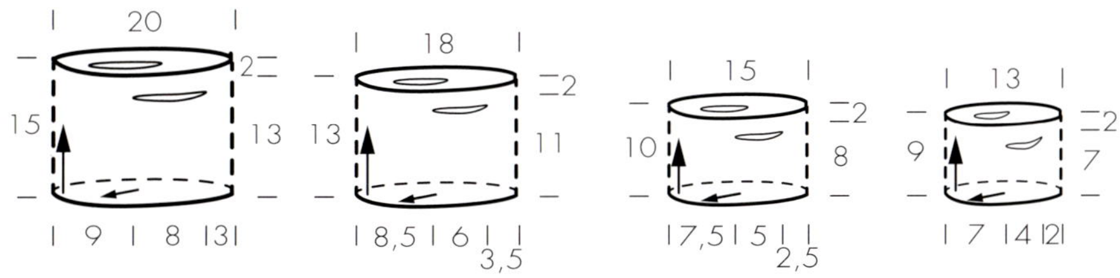

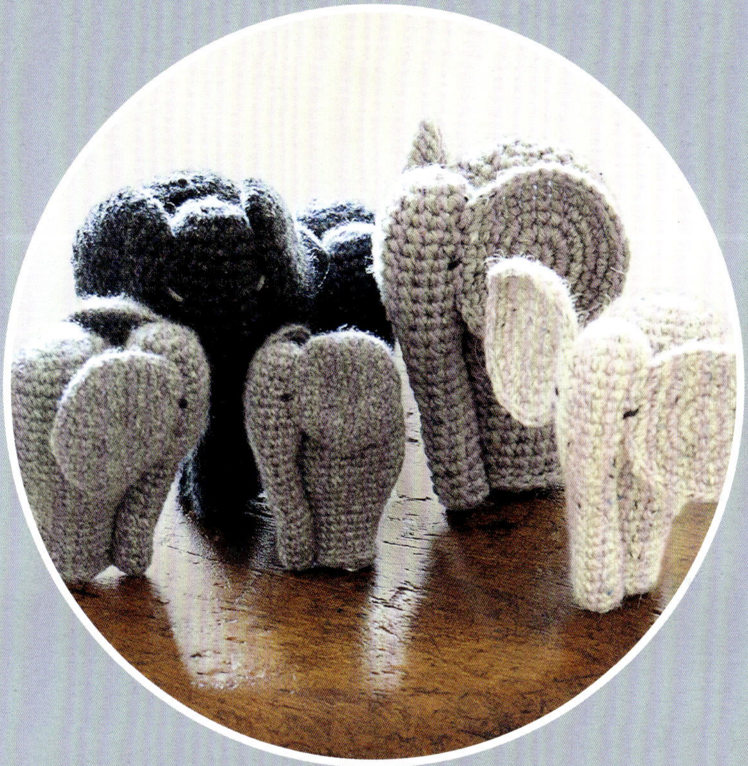

Kid's World

Kopfkissen

Igel, Eule oder ein freundlich gesinntes Monster – egal, was die Fantasie in diesem aufgestickten und mit Noppen verzierten Motiv erkennt, es macht den Kids auf jeden Fall Spaß! Ein Kumpelkissen, das man auch mal knuffen kann, und ein liebenswerter Begleiter, der das Kinderzimmer gemütlich macht.

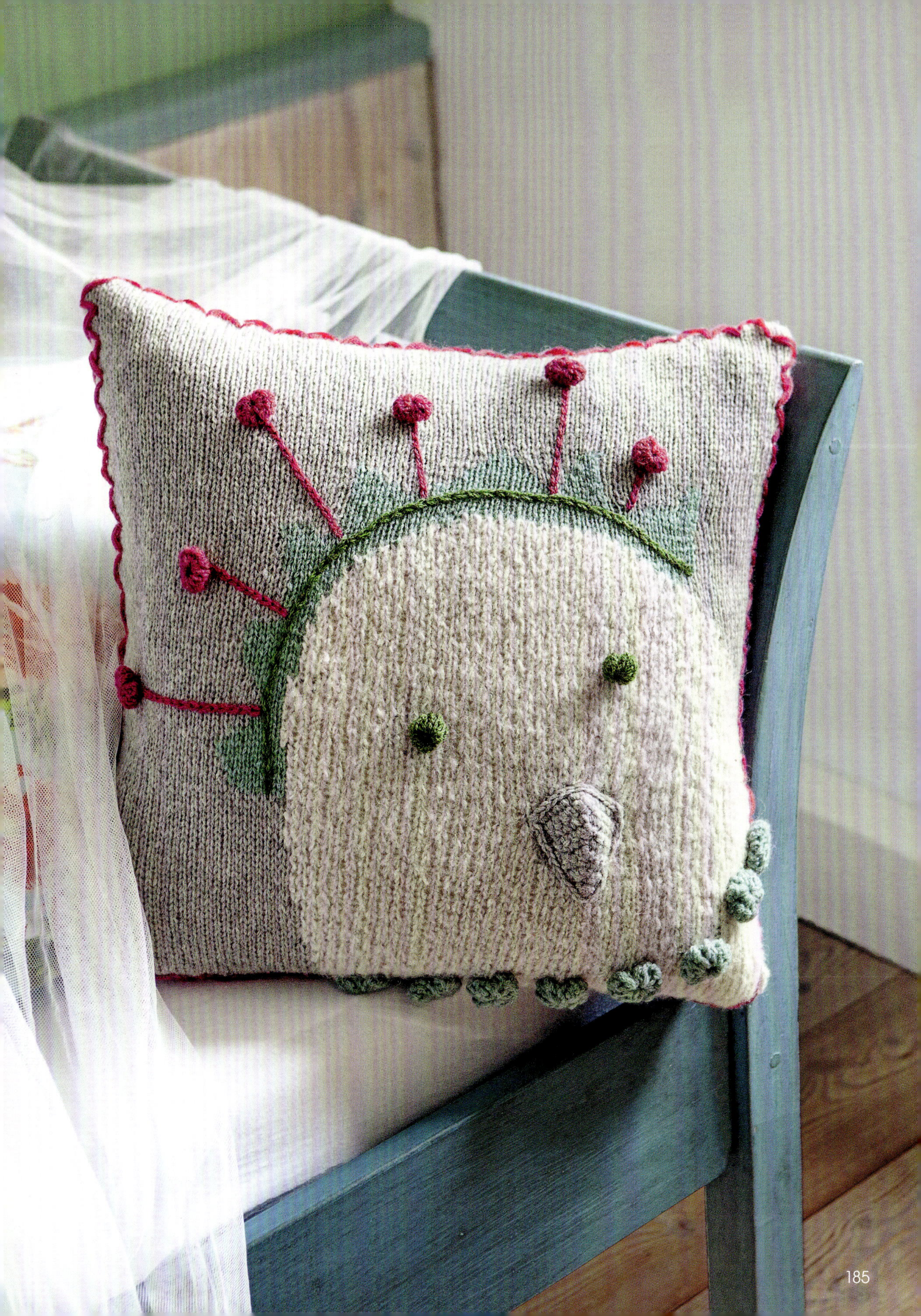

Kissenhülle

GRÖSSE

ca. 45 cm x 45 cm, für eine waschbare Kissenfüllung von 50 cm x 50 cm

MATERIAL

Lana Grossa Merino Superiore (100 % Schurwolle (Merino extrafine), LL = 180 m/50 g): je 50 g Hellgrau (Fb 5), Azurblau (Fb 23), Erika (Fb 26) und Resedagrün (Fb 18) und Lana Grossa Baby Light (62 % (Baby) Alpaka, 13 % Schurwolle (Merino), 15 % Polyamid, LL = 180 m/50 g): 100 g Natur (Fb 11); Stricknadeln 5 mm, je 1 Häkelnadel 4 mm und 5 mm, 1 Wollnadel von Lana Grossa mit großem Öhr; 1 kleiner Rest Füllwatte; 1 waschbare Kissenfüllung, 50 cm x 50 cm.

MASCHENPROBE

Beide Proben leicht gedehnt gemessen: 13,5 M und 22 R glatt rechts mit Nadel 5 mm und Baby Light = 10 cm x 10 cm; 17,5 M und 29 R glatt rechts mit Nadel 5 mm und Merino Superiore = 10 cm x 10 cm.

MUSTER

Glatt rechts

In Hinr rechte M, in Rückr linke M stricken.

Motiv

Nach Zählmuster glatt rechts einstricken. Die Ziffern rechts außen bezeichnen die Hinr. In den Rückr die M links in der gegebenen Farbverteilung stricken. Für jede Farbfläche je 1 gesondertes Knäuel verwenden: Baby Light 11 = Natur Fb. 1, Merino Superiore 5 = Hellgrau Fb. 5 und Merino Superiore 23 = Azurblau Fb. 23. Beim Farbwechsel die Fäden auf der Rückseite der Arbeit miteinander verkreuzen, damit keine Löcher entstehen. **In der Breite** 1x die M zwischen den Pfeilen arbeiten. In der Höhe 1x die 1. – 130. R stricken. Die Noppen am unteren Rand für die Halskette sowie für die Augen und oben über der Krone, durch Punkte eingezeichnet, nachträglich häkeln und mit Anfangs- und Endfaden einknoten. Den Schnabel ebenfalls häkeln und aufnähen. Die einge-

Kopf kissen

zeichneten Linien innerhalb der Krone und Noppenstiele nachträglich im Kettenstich aufsticken. Die Kreuzstiche wie am oberen Rand des Zählmusters eingezeichnet zum Schluss ringsum über die Naht sticken.

ANLEITUNG

Für die **Hüllenrückseite** 63 M mit Nadeln 5 mm und Baby Light anschlagen. Glatt rechts stricken. Nach 45 cm = 100 R ab Anschlag alle M abketten. Für die **Hüllenvorderseite** 45 M in Natur mit Baby Light und 37 M in Hellgrau mit Merino Superiore und Nadeln 5 mm anschlagen = 82 M. Zunächst 1 Rückr linke M in dieser Farbverteilung stricken. Dann das Motiv wie beschrieben glatt rechts nach Zählmuster arbeiten. Nach der 98. R ab Motivbeginn das Teil nur noch mit Merino Superiore in Hellgrau zu Ende stricken. Nach 45 cm = 130 R ab Motivbeginn alle M abketten.

Für die **Noppen** jeweils 5 Luftm anschlagen, 6 Doppel-Stb zurück in die 1. Luftm des Anschlags häkeln, dabei diese nur jeweils 2x bis auf die letzte Schlinge abmaschen, dann alle 7 auf der Nadel liegenden Schlingen zusammen mit 1 Umschlag abmaschen = 1. Noppenhälfte. Für die 2. Noppenhälfte mit 4 Luftm wenden und wieder 6 zusammen abgemaschte Doppel-Stb wie zuvor in die 1. Abmaschstelle häkeln. Nun die 2. Hälfte nach unten klappen und mit 1 Kettm an der 1. Luftm des Anschlags anschlingen. Die linke Seite der Doppel-Stb nach außen drehen. Dann die Noppe beenden. Anfangs- und Endfaden zum Einknoten ca. 10 cm lang hängen lassen.

Für den **Schnabel** nach der Häkelschrift mit doppeltem Faden in Hellgrau häkeln. Mit 11 Luftm + 1 Luftm zum Wenden beginnen. Die 1. feste M in die 2. Luftm ab der Nadel häkeln. Dann in hin- und hergehenden R weiterarbeiten, dabei jeweils mit 1 Luftm wenden. In jeder 2. R mittig 2 M wie gezeichnet abnehmen. Nach der 10. R noch 1 Rd feste M ringsum häkeln. Die Rd mit 1 Kettm schließen. Dann den Schnabel beenden.

ZU GUTER LETZT

Die Teile spannen, anfeuchten und trocknen lassen. Nun die Vorderseite zunächst besticken. Die Linie über der Krone mit Kettenstich in Resedagrün, die Stiele für die Noppen mit Kettenstich in Erika aufsticken, siehe Modellbild. Nun mit der Häkelnadel 4 mm und Erika 6 Noppen häkeln. Diese mit Anfangs- und Endfaden über den Stielen einknoten. Den **Schnabel** wie beschrieben mit Häkelnadel 5 mm häkeln und mittig im Gesicht aufnähen. Bevor der Schnabel ganz aufgenäht ist, ihn leicht mit Füllwatte ausstopfen. Dann fertig aufnähen. Für die **Augen** 2 Noppen mit der Häkelnadel 4 mm in Resedagrün häkeln und gemäß Modellbild einknoten. Für die **Halskette** 8 Noppen mit doppeltem Faden in Azurblau und Häkelnadel 5 mm häkeln. Dann gemäß Zählmuster bzw. Modellbild einknoten. Nun beide Hüllenseiten in gleicher Strickrichtung links auf links übereinanderlegen. Zunächst die Seitennähte und die obere Naht im Matratzenstich schließen. Die Kissenfüllung einschieben und die untere Naht genauso schließen. Zum Schluss alle Nähte mit Kreuzstichen von 2 cm x 2 cm mit doppeltem Faden in Erika so übersticken, dass je 1 Hälfte des Stichs auf Vorder- und Rückseite liegt. Immer zuerst die Grundstiche von links unten nach rechts oben ausführen. Dann die Deckstiche entgegengesetzt von links oben nach rechts unten sticken. Über jede Seite 20 Stiche wie am oberen Rand des Zählmusters eingezeichnet sticken.

Schnabel

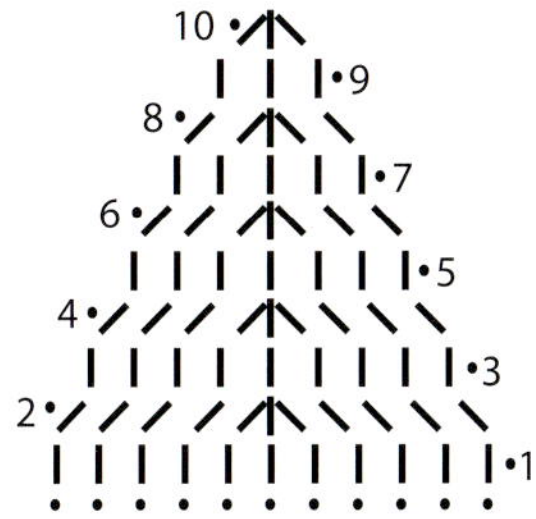

Zeichenerklärung:

• = 1 Luftm

I = 1 feste M

∧I∖ = 3 zusammen abgemaschte feste M

Zählmuster

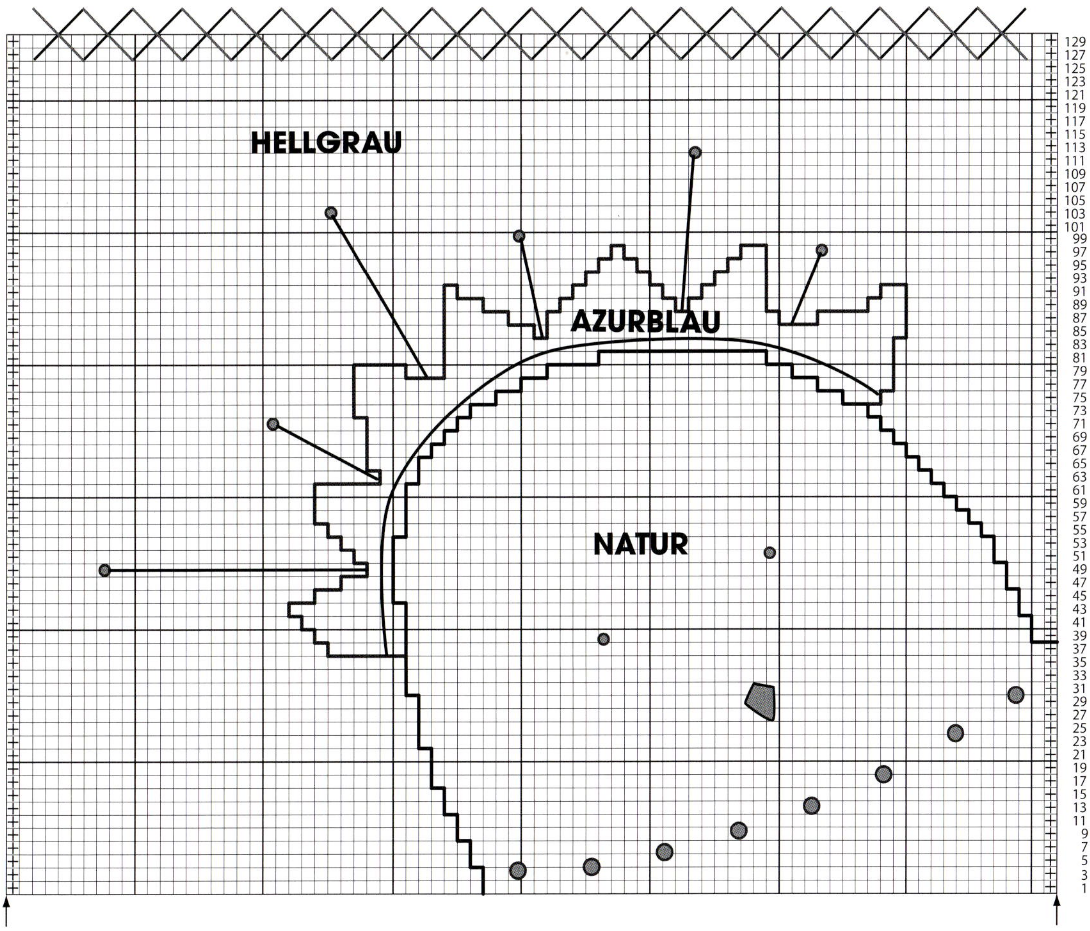

Zeichenerklärung:

⊞ = 1 Randm

☐ = 1 M glatt rechts (in Hinr rechts, in Rückr links stricken)

╳ = 1 Kreuzstich in Erika

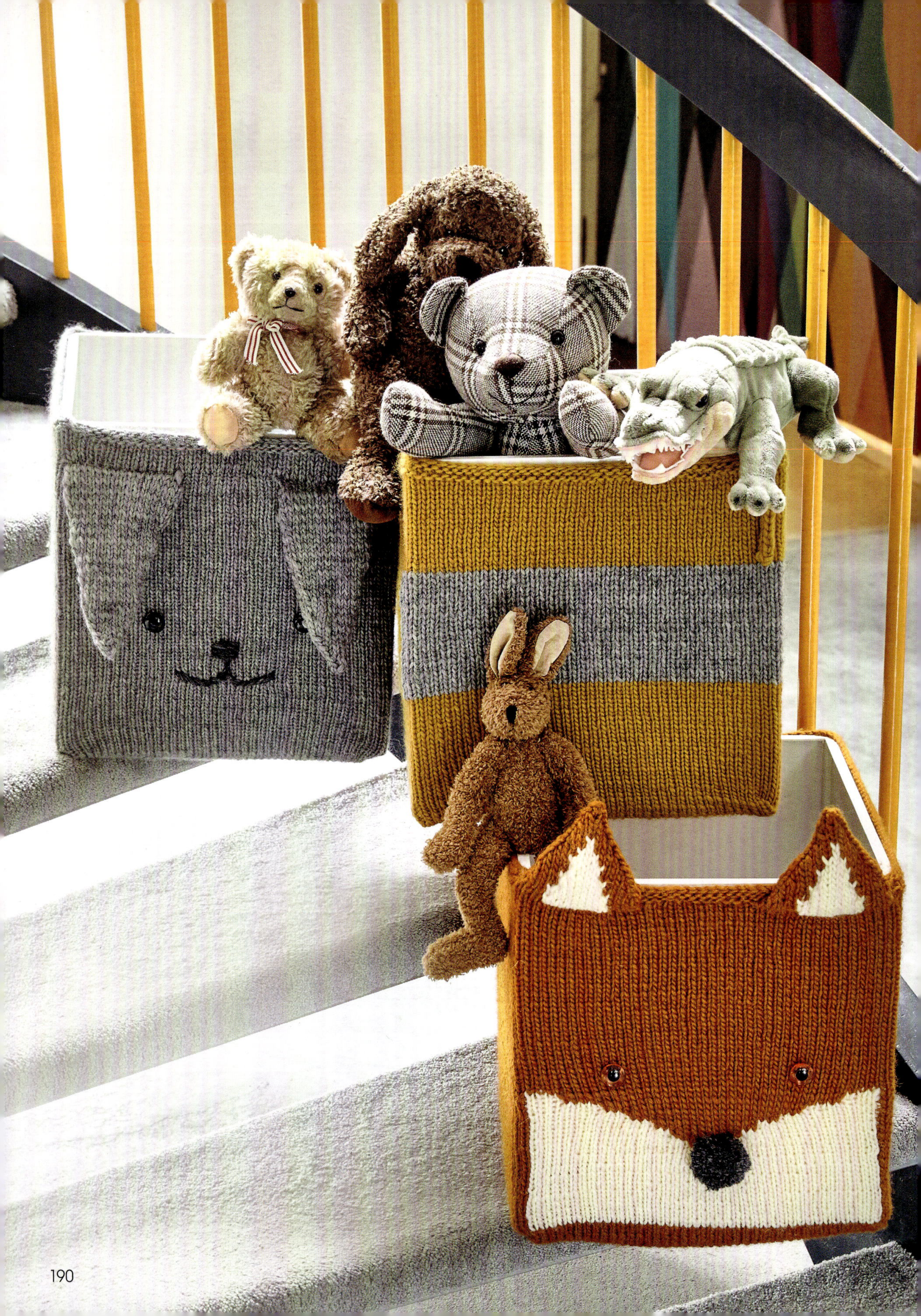

Boxen *stopp*

So macht Aufräumen Spaß! In offenen Boxen mit tierisch schönen oder farbenfroh gestreiften Hüllen lassen sich Kuscheltiere, Legos, Bauklötze oder Puppensachen unkompliziert und schnell verstauen und dazu sind sie gleich wieder griffbereit, wenn das nächste Spiel beginnt!

Drei Hüllen für Spielzeugboxen

GRÖSSE

ca. 38 cm x 33 cm x 33 cm (L x B x H)

MATERIAL

Lana Grossa Feltro (100 % Schurwolle, LL = 50 m/50 g): für die Hülle Fuchs 500 g Bernstein (Fb 92), je 50 g Rohweiß (Fb 1) und Dunkelgrau meliert (Fb 4), für die Hülle Hase 550 g Grau meliert (Fb 3) und 50 g Dunkelgrau meliert (Fb 4), für die Hülle Streifen 400 g Senf (Fb 93) und 100 g Grau meliert (Fb 3); je 1 Rundstricknadel 5,5 mm, 60 und 100 cm lang; 1 Häkelnadel 6 mm; 1 Lana Grossa Wollnadel; 1 Lana Grossa Pompon-Maker; je 1 Paar Tieraugen von Union Knopf, Art. 45462, ø 23 mm, Fb 20 Braun (Fuchs), Fb 66 Grau (Hase); 2x Prym Elastic-Kordel (für alle 3 Hüllen), ø 1,5 mm, 3 m lang, Art. 971068 in Beige; 3 Boxen von IKEA „DRÖNA", Art. 402.179.55, weiß, Größe je 38 cm x 33 cm x 33 cm (L x B x H).

MASCHENPROBE

15 M und 23 R glatt rechts mit Nadel 5,5 mm (ungedehnt gemessen) = 10 cm x 10 cm; 12 M und 25 R glatt rechts mit Nadel 5,5 mm (gedehnt gemessen) = 10 cm x 10 cm.

MUSTER

Knötchenrand

Die 1. M jeder R wie zum Rechtsstricken abheben, die letzte M jeder R rechts stricken. Alle Ränder mit Knötchenrand arbeiten.

Glatt rechts

In Hinr rechte M, in Rückr linke M stricken. In Rd stets rechte M stricken. Möglichst fest stricken!

Kraus rechts

In Rd 1 Rd rechte M, 1 Rd linke M im Wechsel stricken.

Boxen *stopp*

Provisorischer Anschlag

Eine entsprechend lange Luftm-Kette mit der Häkelnadel 6 mm locker häkeln und den Faden abschneiden. Dann mit der Stricknadel 5,5 mm mit neuem Faden die M aus der Unterseite der Luftm nach und nach auffassen, und zwar in der Richtung, wie die Luftm gehäkelt sind. Darauf achten, nicht in den Faden einzustechen. Wenn die Strickarbeit beendet ist, kann die Luftm-Kette vorsichtig aufgetrennt werden, um die M nach und nach mit der Stricknadel wieder aufzunehmen.

Schlingenmuster

Die Schlingen werden auf der Vorderseite eingestrickt. Für 1 Schlingen-M 1 M rechts stricken, jedoch die M nicht von der Nadel gleiten lassen. Den Arbeitsfaden vor die Arbeit holen und um den linken Daumen führen. Die gebildete Schlinge ca. 4 cm langziehen. Dann den Arbeitsfaden wieder auf die Rückseite der Arbeit nehmen, dabei die Schlinge immer noch mit dem Daumen festhalten. Nun die zuerst gestrickte M nochmals rechts stricken und die M von der Nadel abheben. Dann die 1. M über die 2. M ziehen.

1. R (= Rückr): Zwischen den Randm linke M stricken.

2. R (= Hinr): Randm, ★ 1 M rechts, 1 Schlingen-M, ab ★ stets wiederholen, 1 M rechts, Randm.

3. R (= Rückr): Zwischen den Randm linke M stricken.

4. R (= Hinr): Randm, 2 M rechts, ★ 1 Schlingen-M, 1 M rechts, ab ★ stets wiederholen, 1 Schlingen-M, 2 M rechts, Randm.

In der Höhe die 1. – 4. R stets wiederholen.

Ohr (Fuchs – 2x stricken)

Nach der Strickschrift A über 33 M in der ganzen Breite stricken. Die Ziffern rechts außen bezeichnen die Hinr. In den Rückr alle M links stricken. Das dick umrandete Dreieck in der unteren Mitte in Rohweiß stricken, alle übrigen M in Bernstein. Für jede Farbfläche ein gesondertes Knäuel verwenden. Beim Farbwechsel die Fäden stets auf der Rückseite der Arbeit miteinander verkreuzen, damit keine Löcher entstehen. Die Pfeile markieren die M für die Abnahmestellen. In jeder Abnahme-R werden 4 M abgenommen. So bleiben noch 5 M übrig. In der Höhe 1x die 1. – 20. R stricken.

Ohr (Hase – 2x stricken)

Nach der Strickschrift B über 33 M in der ganzen Breite stricken. Die Ziffern rechts außen bezeichnen die Hinr. In den Rückr alle M links stricken. Die Pfeile markieren die M für die Abnahmestellen. In jeder Abnahme-R werden 4 M abgenommen. So bleiben noch 5 M übrig. In der Höhe 1x die 1.– 38. R stricken.

Einstrickmuster (Gesicht – Fuchs)

Nach dem Zählmuster glatt rechts in Intarsientechnik über 41 M zwischen den Pfeilen stricken. Die Ziffern rechts außen bezeichnen die Hinr, die Ziffern links außen die Rückr. Die Hinr also von rechts nach links, die Rückr umgekehrt lesen. Die Ziffern im Zählmuster beschreiben die Farben, mit denen die Flächen gestrickt werden, siehe Zeichenerklärung. Für jede Farbfläche ein gesondertes Knäuel verwenden. Beim Farbwechsel die Fäden stets auf der Rückseite der Arbeit miteinander verkreuzen, damit keine Löcher entstehen. In der Höhe 1x die 1. – 31. R stricken.

Boxen *stopp*

ANLEITUNG

Hinweis: Jede Hülle wird am Boden begonnen und zusammenhängend teils in R, teils in Rd gearbeitet.

HÜLLE FUCHS

41 M mit der 60 cm langen Rundstricknadel in Bernstein anschlagen (provisorischer Anschlag) und glatt rechts mit Knötchenrand stricken, dabei mit 1 Rückr beginnen. Nach 38 cm = 95 R ab Anschlag (= Bodenende) an beiden Seiten aus den beiden Strickrändern je 46 M in Bernstein dazu auffassen = 133 M. Die Eck-M markieren. Dann mit der 100 cm langen Rundstricknadel für die Seitenwände glatt rechts im Zusammenhang weiterstricken. Nach 33 cm = 76 R ab Beginn der Seitenwände die M zunächst stilllegen. Dann die Luftm-Kette des provisorischen Anschlags nach und nach aufziehen und die 41 M auf die 60 cm lange Rundstricknadel nehmen. Dann das Gesicht des Fuchses für die Stirnseite im Einstrickmuster stricken, dabei in Rohweiß beginnen und an beiden Seiten noch je 1 Randm zunehmen = 43 M. Nach der letzten R des Zählmusters über alle M in Bernstein weiterarbeiten. Nach 33 cm = 76 R ab Beginn der Stirnseite die zugenommenen Randm an beiden Seiten wieder abnehmen = 41 M und die mittleren 11 M stilllegen. Über die je 15 M an beiden Seiten die Ohren anstricken. Für das 1. Ohr an beiden Seiten zu den 15 M noch je 9 M in Bernstein dazu anschlagen = 33 M. Dann wie beschrieben nach der Strickschrift A stricken. Nach der 20. R die restlichen 5 M mit dem Fadenende zusammenziehen. Die dazu angeschlagenen M nach hinten umklappen und die Naht ab Spitze nach unten schließen. Das 2. Ohr genauso anstricken. Die neu angeschlagenen M jeweils am Beginn der Ohren auf der Rückseite gegennähen. Die vorderen Nähte der Seitenwände im Matratzenstich schließen. Nun über alle stillgelegten M mit der 100 cm langen Rundstricknadel in Bernstein glatt rechts in Rd weiterstricken, dabei in der 1. Rd anstelle der Ohren je 15 M dazu anschlagen = 174 M. Für einen besseren Sitz

der Hülle in der 2. Rd über den Längsseiten gleichmäßig verteilt 6x je 2 M und über den Schmalseiten 4x je 2 M rechts zusammenstricken = 154 M. Dann für die Blende noch 4 Rd kraus rechts anstricken und die M abketten. Für den **Schwanz** (ca. 17 cm lang) 15 M mit der 60 cm langen Rundstricknadel in Bernstein anschlagen und im Schlingenmuster stricken. Für die spitze Form in der **11. R (= Rückr)** die mittleren 3 M links zusammenstricken. Es werden 2 M abgenommen. Diese Abnahme noch 5x in jeder 4. R wiederholen = 3 M. In der folgenden Rückr die restlichen 3 M links zusammenstricken. Das Fadenende durch die letzte M ziehen.

ZU GUTER LETZT

Die Hülle vorsichtig dämpfen. Die dazu angeschlagenen M hinter den Ohren annähen. In den oberen Rand die Elastic-Kordel in entsprechender Länge einziehen. Die Enden gut verknoten. Den Schwanz mittig auf der Rückseite annähen, siehe Abbildung. Die Hülle über die Box ziehen. Nun die braunen Augen auf der Stirnseite platzieren und festnähen, dabei nicht in den Stoff der Box stechen. Einen satten Pompon mit 4 cm ø in Dunkelgrau meliert anfertigen und als Nase mittig über dem rohweißen Feld aufnähen.

Boxen *stopp*

Ohr Fuchs

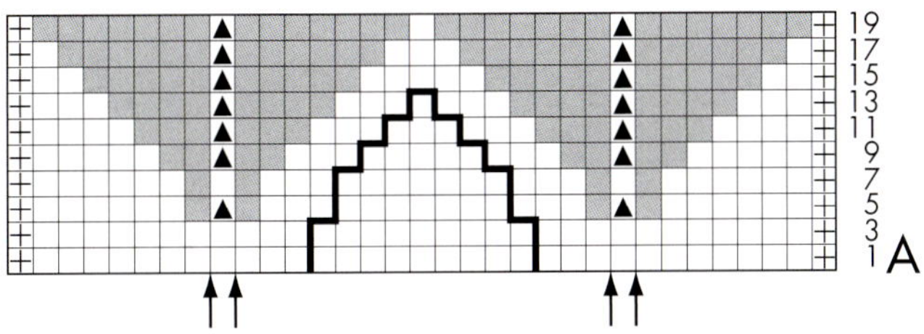

Ohr Hase

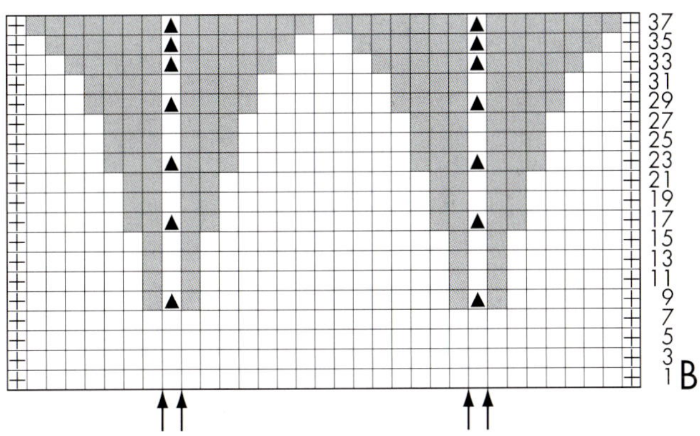

Zeichenerklärung:

 = Randm im Knötchenrand

 = 1 M rechts

 = 3 M rechts überzogen zusammenstricken: 2 M wie zum Rechtsstricken abheben, die folgende M rechts stricken, dann die abgehobene M über die gestrickte M ziehen

 = keine M, das Symbol dient der besseren Darstellbarkeit und kann beim Stricken einfach übergangen werden

Gesicht Fuchs

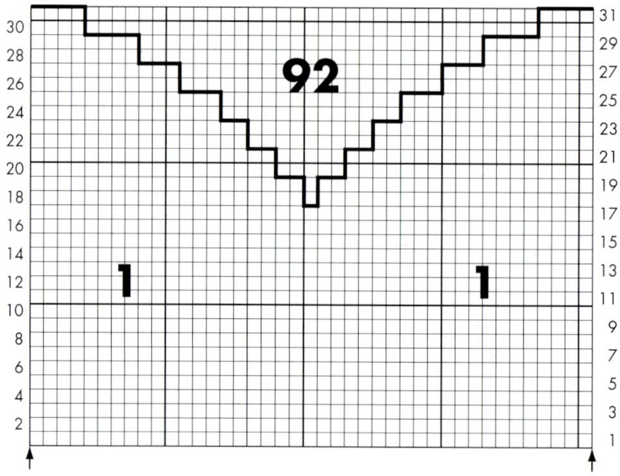

Zeichenerklärung:

1 = je Kästchen 1 M glatt rechts in Rohweiß
92 = je Kästchen 1 M glatt rechts in Bernstein

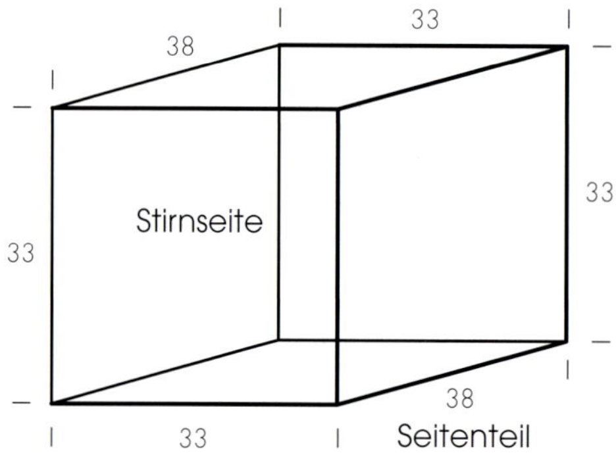

Boxen *stopp*

HÜLLE HASE

Wie beim Fuchs mit dem Boden beginnen, jedoch in Grau meliert arbeiten. Nach 38 cm = 95 R ab Anschlag (= Bodenende) an beiden Seiten aus den Längsrändern je 46 M in Grau meliert dazu auffassen und auch die 41 M des provisorischen Anschlags dazu nehmen = 174 M. Die Eck-M markieren. Dann mit der 100 cm langen Rundstricknadel für die Seitenwände glatt rechts im Zusammenhang in Rd weiterstricken. Nach 33 cm = 76 Rd ab Beginn der Seitenwände die 41 M der Rückseite und die je 46 M der Längsseiten zunächst stilllegen = 133 M. Über der Stirnseite die mittleren 11 M noch stilllegen, dann an beiden Seiten über die je 15 M die Ohren wie beim Fuchs anstricken, jedoch in Grau meliert und nach der Strickschrift B. Die Ohren wie beim Fuchs fertigstellen. Dann über alle stillgelegten M mit der 100 cm langen Rundstricknadel in Grau meliert glatt rechts in Rd weiterstricken, dabei in der 1. Rd anstelle der Ohren je 15 M dazu anschlagen = 174 M. Für einen besseren Sitz der Hülle in der 2. Rd über den Längsseiten gleichmäßig verteilt 6x je 2 M und über den Schmalseiten 4x je 2 M rechts zusammenstricken = 154 M. Dann noch weitere 5 Rd glatt rechts, für die Blende 4 Rd kraus rechts anstricken und die M abketten.

ZU GUTER LETZT

Wie beim Fuchs arbeiten. Hier aber die grauen Augen aufnähen. Die Nase in dunkelgrau meliertem Plattstich und den Mund in Stielstich gemäß Modellbild aufsticken. Für die Hasenblume einen satten Pompon von 10 cm ø in Dunkelgrau meliert anfertigen und in rückwärtiger Mitte annähen, siehe Abbildung.

HÜLLE STREIFEN

Wie beim Fuchs mit dem Boden beginnen, jedoch in Senf arbeiten. Nach 38 cm = 95 R ab Anschlag (= Bodenende) aus einem Längsrand 46 M in Senf dazu auffassen = 87 M. Darüber in R glatt rechts stricken, dabei in der 1. R an beiden Seiten noch je 1 Randm zunehmen = 89 M. Die Eck-M markieren. Nach 33 cm = 76 R ab Beginn der Seitenwand die Randm abnehmen und die 87 M zunächst stilllegen. Nun die 41 M des provisorischen Anschlags aufnehmen und aus dem 2. Längsrand 46 M in Senf dazu auffassen = 87 M. Darüber ebenfalls in R glatt rechts stricken, dabei in 1. R an beiden Seiten noch je 1 Randm zunehmen = 89 M. Die Eck-M markieren. Nach 11 cm = 25 R ab Beginn der Seitenwand 11 cm = 25 R in Grau meliert stricken. Dann den Rest in Senf fortsetzen. Nach 33 cm = 76 R ab Beginn der Seitenwand die Randm abnehmen und die 87 M zunächst stilllegen. Nun die 2 Nähte im Matratzenstich schließen, dabei die Randm abnähen. Dann alle 174 stillgelegten M auf die 100 cm lange Rundstricknadel fassen und in Senf 1 Rd rechte M stricken. Für einen besseren Sitz der Hülle in dieser Rd über den Längsseiten gleichmäßig verteilt 6x je 2 M und über den Schmalseiten 4x je 2 M rechts zusammenstricken = 154 M. Dann für die Blende noch 4 Rd kraus rechts in Senf anstricken. Danach die M abketten.

ZU GUTER LETZT

Wie beim Fuchs arbeiten, jedoch ohne Stickerei und Pompon. Nur 2 Griffe mit der Häkelnadel 6 mm und doppeltem Faden in Senf anhäkeln. Dafür direkt neben der Ecke, an der der grau melierte Streifen auf den senffarbenen Streifen trifft, mit 1 Kettm anschlingen und 12 Luftm häkeln. Dann wieder mit 1 Kettm unterhalb der kraus rechten Blende anschlingen, siehe Modellbild. Die Luftm-Kette rückgehend mit 1 R Kettm überhäkeln und nochmals mit 1 Kettm am Streifenübergang anschlingen. Dann die Arbeit beenden. An der diagonal gegenüberliegenden Ecke einen 2. Griff genauso anhäkeln.

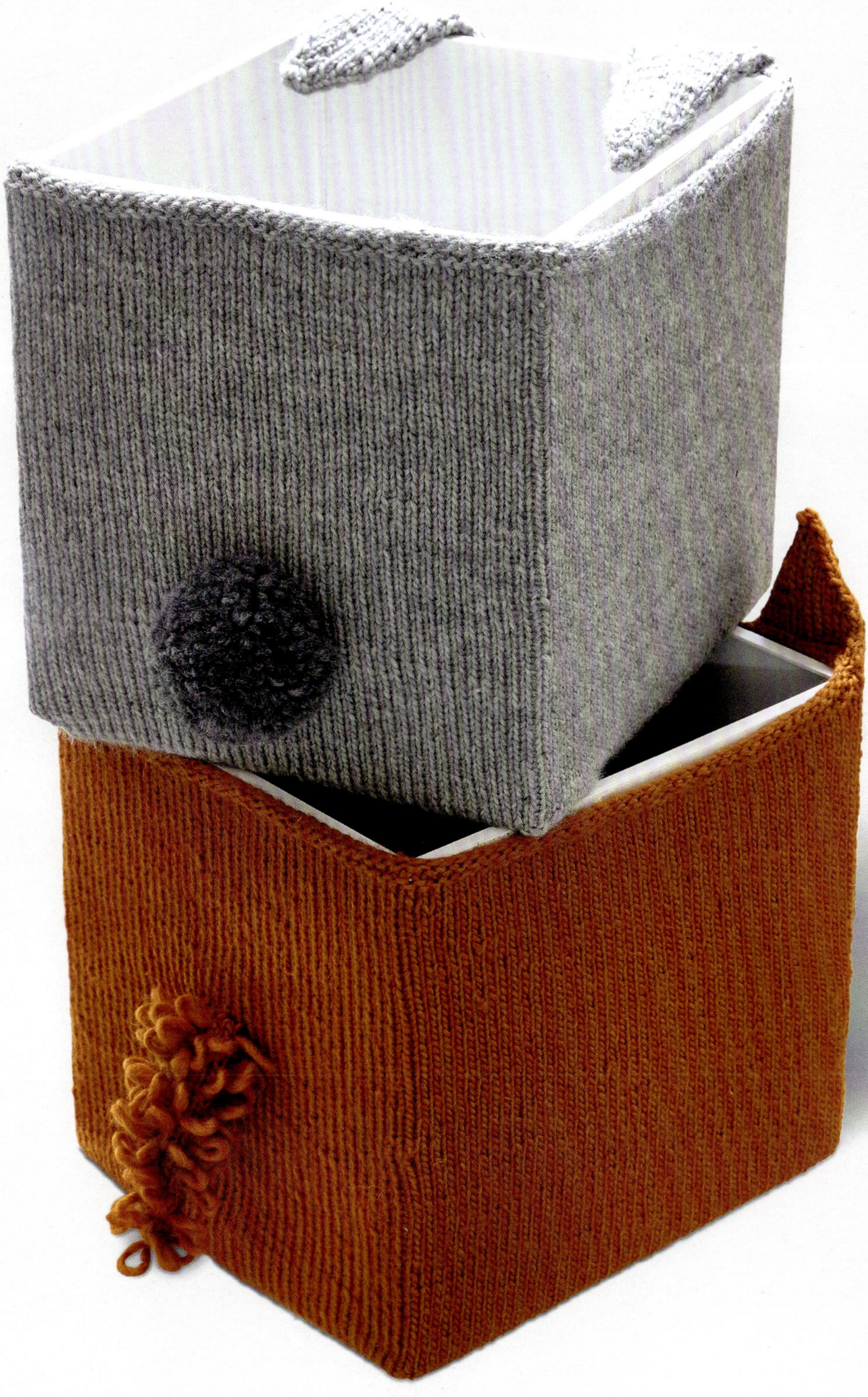

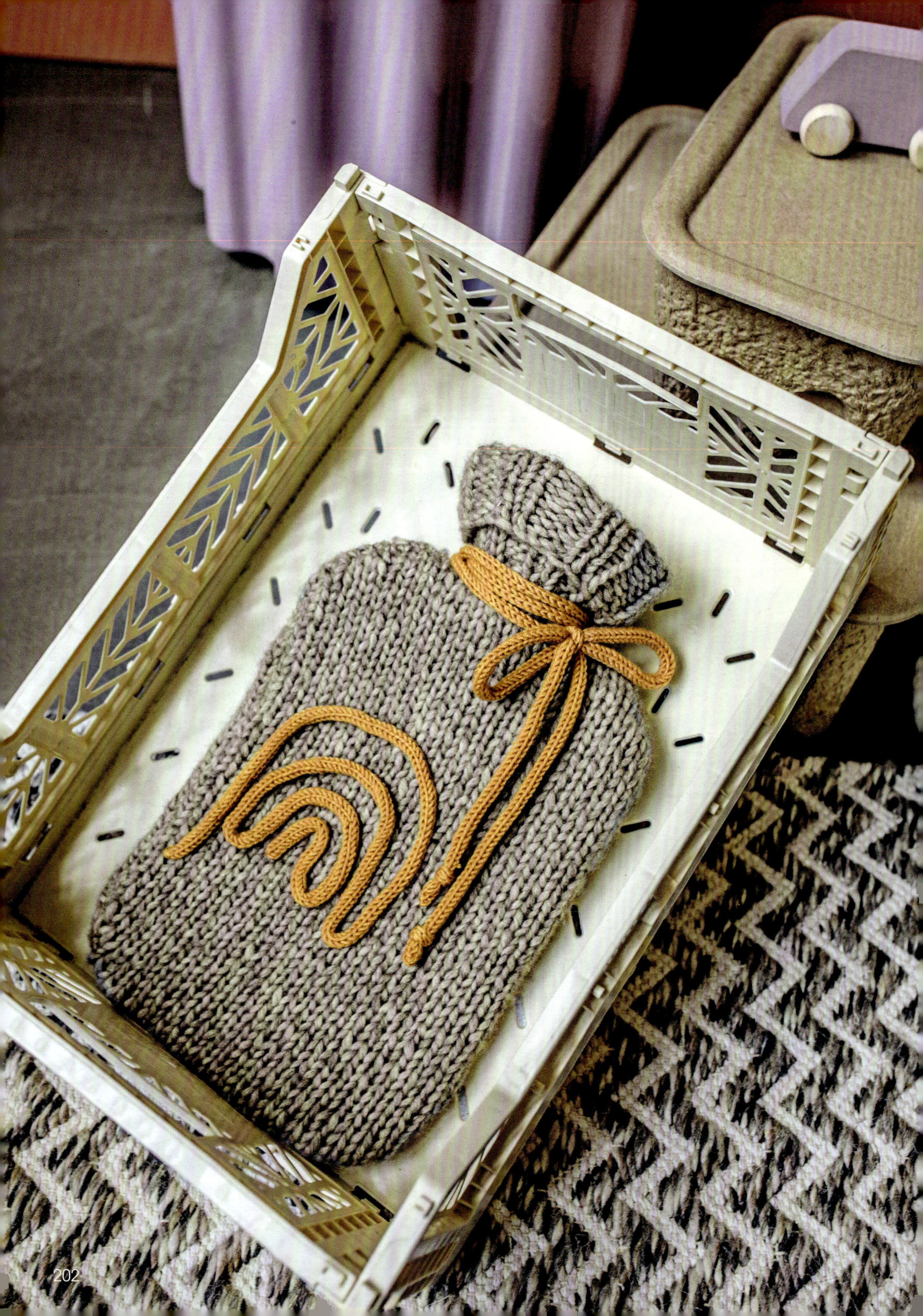

Wärme & Trost

Schön weich und schön wohlig – ob zum Einschlafen, für eine Pause zwischendurch, bei Bauchweh oder wenn die Kids mal nicht so gut drauf sind, eine kuschelige Wärmflasche macht irgendwie alles leichter! Vor allem, wenn sie so extrasoft und hübsch umstrickt ist wie dieser wollige Seelenwärmer!

Wärmflaschenbezug

GRÖSSE

Für eine Wärmflasche mit 19 cm Breite und 32 cm Länge

MATERIAL

Lana Grossa Landlust Winterwolle (50 % Schurwolle (Merino), 35 % Baumwolle, 15 % Yak, LL = 70 m/50 g): 100 g Hellgrau meliert (Fb 9); Lana Grossa Cool Wool (100 % Schurwolle (Merino extrafine), LL = 160 m/50 g): 50 g Dahliengelb (Fb 2083); Stricknadeln 6 mm; je 1 Nadelspiel 6 mm und 3 mm.

MASCHENPROBE

12 M und 21 R glatt rechts mit Stricknadeln 6 mm = 10 cm x 10 cm.

MUSTER

Glatt rechts

In Hinr rechte M, in Rückr linke M stricken. In Rd stets rechte M stricken.

Rippenmuster

2 M rechts, 2 M links im Wechsel stricken.

ANLEITUNG

19 M mit Hellgrau meliert und den Stricknadeln 6 mm anschlagen und in R glatt rechts stricken. Nachfolgend in jeder 2. R an beiden Seiten 4x 1 M zunehmen = 27 M. 23 cm ab Anschlag in jeder 2. R an beiden Seiten 4x 1 M abnehmen = 19 M. 28 cm ab Anschlag an beiden Seiten 3 M abketten = 13 M, diese M stilllegen und alles noch einmal für das 2. Teil wiederholen. Für das **Bindeband** 4 M mit Dahliengelb und 2 Nadeln des Nadelspiels 3 mm anschlagen und rechte M stricken, dabei am Ende jeder R nicht wenden, sondern die M an das andere Ende der Sockennadel zurückschieben. 130 cm ab Anschlag alle M abketten. Je einen Knoten in das Ende machen. Für das **Regenbogen-Motiv** 4 M mit Dahliengelb und 2 Nadeln des Nadelspiels 3 mm anschlagen und rechte M stricken, dabei am Ende jeder R nicht wenden, sondern die M an das andere Ende der Sockennadel zurückschieben. 70 cm ab Anschlag alle M abketten. Das gestrickte Band in Form eines vereinfachten Regenbogens seitlich auf den Bezug legen und dort festnähen.

ZU GUTER LETZT

Beide Teile links auf links legen und die äußere Naht im Matratzenstich schließen. Die stillgelegten 2x 13 M mit dem Nadelspiel 6 mm in Rd 12 cm im Rippenmuster stricken, dabei jeweils am Übergang der beiden Teile 2 M zusammenstricken = 24 M. Dann alle M locker abketten.

Regenbogen *in Pastell*

Auch nicht ganz so knallig bunt ist ein Regenbogen doch sofort zu erkennen und macht gleich gute Laune. Die Bogenform ist ideal für ein Nackenkissen geeignet, mit dem es sich Kinder bequem machen, um zu lesen, ein Bilderbuch anzuschauen oder Musik zu hören, und das auch auf Reisen gute Dienste leistet.

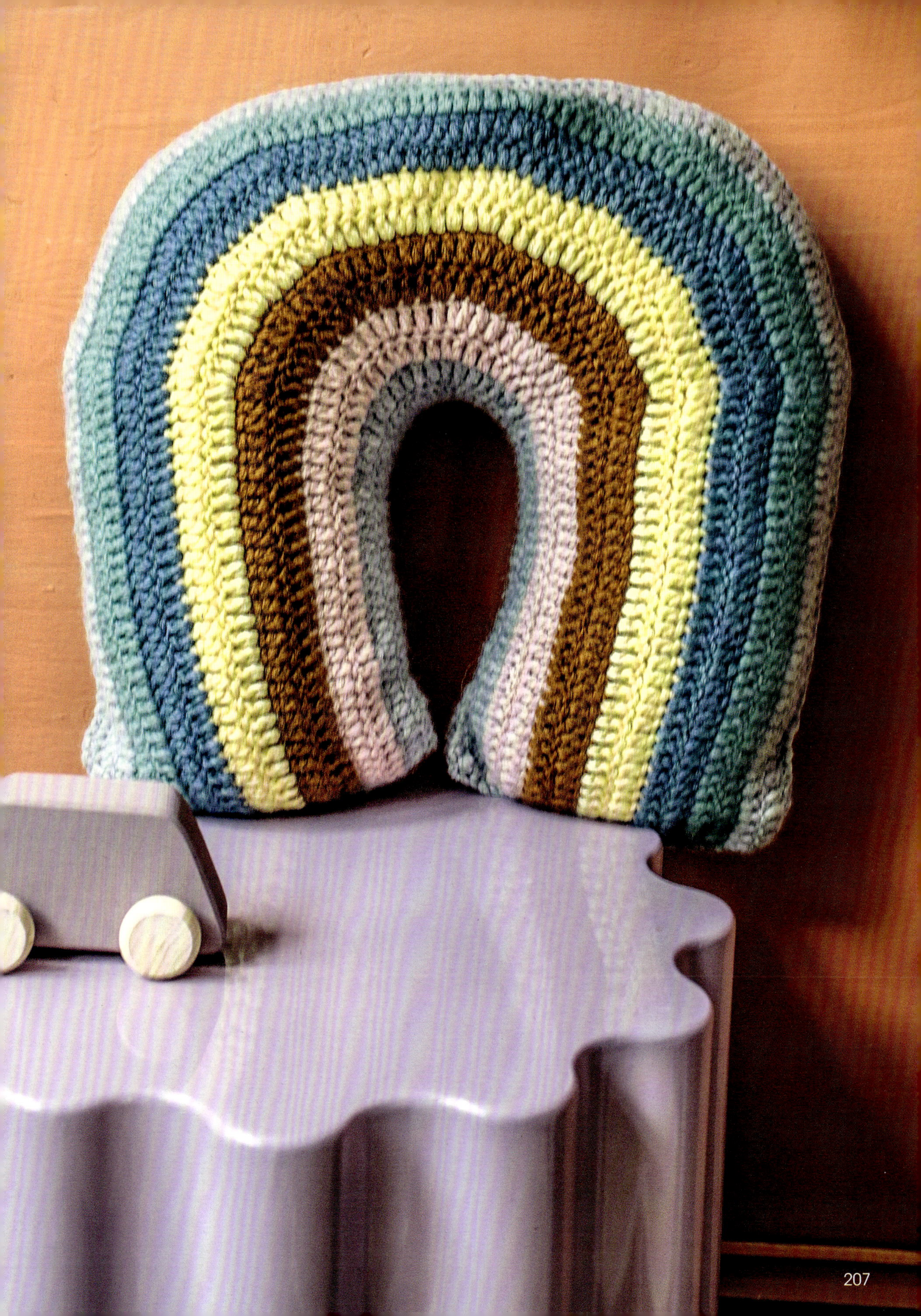

Kissen

GRÖSSE

Umfang ca. 40 cm, Länge ca. 70 cm (gebogen)

MATERIAL

Lana Grossa Alta Moda Cashmere 16 (78 % Schurwolle (Merino), 12 % Kaschmir, 10 % Polyamid, LL = 110 m/50 g): 100 g Hellgrau meliert (Fb 1) und je 50 g Pastellblau (Fb 54), Cognacbraun (Fb 49), Zartgelb (Fb 55), Zartrosa (Fb 39) und Minttürkis (Fb 34); Häkelnadel 3,5 mm; waschbare Füllwatte.

MASCHENPROBE

19 M und 11,5 R Stb mit Häkelnadel 3,5 mm = 10 cm x 10 cm.

MUSTER

Stäbchen häkeln

In R Stb häkeln, dabei beginnt jede neue R mit 2 Wende-Luftm als Ersatz für das 1. Stb und endet mit 1 Stb in die 2. Wende-Luftm der Vor-R.

1 Masche verdoppeln

2 Stb in 1 Stb der Vor-R häkeln.

Farbfolge

Jeweils 2 R in Zartrosa, Cognacbraun, Zartgelb, Pastellblau, Minttürkis, Hellgrau meliert.

Regenbogen *in Pastell*

ANLEITUNG

Für die **Vorderseite** 69 Luftm mit Hellgrau meliert anschlagen und 2 R Stb häkeln. Dann wie folgt Stb in der Farbfolge arbeiten:

1. R: 28 Stb, * 1 M verdoppeln, 2 Stb, ab * 4x arbeiten, 1 M verdoppeln, 28 Stb = 74 M.
2. R: 28 Stb, * 1 M verdoppeln, 3 Stb, ab * 4x arbeiten, 1 M verdoppeln, 29 Stb = 79 M.
3. R: 29 Stb, * 1 M verdoppeln, 2 Stb, ab * 5x arbeiten, 1 M verdoppeln, 3 Stb, 1 M verdoppeln, 30 Stb = 86 M.
4. R: 29 Stb, * 1 M verdoppeln, 3 Stb, ab * 7x arbeiten, 1 M verdoppeln, 28 Stb = 94 M.
5. R: 29 Stb, * 1 M verdoppeln, 4 Stb, ab * 7x arbeiten, 1 M verdoppeln, 29 Stb = 102 M.
6. R: 29 Stb, * 1 M verdoppeln, 5 Stb, ab * 7x arbeiten, 1 M verdoppeln, 30 Stb = 110 M.
7. R: 30 Stb, * 1 M verdoppeln, 6 Stb, ab * 7x arbeiten, 1 M verdoppeln, 30 Stb = 118 M.
8. R: 31 Stb, * 1 M verdoppeln, 7 Stb, ab * 7x arbeiten, 1 M verdoppeln, 30 Stb = 126 M.
9. R: 30 Stb, * 1 M verdoppeln, 8 Stb, ab * 7x arbeiten, 1 M verdoppeln, 32 Stb = 134 M.
10. R: 32 Stb, * 1 M verdoppeln, 9 Stb, ab * 7x arbeiten, 1 M verdoppeln, 31 Stb = 142 M.
11. R: 32 Stb, * 1 M verdoppeln, 10 Stb, ab * 7x arbeiten, 1 M verdoppeln, 32 Stb = 150 M.

Dann noch 1 R ohne Zunahmen häkeln. Die **Rückseite** ebenso häkeln.

ZU GUTER LETZT

Beide Teile an der inneren Kante zusammennähen, die äußere Kante in Hellgrau meliert mit Kettm zusammenhäkeln, dabei eine ca. 10 cm lange Öffnung lassen, das Nackenhörnchen mit Füllwatte ausstopfen, dann die restliche Naht schließen.

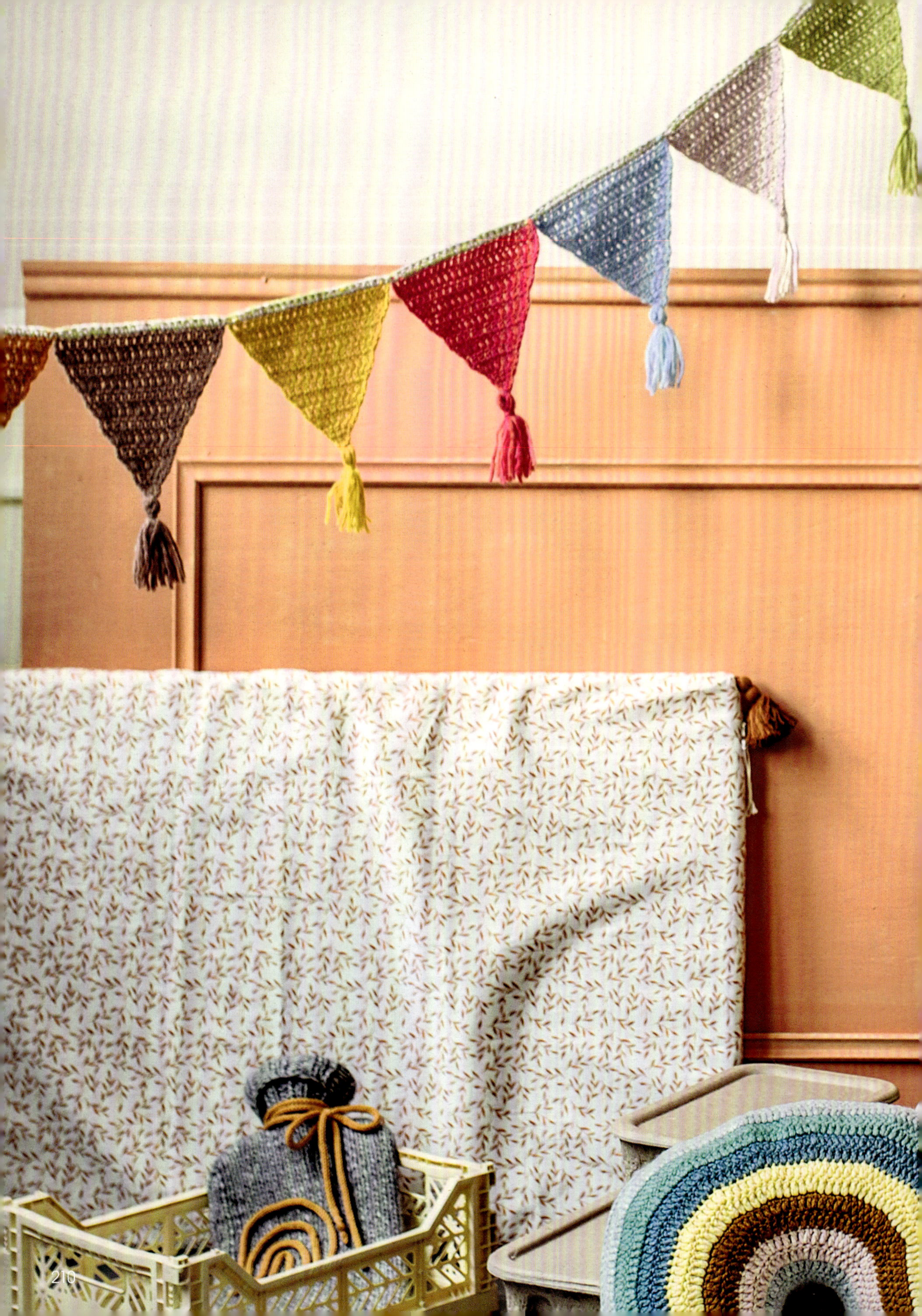

Wippende *Wimpel*

Schön farbenfroh und mit dicken Quasten an der Spitze versehen bringen diese fröhlichen Wimpel Bewegung in die Kinderzimmer-Deko! An der Wand entlang oder quer durch den Raum gespannt, eine bunte Girlande sieht immer so aus, als würde eine frische Brise durch den Raum wehen!

Girlande

GRÖSSE

Länge: ca. 6,5 m

MATERIAL

Lana Grossa Brigitte No. 2 (47 % (Baby) Alpaka, 45 % Baumwolle, 8 % Schurwolle (Merino), LL = 140 m/50 g): je 50 g Kiwi (Fb 39), Maisgelb (Fb 21), Pink (Fb 19), Hellblau (Fb 23), Altrosa (Fb 12), Terrakotta (Fb 42), Zimtorange (Fb 32); Häkelnadel 5,5 mm.

MASCHENPROBE

Wimpel mit Nadel 5,5 mm = 16 cm Höhe + 16 cm Breite.

MUSTER

Häkel-Granny

Nach der Häkelschrift 13 R häkeln. Die Ziffern rechts außen beschreiben die Hinr, die Ziffern links außen die Rückr. Hinr also von rechts nach links lesen, Rückr von links nach rechts. Zunächst 4 Luftm anschlagen und 2 Stb in die 4. Luftm ab der Häkelnadel häkeln (= 1. R). Dann in der 2. bis 11. R an beiden Seiten je 1 M zunehmen, am R-Anfang sind das die 3 Luftm, am R-Ende 2 Stb in die letzte M (= Luftm der Vor-R) häkeln, dazwischen je 1 Stb auf jedes Stb der Vor-R häkeln. So vergrößert sich das Motiv in jeder R um 2 M. Die 12. R ohne Zunahmen arbeiten, in der 13. R feste Kettm häkeln. Den Anfangsfaden jedes Wimpels nicht zu kurz bemessen (ca. 25 cm lang), damit wird später die Quaste am unteren Ende befestigt.

Farbreihenfolge

Pink, Hellblau, Altrosa, Kiwi, Zimtorange, Terrakotta, Maisgelb.

Wippende Wimpel

ANLEITUNG

Je Farbe 5 Wimpel mit Nadel 5,5 mm häkeln. Für die Quaste pro Wimpel 13 Fäden von je 20 cm Länge zuschneiden, diese zur Hälfte legen und mit dem Anfangsfaden am unteren Ende des Wimpels befestigen, dann mit demselben Faden in ca. 2 cm Höhe fest abbinden und den Faden vernähen.

ZU GUTER LETZT

Aus den Resten mit doppeltem Faden eine Luftm-Kette von ca. 30 cm Länge häkeln, dann nacheinander die Wimpel in der Farbreihenfolge an der oberen Kante mit festen M behäkeln und so zusammenfügen. Nach dem letzten Wimpel mit einer Luftm-Kette von ca. 30 cm Länge enden.

Häkel-Wimpel

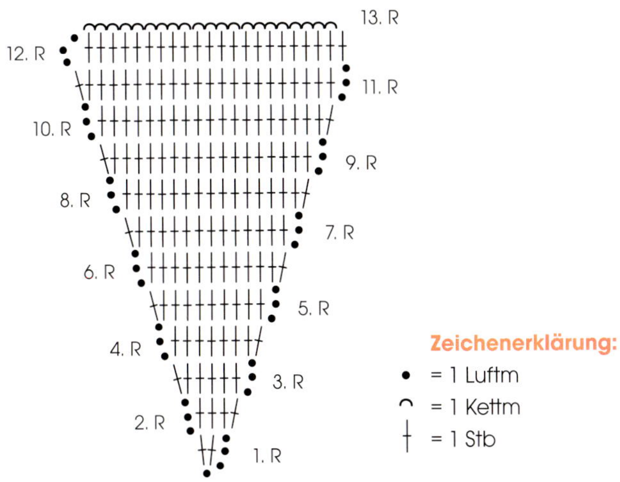

Rüssel-*Rudel*

Die lustigen, knuffigen Häkelelefanten haben wir in drei Größen gehäkelt, damit sie eine richtige Herde mit Mini-, Midi- und Maxi-Dickhäutern bilden. Sie sind als Kuscheltiere warm, weich und knuddelig, die Kids können damit aber auch wunderbar Familie oder wilde Horde spielen!

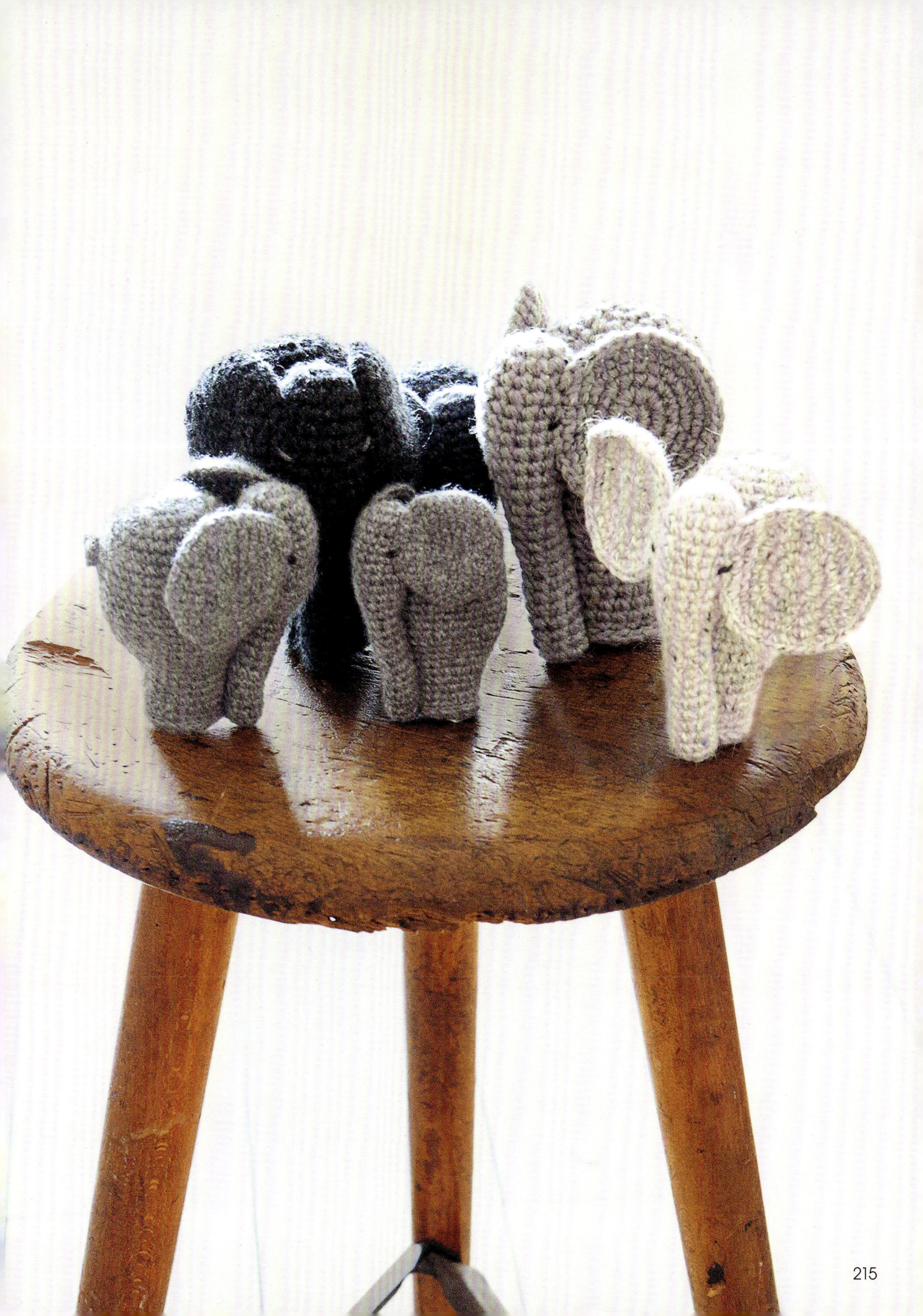

Elefanten

GRÖSSE

ca. 12 cm, 14 cm und 25 cm hoch

MATERIAL

Für den kleinen Elefanten Lana Grossa Sara (65 % Baumwolle, 30 % Baby Alpaka, 5 % Schurwolle (Merino), LL = 125 m/50 g): 50 g Beige/Goldgelb meliert (Fb 19) oder Grau meliert (Fb 7); 1 Häkelnadel 3 mm; Rest schwarze Stopfwolle; Füllwatte. **Für den mittelgroßen Elefanten** Lana Grossa Country Tweed (100 % Schurwolle (Merino), LL = 90 m/50 g): 50 g Hellgrau meliert (Fb 4) oder Anthrazit meliert (Fb 5); 1 Häkelnadel 4 mm, Rest schwarze Stopfwolle; Füllwatte. **Für den großen Elefanten** Lana Grossa Feltro Chess (100 % Schurwolle, LL = 50 m/50 g) – schrumpft beim Waschen ca. 30 – 40 %: 200 g Rohweiß-/Flieder-/Violett-/Pflaume (Fb 833); 1 Häkelnadel 8 mm; Rest schwarze Stopfwolle; Füllwatte.

MASCHENPROBE

6 Rd feste M mit Häkelnadel 3 mm und Sara = 6 cm ø; 6 Rd feste M mit Häkelnadel 4 mm und Country Tweed = 7cm ø; 6 Rd feste M mit Häkelnadel 8 mm und Feltro Chess = 12 cm ø.

MUSTER

Feste Maschen

In Rd häkeln. Jede Rd mit 1 Luftm beginnen (sie dient nur dem Aufsteigen in die nächste Rd und ersetzt keine feste M) und mit 1 Kettm in die Anfangs-Luftm schließen. Der Rd-Beginn verschiebt sich beim Häkeln leicht nach rechts.

1 Masche verdoppeln

In 1 M der Vor-Rd 2 feste M häkeln.

1 Masche abnehmen

Aus 2 nebeneinanderliegenden M der Vor-Rd je 1 Schlinge durchholen. Dann mit 1 Umschlag alle auf der Nadel liegenden Schlingen zusammen abmaschen.

Rüssel-Rudel

ANLEITUNG

Hinweis: Alle Elefanten werden auf die gleiche Weise gehäkelt. Die unterschiedlichen Größen ergeben sich durch die verschiedenen Qualitäten und Nadelstärken. Darauf achten, möglichst fest zu häkeln, damit die Füllwatte später nicht durch die Maschen nach außen dringen kann!

Für den **Körper** 2 Luftm anschlagen.

1. Rd: 8 feste M zurück in die 1. Luftm häkeln. Diese und jede weitere Rd jeweils mit 1 Kettm schließen und wie folgt feste M häkeln:

2. Rd: Jede M verdoppeln = 16 feste M.

3. Rd: Jede 2. M verdoppeln = 24 feste M.

4. Rd: Ohne Zunahmen 24 feste M häkeln.

5. Rd: Jede 3. M verdoppeln = 32 feste M.

6. – 16. Rd: Ohne Zunahmen 32 feste M häkeln.

17. Rd: Jede 3. und 4. M zusammen abmaschen = 24 feste M.

18. Rd: 24 feste M häkeln. Dann mit dem Ausstopfen des Körpers beginnen und beim Häkeln nach und nach weiterführen.

19. Rd: Jede 5. und 6. M zusammen abmaschen = 20 feste M.

20. – 25. Rd: 20 feste M häkeln. Dabei weiterhin nach und nach fest ausstopfen.

Den **Boden** wie den Körper mit der 1. und 2. Rd beginnen.

3. Rd: Jede 4. M verdoppeln = 20 feste M. Den Faden nicht abschneiden, sondern damit den Boden mit 1 Rd Kettm an den Körper häkeln, dabei kurz vor Rd-Ende nochmals fest nachstopfen und die Form überprüfen. Dann erst die Rd komplett schließen. Den Faden abschneiden und vernähen.

Den **Kopf** wie den Körper mit der 1. und 2. Rd beginnen.

3. – 10. Rd: 16 feste M häkeln.

11. Rd: Jede 3. und 4. M zusammen abmaschen = 12 feste M.

12. Rd: 12 feste M häkeln. Nun mit dem Ausstopfen beginnen.

13. Rd: Jede 2. und 3. M zusammen abmaschen = 8 feste M.

14. – 25. Rd: 8 feste M häkeln (= Rüssel). Den Kopf mit dem Rüssel fest ausstopfen und mit dem Restfaden die 8 M zusammenziehen, dabei die Abmaschglieder erfassen. Nun beim kleinen und mittleren Elefanten den Kopf mit dem Rüssel der Länge nach jeweils am Rd-Übergang auf die Rd-Übergänge des Körpers nähen. Beim großen Elefanten den Rüssel lose hängen lassen und nur den Kopf festnähen.

Rüssel-Rudel

Für jedes **Ohr** (2x häkeln) wie beim Körper mit der 1. und 2. Rd beginnen.
3. Rd: Jede 4. M verdoppeln = 20 feste M.
4. Rd: Jede 4. M verdoppeln = 25 feste M.
5. Rd: Jede 5. M verdoppeln = 30 feste M.
6. Rd: Jede 3. M verdoppeln = 40 feste M.
Dann die Arbeit beenden.

ZU GUTER LETZT

Alle Fäden sorgfältig vernähen. Die Ohren an beiden Seiten über je 5 feste M an den Kopf nähen. Die Augen mit schwarzer Stopfwolle als Spann- oder Kreuzstich aufsticken, siehe Modellbild. Für den Schwanz mit doppeltem Faden in der rückwärtigen Mitte an der 9. Rd des Körpers mit 1 Kettm anschlingen und 7 Luftm anhäkeln, dann wieder zurück mit 1 Kettm an der gleichen Stelle anschlingen (= Ring). Die restlichen Fäden vernähen.

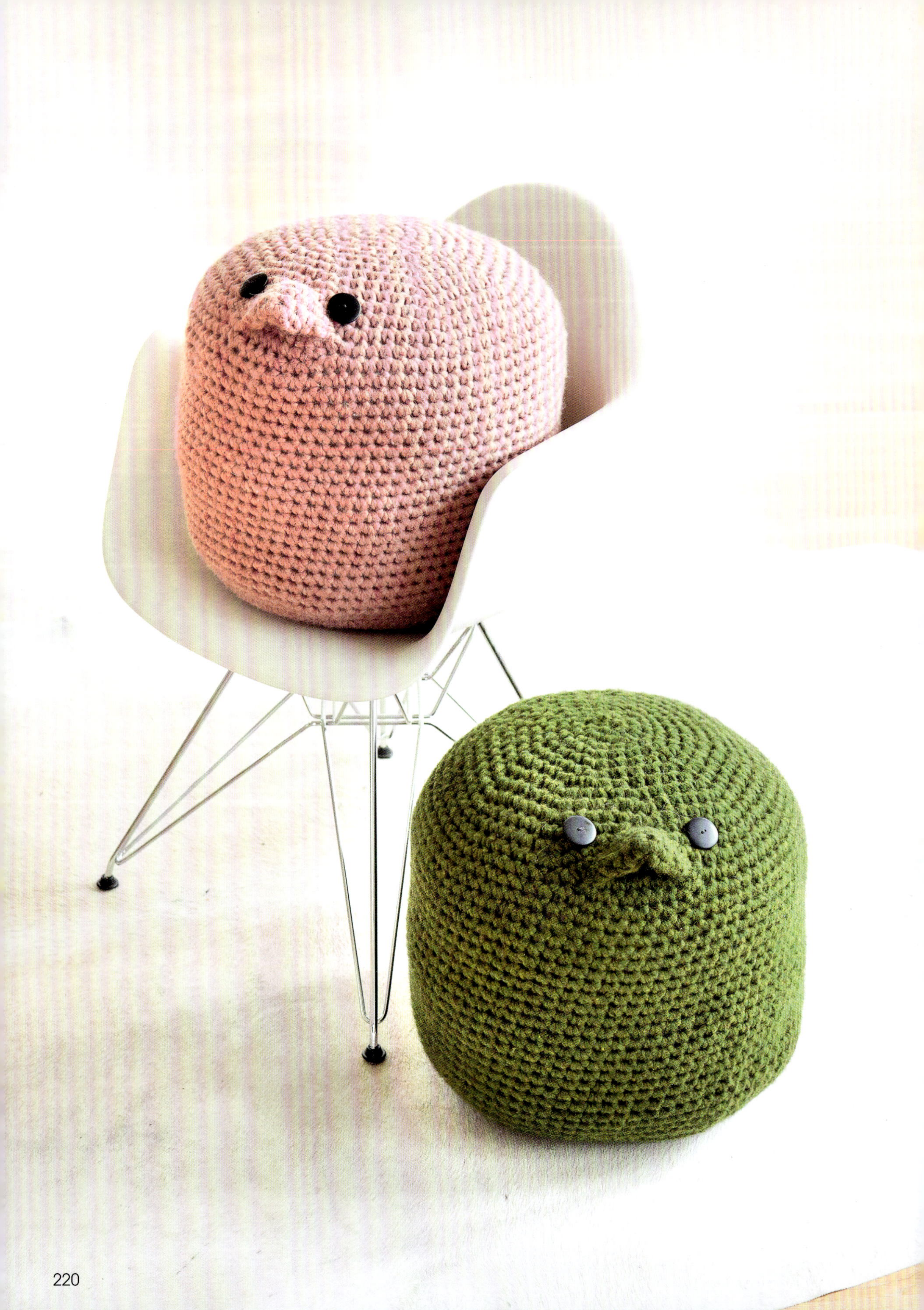

Piepmatz *Poufs*

Die runden, etwas festeren Kissen sind schön flexibel und vielseitig einsetzbar: Die lieben Kleinen sitzen drauf, nutzen sie zum Festungsbau, lehnen sich dran an, legen die Füße hoch, stapeln sie aufeinander oder hängen drauf ab – Sie werden sich wundern, was Ihren Sprösslingen alles so einfällt.

Poufs

GRÖSSE

ca. 40 cm ø, ca. 36 cm hoch

MATERIAL

Lana Grossa Mille II (50 % Schurwolle (Merino), 50 % Polyacryl, LL = 55 m/50 g): pro Pouf 1000 g Graugrün (Fb 116) oder Altrosa (Fb 121); 1 Häkelnadel 10 mm; pro Pouf 3 Kisseninletts VARIO mit Schaumstoffflocken, 40 cm ø, pro Pouf 2 Knöpfe von Union Knopf, Art. 452169, 34 mm ø, Schwarz (Fb 80).

MASCHENPROBE

7 feste M und 8 Rd mit Häkelnadel 10 mm und doppeltem Faden = 10 cm x 10 cm.

MUSTER

Feste Maschen

In Rd häkeln. Jede Rd mit 1 Luftm beginnen (sie dient nur dem Aufsteigen in die nächste Rd und ersetzt keine feste M) und mit 1 Kettm in die Luftm des Rd-Beginns schließen.

1 Masche verdoppeln

In 1 M der Vor-Rd 2 feste M häkeln.

1 Masche abnehmen
(= 2 Maschen zusammen abmaschen)

Aus 2 nebeneinanderliegenden M je 1 Schlinge holen, dann mit 1 Umschlag alle auf der Nadel liegenden Schlingen zusammen abmaschen, also den Umschlag durch alle Schlingen ziehen.

Piepmatz Poufs

ANLEITUNG

Hinweis: Stets sehr fest mit doppeltem Faden häkeln. Beide Poufs werden auf die gleiche Weise gehäkelt, nur in verschiedenen Farben.

Mit der Sitzfläche beginnen. Dafür 2 Luftm mit doppeltem Faden anschlagen und für die 1. Rd: 8 feste M zurück in die 1. Luftm häkeln. Diese und jede weitere Rd mit je 1 Kettm schließen. Den Rd-Beginn markieren. Jede folgende Rd mit 1 Luftm beginnen und wie folgt feste M häkeln:

2. Rd: Jede 2. M verdoppeln = 12 feste M.
3. Rd: Jede 3. M verdoppeln = 16 feste M.
4. Rd: Jede 4. M verdoppeln = 20 feste M.
5. Rd: Jede 5. M verdoppeln = 24 feste M.
6. Rd: Jede 4. M verdoppeln = 30 feste M.
7. Rd: Jede 5. M verdoppeln = 36 feste M.
8. Rd: Jede 4. M verdoppeln = 45 feste M.
9. Rd: Jede 5. M verdoppeln = 54 feste M.
10. Rd: Jede 6. M verdoppeln = 63 feste M.
11. Rd: Jede 7. M verdoppeln = 72 feste M.
12. Rd: 72 feste M ohne Zunahmen häkeln.
13. Rd: Jede 6. M verdoppeln = 84 feste M.

Damit ist die Sitzfläche beendet.

Den Faden hängen lassen und zuerst den **Schnabel** in hin- und hergehenden R anhäkeln. Dafür mit neuem doppeltem Faden 9 feste M in die letzte gehäkelte Rd der Sitzfläche arbeiten, dabei die M so einteilen, dass sie je zur Hälfte beidseits der Rd-Mitte liegen. Nun an beiden Seiten in jeder R 3x je 1 M abnehmen = 3 M. Dann in der folgenden R (= 5. R) die letzten 3 M zusammen abmaschen = 1 M, dabei wie bei 2 M arbeiten (= Schnabelspitze). Dann für die Schnabelunterseite in die letzte M 3 feste M häkeln. Nun an beiden Seiten für die Form in jeder R 3x die 1. Und die letzte M verdoppeln = 9 M.

Für das **Seitenteil** den hängengelassenen Faden am Ende der 13. Rd wieder in aufnehmen und je 84 feste M in Rd häkeln, dabei in 1. Rd die 9 M der Schnabelunterseite mit einhäkeln. Nach 30 cm = 24 Rd (ist zunächst noch niederer als nach dem Befüllen) ab Schnabelansatz die Arbeit beenden.

Für den **Boden** bis zur 13. Rd wie die Sitzfläche arbeiten.

Piepmatz Poufs

ZU GUTER LETZT

Die Nähte beidseits am Schnabel schließen. Den Schnabel in Form bringen (siehe Modellbild) und etwas mit passendem Nähgarn fixieren. Den Boden von innen mit doppeltem Faden mit Kettm an das Seitenteil häkeln, dabei zunächst eine Öffnung lassen. Die Kissenfüllungen einschieben und die noch offene Naht im Matratzenstich schließen. Nun die Knöpfe gemäße der Schnittskizze beidseits des Schnabels annähen, dabei jeweils die Rückseite der Knöpfe nach außen nehmen.

Pouf

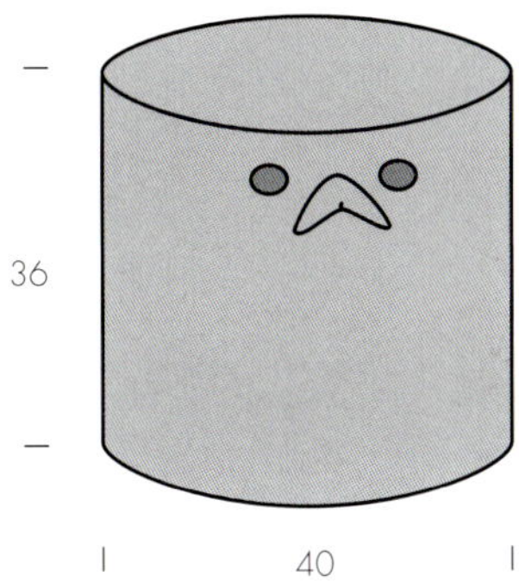

Pink & putzig

Man weiß nie, warum das eine Kuscheltier zum ständigen Begleiter wird, ohne den nichts mehr geht. Kinder wählen sich ihr Herzensspielzeug aus ganz eigenen Gründen. Dieses hier ist leuchtend bunt, perfekt-unperfekt und zeigt Charakter; hat also beste Voraussetzungen, um zum Liebling zu werden!

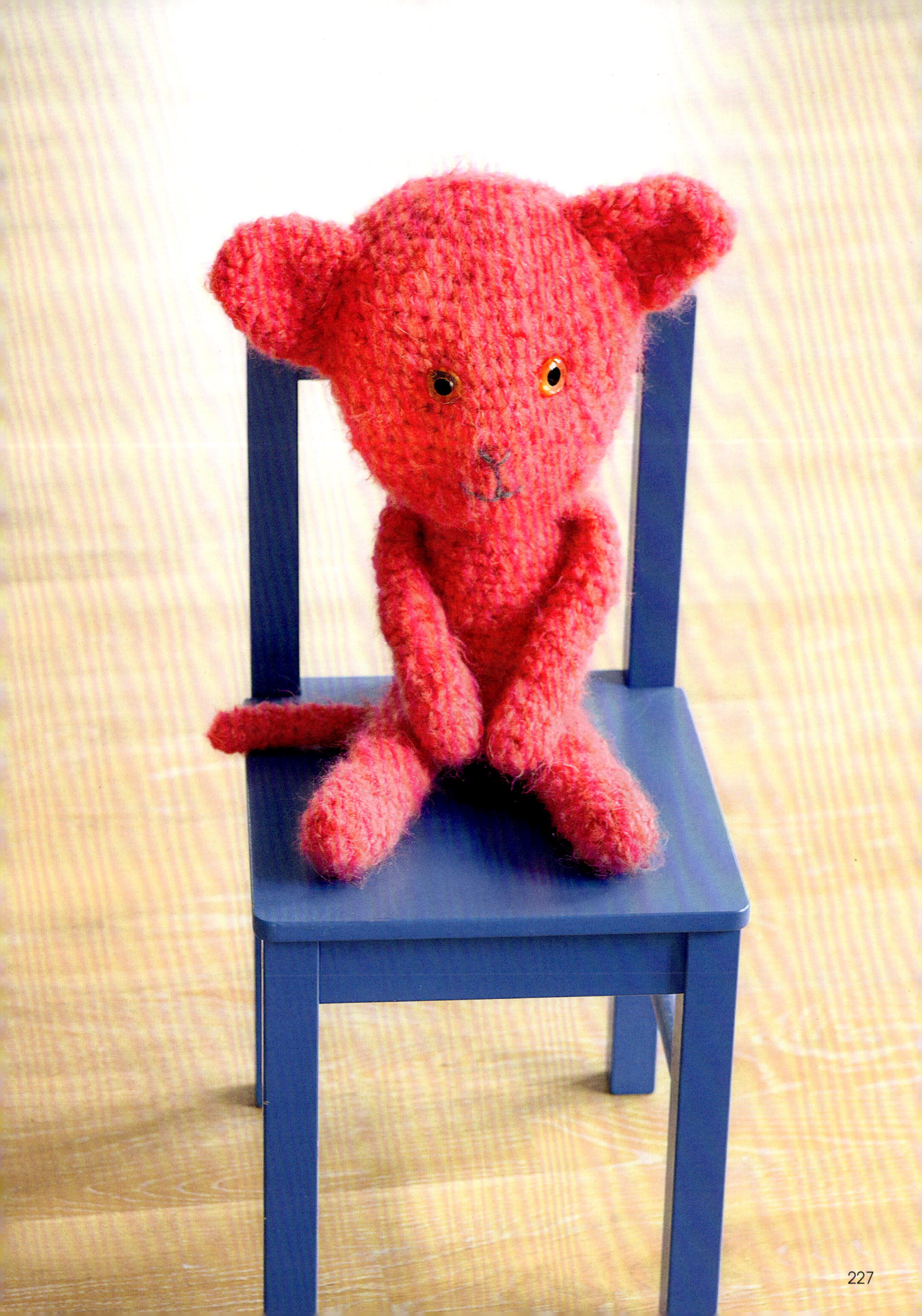

Kater Karlo

GRÖSSE
ca. 55 cm groß, ca. 10 cm breit – ohne Arme

MATERIAL
Lana Grossa Ecopuno Chunky (48 % Baumwolle, 33% Schurwolle (Merino extrafine), 19 % (Baby) Alpaka, 14 % Schurwolle (Merino extrafine), 7 % Polyamid, LL = 70 m/ 50 g): 150 g Pink (Fb 117); 1 glatten Garnrest in Grau zum Aufsticken von Mund und Nase; 1 Häkelnadel 6 mm; 1 Wollnadel von Lana Grossa; 2 Tieraugen von Union Knopf, Art. 45462, 23 mm ø, Hellbraun (Fb 16), Füllwatte von Prym.

MASCHENPROBE
10 feste M und 12 Rd mit Häkelnadel 6 mm = 10 cm x 10 cm.

MUSTER
Feste Maschen

In Rd häkeln. Jede Rd mit 1 Luftm beginnen (sie dient nur dem Aufsteigen in die nächste Rd und ersetzt keine feste M) und mit 1 Kettm in die Luftm des Rd-Beginns schließen.

1 Masche verdoppeln

In 1 M der Vor-Rd 2 feste M häkeln.

1 Masche abnehmen
(= 2 Maschen zusammen abmaschen)

Aus 2 nebeneinanderliegenden M je 1 Schlinge holen, dann mit 1 Umschlag alle auf der Nadel liegenden Schlingen zusammen abmaschen, also den Umschlag durch alle Schlingen ziehen.

Pink & putzig

ANLEITUNG

Für das **linke Bein** 2 Luftm anschlagen und für die 1. Rd: 6 feste M zurück in die 1. Luftm häkeln. Diese und jede weitere Rd mit je 1 Kettm schließen. Den Rd-Beginn markieren. Jede folgende Rd mit 1 Luftm beginnen und wie folgt feste M häkeln:

2. Rd: Jede M verdoppeln = 12 feste M.

Nun ohne Zunahmen in Rd weiterarbeiten. Nach 19 cm = 23 Rd ab Anschlag die Arbeit beenden. Das **rechte Bein** genauso häkeln, den Faden jedoch nicht abschneiden.

Für den **Körper** gleich am Rd-Ende des rechten Beins weiterarbeiten. Für den Schritt 2 Luftm häkeln, die 12 M des linken Beins überhäkeln, 2 Luftm häkeln, dann die 12 M des rechten Beins überhäkeln = 28 M.

1. – 16. Rd: Je 28 feste M häkeln.

17. Rd: Für die Brustverengung jede 6. und 7. feste M zusammen abmaschen = 24 feste M.

18. Rd: Jede 5. und 6. feste M zusammen abmaschen = 20 feste M.

19. Rd: Jede 4. und 5. feste M zusammen abmaschen = 16 feste M. Die Arbeit beenden und Beine und Bauch satt mit Füllwatte ausstopfen.

Für jeden **Arm** (2x arbeiten) 2 Luftm anschlagen und für die 1. Rd: 6 feste M zurück in die 1. Luftm häkeln. Diese und jede weitere Rd mit je 1 Kettm schließen. Den Rd-Beginn markieren. Jede folgende Rd mit 1 Luftm beginnen und wie folgt feste M häkeln:

2. Rd: Jede 2. M verdoppeln = 9 feste M.

Nun ohne Zunahmen in Rd weiterarbeiten. Nach 19 cm = 23 Rd ab Anschlag die Arbeit beenden.

Für den **Schwanz** 2 Luftm anschlagen und für die 1. Rd: 4 feste M zurück in die 1. Luftm häkeln. Diese und jede weitere Rd mit je 1 Kettm schließen. Den Rd-Beginn markieren. Jede folgende Rd mit 1 Luftm beginnen und wie folgt feste M häkeln:

2. Rd: Jede 2. M verdoppeln = 6 feste M.

Nun ohne Zunahmen in Rd weiterarbeiten. Nach 21 cm = 25 Rd ab Anschlag die Arbeit beenden.

Für den **Kopf** 2 Luftm anschlagen und für die 1. Rd: 8 feste M zurück in die 1. Luftm häkeln. Diese und jede weitere Rd mit je 1 Kettm schließen. Den Rd-Beginn markieren. Jede folgende Rd mit 1 Luftm beginnen und wie folgt feste M häkeln:

2. Rd: Jede M verdoppeln = 16 feste M.
3. Rd: Jede 2. M verdoppeln = 24 feste M.
4. Rd: Jede 3. M verdoppeln = 32 feste M.
5. Rd: Jede 4. M verdoppeln = 40 feste M.
6. Rd: Ohne Zunahmen 40 feste M häkeln.
7. Rd: Jede 5. M verdoppeln = 48 feste M.
8. Rd: Ohne Zunahmen 48 feste M häkeln.
9. Rd: Jede 6. M verdoppeln = 56 feste M.
10. – 16. Rd: Ohne Zunahmen 56 feste M häkeln.
Nun für die Form wieder M abnehmen:
17. Rd: Jede 6. und 7. feste M zusammen abmaschen = 48 feste M.
18. Rd: Ohne Abnahmen 48 feste M häkeln.
19. Rd: Jede 5. und 6. feste M zusammen abmaschen = 40 feste M.
20. Rd: Ohne Abnahmen 40 feste M häkeln.
21. Rd: Jede 4. und 5. feste M zusammen abmaschen = 32 feste M.
22. Rd: Ohne Abnahmen 32 feste M häkeln.
23. Rd: Jede 3. und 4. feste M zusammen abmaschen = 24 feste M.
24. Rd: Jede 2. und 3. feste M zusammen abmaschen = 16 feste M.
25. Rd: Stets je 2 feste M zusammen abmaschen = 8 feste M.
Nun den Kopf satt mit Füllwatte ausstopfen und mit der letzten Rd an die letzte Rd des Körpers nähen.

Für das **Ohr** (2x häkeln): An der Spitze beginnen. Dafür 2 Luftm anschlagen und für die 1. Rd: 8 feste M zurück in die 1. Luftm häkeln. Diese und jede weitere Rd mit je 1 Kettm schließen. Den Rd-Beginn markieren. Jede folgende Rd mit 1 Luftm beginnen und wie folgt feste M häkeln:

2. Rd: Jede 2. M verdoppeln = 12 feste M.
3. Rd: Jede 3. M verdoppeln = 16 feste M.
4. Rd: Ohne Zunahmen über 16 feste M häkeln.
5. Rd: Jede 4. M verdoppeln = 20 feste M.
6. – 9. Rd: Ohne Zunahmen 20 feste M häkeln.

ZU GUTER LETZT

Die Ohren seitlich am Kopf annähen. Bei den Armen jeweils nur den unteren Teil ausstopfen. Dann die Arme an beiden Seiten oben zwischen Kopf und Körper annähen, siehe Skizze bzw. Modellbild. Den Schwanz auf der Rückseite ca. 4 cm oberhalb des Schritts festnähen. Die Augen gemäß dem Modellbild annähen. Nase und Mund darunter mittig in Steppstichen in Grau gemäß Skizze aufsticken.

Kater Karlo

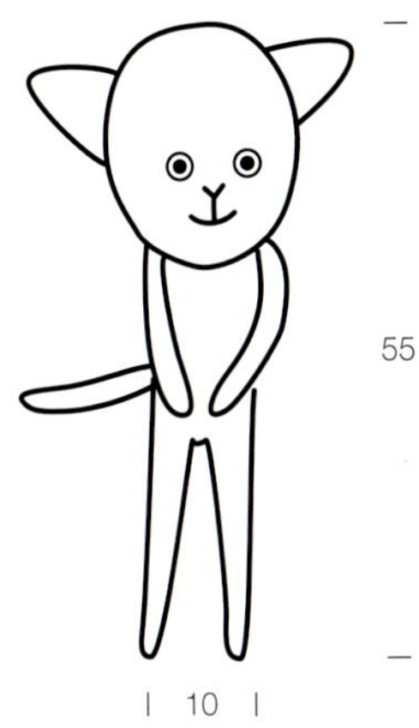

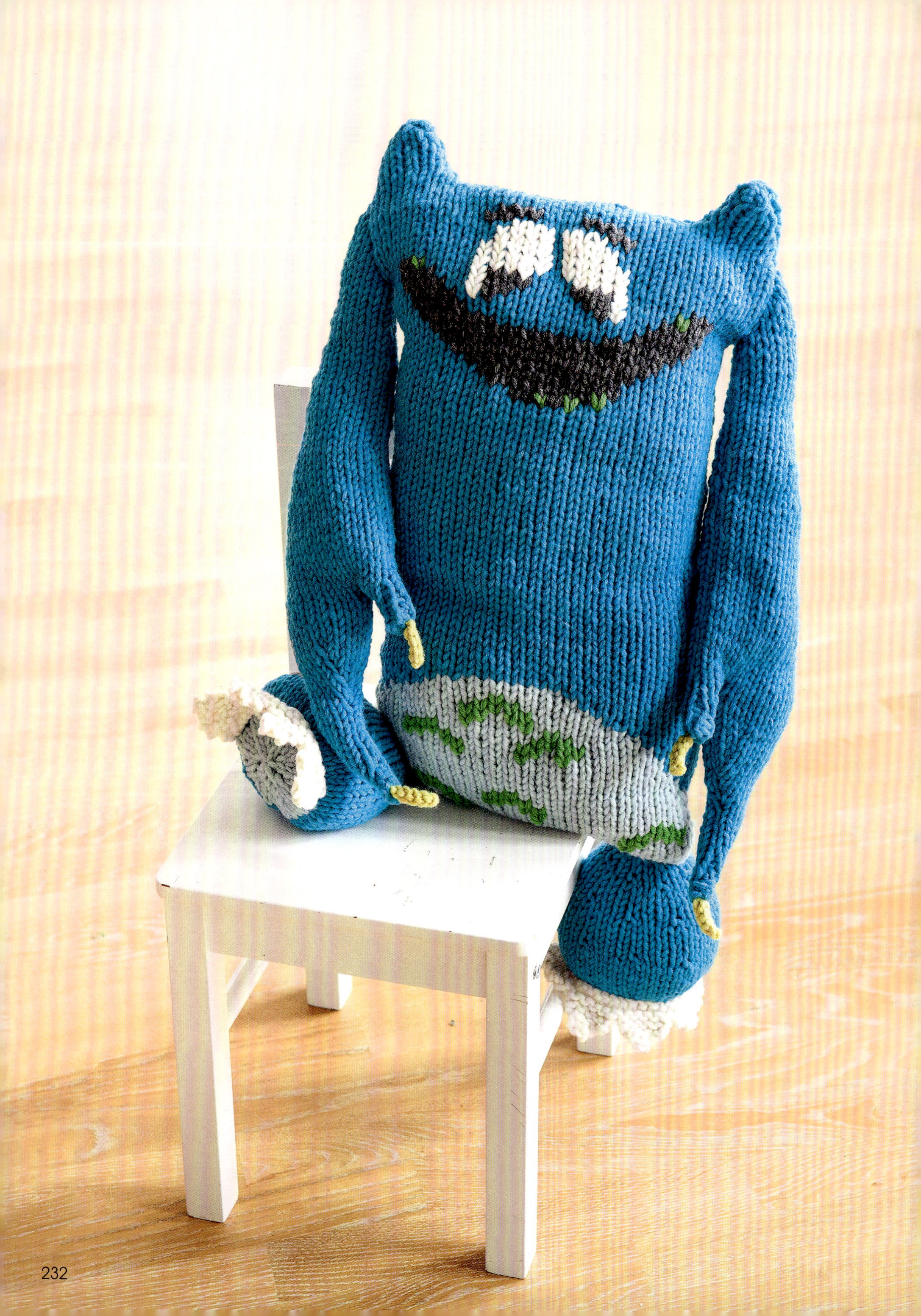

Ungeheures *Monster*

Nichts hilft besser gegen schlechte Träume, Angst oder Kummer als ein großer, starker Freund! Vor allem, wenn er mit viel Liebe selbstgestrickt wurde und ein wenig furchterregend und wild aussieht – ein Monsterkumpel beschützt einen immer und ist dazu auch noch schön kuschelig.

Monster Spooki

GRÖSSE

ca. 62 cm lang bis Fußende, ohne Arme
ca. 28 cm breit

MATERIAL

Lana Grossa Mille II (50 % Schurwolle (Merino), 50 % Polyacryl, waschmaschinenfest, LL = 55 m/50 g): 550 g Türkis (Fb 62), je 50 g Mint (Fb 86), Grün (Fb 71), Dunkelgrau meliert (Fb 16), Natur (Fb 64) und Pistazie (Fb 61); Stricknadeln 6 mm, Nadelspiel 6 mm, 1 Häkelnadel 5 mm; 1 stumpfe Sticknadel; Füllwatte von Prym.

MASCHENPROBE

12,5 M und 19 R glatt rechts mit Nadel 6 mm = 10 cm x 10 cm.

MUSTER

Glatt rechts

In Hinr rechte M, in Rückr linke M stricken. In Rd nur rechte M stricken.

Kraus rechts

In Hin- und Rückr rechte M stricken.

Monstermotiv

Nach Zählmuster teils glatt rechts in Intarsientechnik einstricken, teils im M-Stich später aufsticken. Die Ziffern rechts außen bezeichnen die Hinr, die Ziffern links außen die Rückr. Die Hinr also von rechts nach links, die Rückr umgekehrt lesen. Die Zeichen und Ziffern innerhalb des Zählmusters stehen für die Farben, wie in der Zeichenerklärung angegeben. Für die beiden großen Flächen in Mint und Türkis jeweils ein gesondertes Knäuel verwenden.

Ungeheures Monster

Beim Farbwechsel die Fäden stets auf der Rückseite der Arbeit miteinander verkreuzen, damit keine Löcher entstehen. Die kleinen Flächen (Zacken, Maul, Augen, Augenbrauen) nachträglich im M-Stich aufsticken. In der Breite 1x die gezeichneten 34 M zwischen den Pfeilen stricken. In der Höhe 1x die 1. – 90. R arbeiten.

Maschenstich

Von rechts nach links arbeiten. Dafür mit der eingefädelten Sticknadel an der gewünschten Stelle unterhalb der M in der M-Mitte von der Rückseite des Strickteils nach vorne ausstechen. Nach rechts oben fahren und die entsprechende M von rechts nach links umfassen, dabei rechts neben der M ein- und links neben der M ausstechen. Den Faden durchziehen, jedoch nur so weit, dass der Anfang ca. 8 – 10 cm auf der Rückseite hängen bleibt. Nun mit der Nadel wieder in die Ausstichstelle zurückstechen. Den Faden nach hinten durchziehen = 1 M-Stich liegt über der Strick-M. Wenn mehrere gleichfarbige M-Stiche nebeneinander gestickt werden, jeweils in die Ausstichstelle und gleichzeitig unterhalb der folgenden M wieder ausstechen. Dann den Arbeitsvorgang für den M-Stich wie beschrieben wiederholen. Auf der Rückseite der Arbeit entstehen kurze waagrechte Verbindungsstiche. In der Höhe entsprechend arbeiten, dabei entstehen kurze senkrechte Verbindungsstiche.

Betonte Zunahmen

Am R-Anfang nach der Randm, am R-Ende vor der Randm je 1 M rechts verschränkt aus dem Querfaden zunehmen.

ANLEITUNG

Für die **Rückseite** 34 M in Türkis mit Nadeln 6 mm anschlagen. Zunächst 1 Rückr linke M stricken. Dann glatt rechts weiterarbeiten. Nach 46 cm = 89 R ab Anschlag die ersten 9 M für 1 Ohr stilllegen. Die mittleren 16 M ebenfalls getrennt stilllegen. Dann zunächst über die letzten 9 M das andere **Ohr** stricken, dabei an beiden Seiten für die Form in jeder 4. R 2x je 1 M abnehmen, in der folgenden 2. R die mittleren 3 M rechts zusammenstricken = 3 M. In der folgenden 2. R diese restlichen 3 M rechts zusammenstricken. Das Fadenende durch die letzte M ziehen. Das 2. Ohr über die ersten 9 M genauso stricken. Für die **Vorderseite** 34 M in Mint mit Nadeln 6 mm anschlagen. Dann über alle M das Monstermotiv stricken. Nach 46 cm = 90 R ab Anschlag an beiden Seiten die Ohren wie an der Rückseite anstricken. Die mittleren 16 M stilllegen. Vorder- und Rückseite messen jeweils ca. 46 cm x 26 cm = L x B.

Für den **Arm** (2x stricken) 1 M mit Nadeln 6 mm in Türkis anschlagen und aus dieser M 3 M (= 1 M rechts, 1 M rechts verschränkt und 1 M rechts) herausstricken. Nun glatt rechts stricken. Für die Form in der 3. R ab Anschlag an beiden Seiten je 1 M betont zunehmen, dann noch 5x in jeder 2. R je 1 M betont zunehmen = 15 M. Die Mittel-M markieren und in der folgenden 4. R vor und nach der Mittel-M je 1 M rechts verschränkt aus dem Querfaden zunehmen, diese Zunahmen 3x in jeder 4. R und noch 4x in jeder 6. R wiederholen = 31 M. Nach 28 cm = 54 R ab Anschlag über die ersten 5 M den 1. Finger arbeiten. Die restlichen 26 M stilllegen. Für den 1. Finger am R-Anfang 3 M stricken, 2 M rechts zusammenstricken, dann in der folgenden 4. und der darauffolgenden 2. R noch jeweils die letzten 2 M rechts zusammenstricken. Die restlichen 2 M abketten. Nun über die letzten 5 M der stillgelegten M den 1. Finger gegengleich anstricken. Jetzt über die mittleren 21 M weiterstricken, dabei in der 7. R nach den ersten und vor den letzten 2 M

Ungeheures Monster

je 2 M rechts zusammenstricken, in der folgenden 4. R nach der 1. und vor der letzten M je 2 M rechts zusammenstricken, dann in jeder folgenden 2. R an beiden Seiten 2x je 2 M rechts zusammenstricken = 13 M. In der folgenden 6. R die mittleren 3 M überzogen zusammenstricken (= 2 M wie zum Rechtsstricken abheben, die folgenden M rechts stricken, dann die abgehobenen M über die gestrickte M ziehen). Dabei werden 2 M abgenommen. Diese Abnahme 1x in der folgenden 4. R und noch 3x in jeder 2. R wiederholen. Dann die letzten 3 M rechts zusammenstricken und das Fadenende durch die letzte M ziehen. Für die **Krallen** (4x häkeln) 4 Luftm in Pistazie mit der Häkelnadel 5 mm anschlagen. Mit 1 Luftm wenden und 5 Kettm zurückhäkeln. Anfangs- und Endfaden zunächst hängen lassen. Nun die Arme jeweils zur Hälfte legen und die Naht bis zum großen Finger schließen. Arme und Finger mit Watte ausstopfen. Dann die übrige Naht schließen. Die Krallen mit den hängengelassenen Fäden an den Fingerspitzen anbringen.

Für den **Fuß** (2x stricken) 8 M in Türkis mit dem Nadelspiel 6 mm anschlagen. Die M gleichmäßig auf 4 Nadeln verteilen und zur Rd schließen. Den Rd-Beginn markieren. Dann wie folgt glatt rechts in Rd stricken:

1. Rd: Jede M verdoppeln (= aus jeder M 1 M rechts und 1 M rechts verschränkt herausstricken) = 16 M.

5. Rd: Jede 2. M verdoppeln = 24 M.

10. Rd: Jede 3. M verdoppeln = 32 M.

16. Rd: Jede 4. M verdoppeln = 40 M. In den nicht erwähnten Rd stets über die vorhandene M-Zahl stricken.

23. Rd: In Mint weiterarbeiten, dabei jede 3. und 4. M rechts zusammenstricken = 30 M.

25. Rd: Jede 2. und 3. M rechts zusammenstricken = 20 M.

27. Rd: Stets je 2 M rechts zusammenstricken = 10 M.

28. Rd: Stets je 2 M rechts zusammenstricken = 5 M.

Nun den Endfaden durch die restlichen 5 M ziehen und gut vernähen. Durch die Öffnung am Anschlag den Fuß mit Füllwatte ausstopfen. Dann mit dem Anschlagsfaden die Öffnung schließen und den Faden gut vernähen.

Für die **Krallen** (2x stricken) 20 M mit Nadeln 6 mm in Natur anschlagen. Kraus rechts stricken. In der 3. R über die ersten 5 M die 1. Kralle stricken. Die übrigen 15 M zunächst stilllegen. Für die 1. Kralle 2 M überzogen zusammenstricken (= 1 M wie zum Rechtsstricken abheben, die folgenden M rechts stricken und die abgehobene M über die gestrickte M ziehen), 1 M rechts stricken, 2 M rechts zusammenstricken = 3 M. 1 Rückr rechts stricken. In der folgenden Hinr 3 M überzogen zusammenstricken, siehe Finger = 1 M. Den Faden durch die letzte M ziehen. Über die restlichen 15 M noch 3 weitere Krallen über je 5 M genauso anstricken. Die Krallen gemäß Modellbild jeweils am Farbwechsel vorne auf die Füße nähen.

ZU GUTER LETZT

Die kleinen Flächen wie beschrieben nach Zählmuster in den angegebenen Farben auf die Vorderseite sticken. Nun Vorder- und Rückseite links auf links in gleicher Strickrichtung übereinanderlegen. Ringsum die Nähte im Matratzenstich schließen, dabei die Arme unterhalb der Ohren mit einnähen und die Naht oben am Kopf (= stillgelegte M) noch offenlassen. Das Teil mit Füllwatte ausstopfen. Dann die noch offene Naht im M-Stich schließen. Die Füße unten seitlich gemäß Modellbild annähen.

Monster
Spooki

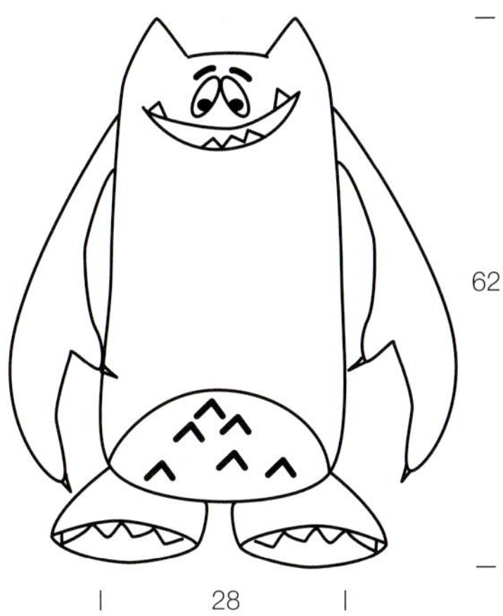

Monstermotiv

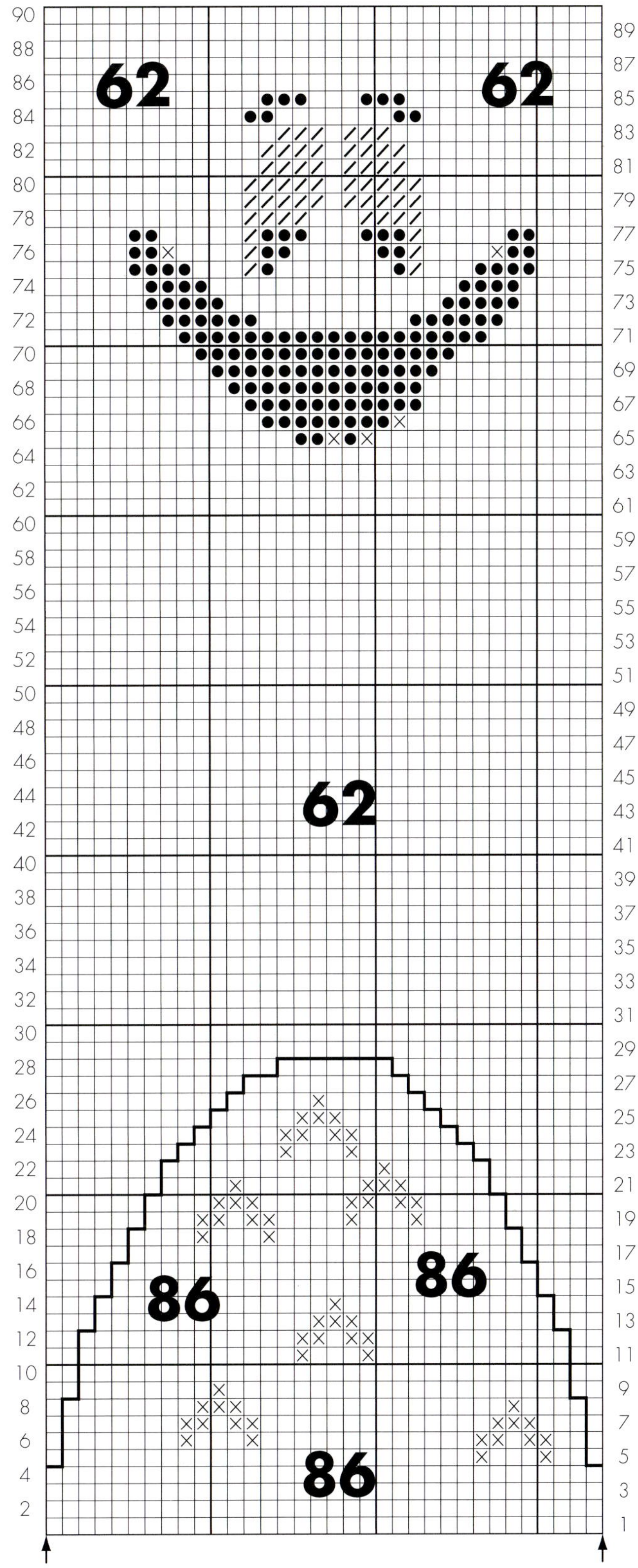

Zeichenerklärung:

☒ = 1 M im M-Stich in Grün
● = 1 M im M-Stich in Anthrazit
⧄ = 1 M im M-Stich in Natur
86 = 1 M glatt re in Mint
62 = 1 M glatt re in Türkis

Mops-Beagle-Terrier-Dackel

Dieser Kuschelhund ist sehr entspannt, eher rundlich, auf jeden Fall knuffig und garantiert nicht reinrassig. Ein Spielgefährte, der alles mitmacht und mit dem man herrlich knuddeln kann. Vielleicht liegt das ja daran, dass beim Stricken für ein Kind so viel Liebe mit in die Maschen fließt?

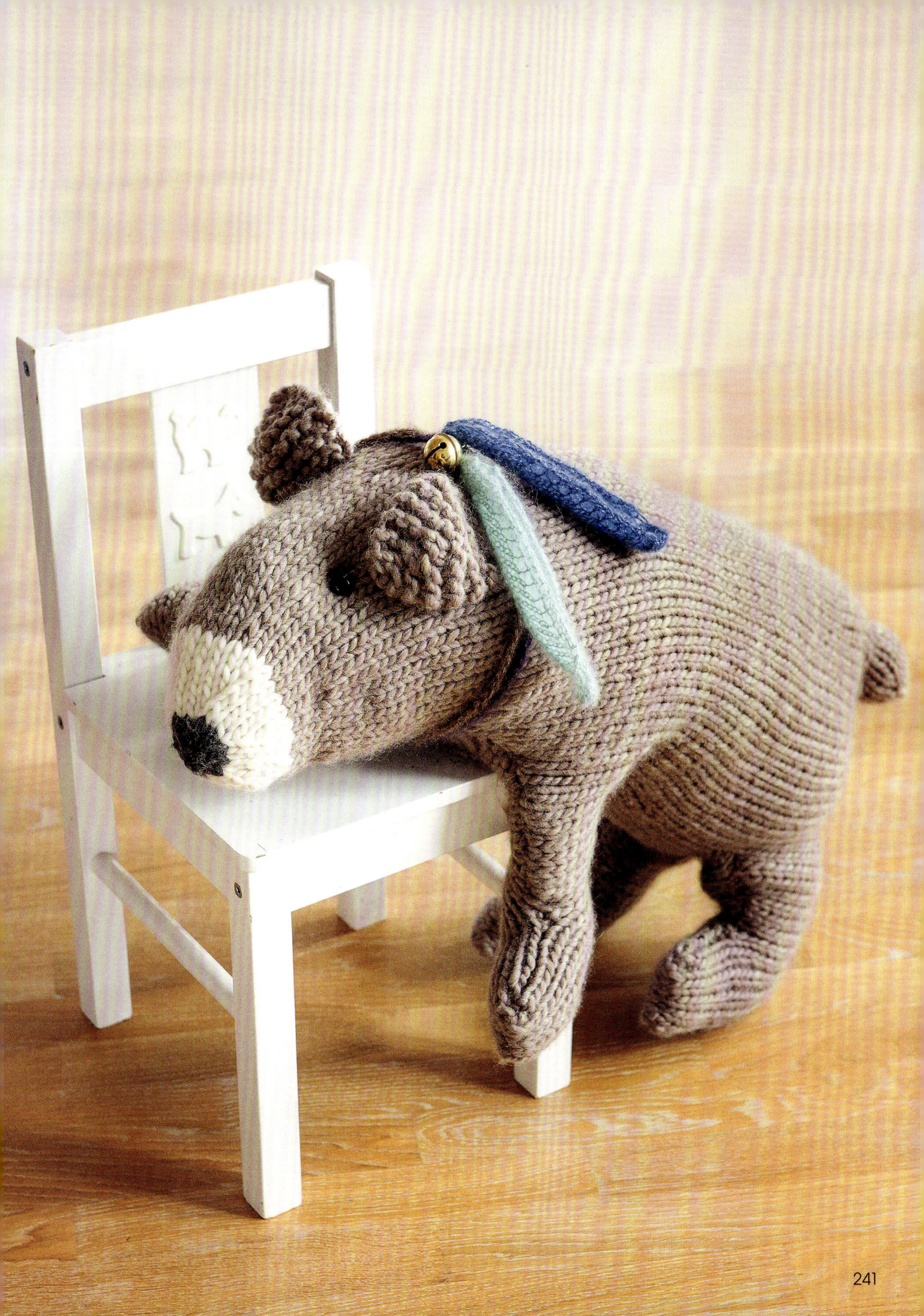

Hund Moppel

GRÖSSE
ca. 65 cm lang, ca. 40 cm groß bis Fußende

MATERIAL
Lana Grossa Superbingo (100 % Schurwolle (Merino), LL = 55 m/50 g): 450 g Grège (Fb 112) und je 50 g Rohweiß (Fb 16) und Dunkelgrau meliert (Fb 25), Lana Grossa Silkhair (70 % Mohair (Superkid), 30 % Seide, LL = 210 m/25 g): je 25 g Helltürkis (Fb 82), Kornblum (Fb 132), Perlbeige (Fb 123) und Veilchenblau (Fb 182); Stricknadeln 6 mm und 10 mm, 1 Rundstricknadel 10 mm, 50 cm lang, Spielstricknadeln 10 mm, 1 Häkelnadel 4,5 mm; von Union Knopf: 1 Glöckchen, Art. 57343, 24 mm ø, Messing (Fb 841) und 2 Tieraugen, Art. 45462, Dunkelbraun (Fb 20), 23 mm ø; Füllwatte von Prym.

MASCHENPROBE
9 M und 12,5 R glatt rechts mit Nadeln 10 mm und Superbingo = 10 cm x 10 cm.

MUSTER
Glatt rechts
In Hinr rechte M, in Rückr linke M stricken. In Rd nur rechte M stricken.

Kraus rechts
In Hin- und Rückr rechts stricken.

Ajourmuster
Nach der Strickschrift arbeiten. Die Ziffer links außen bezeichnet die Rückr. Die Ziffern rechts außen bezeichnen die Hinr. In allen nicht gezeichneten Rückr die M und Umschläge links stricken. **In der Breite** mit 13 M zwischen den Pfeilen beginnen. **In der Höhe** 1x die 1. – 41. R arbeiten.

Mops-Beagle-Terrier-Dackel

ANLEITUNG

Für die **rechte Körperhälfte mit Beinhälften** mit dem hinteren Teil beginnen, siehe Pfeil in der Schnittskizze. Er gibt die Strickrichtung an. 36 M in Grège mit Nadeln 10 mm anschlagen. Zunächst 1 Rückr linke M stricken. Dann glatt rechts weiterarbeiten. Für die Rückenhöhe am linken Rand 2x in jeder 2. R, dann 2x in jeder 4. R je 1 M zunehmen = 40 M. Nach 8 cm = 11 R ab Anschlag für die Hinterpfote ab dem rechten Rand 8 M stricken und die restlichen 32 M stilllegen. Über die 8 M noch 7 R stricken. Dann in der folgenden Hinr an beiden Seiten 1 M abnehmen = 6 M. Nach der folgenden Rückr diese M stilllegen. Nun über die zuvor stillgelegten 32 M weiterarbeiten, dabei für die Beinschrägung am rechten Rand 2x in jeder 2. R je 2 M und 1x 1 M abketten = 27 M. Nun 24 cm = 30 R für die Bauchlänge gerade weiterstricken. Dann für das vordere Bein am rechten Rand 13 M dazu anschlagen = 40 M. Über alle M im Zusammenhang glatt rechts weiterarbeiten. Nach 10 R ab Beginn des Vorderbeins am linken Rand wieder 32 M stilllegen und die Pfote am rechten Rand wie am hinteren Bein stricken. Dann wieder die restlichen 6 M stilllegen. Anschließend über die 32 stillgelegten M fortfahren, dabei für die Beinschrägung am rechten Rand in jeder 2. R 1x 5 M, 1x 3 M, 1x 2 M und 4x je 1 M abketten. Die restlichen 18 M für den Kopf stilllegen. Die **linke Körperhälfte mit Beinhälften** gegengleich zur rechten Körperhälfte mit Beinhälften stricken.

Für das **Bauchteil** mit dem hinteren Teil beginnen, siehe Pfeil im Schnittschema. Er gibt die Strickrichtung an! Dazu 3 M mit Nadeln 10 mm in Grège anschlagen. Zunächst 1 Rückr linke M stricken. Dann glatt rechts weiterarbeiten. An beiden Seiten für die Schrägungen in jeder 2. R 1x 6 M, 2x je 4 M und 1x 3 M dazu anschlagen = 37 M. Nun 10 R ohne weitere Zunahmen stricken. Dann die mittleren 29 M stilllegen und die Hinterpfote am rechten Rand wie in der rechten Körperhälfte arbeiten. Die restlichen 6 M stilllegen. Die 2. Hinterpfote über die letzten 8 M gegengleich anstricken. Nun über die mittleren 21 M weiterarbeiten, dabei an beiden Seiten für die Beinschrägungen in jeder 2. R 2x je 2 M und 1x 1 M abketten = 11 M. Darüber 24 cm = 30 R für die Bauchunterseite ohne weitere Abnahmen weiterstricken. Anschließend für die Vorderbeine an beiden Seiten je 13 M dazu anschlagen = 37 M. Nun 10 R gerade hochstricken. Dann die Vorderpfoten an beiden Seiten wie die Hinterpfoten anstricken. Anschließend über die mittleren 21 M weiterstricken und an beiden Seiten für die Schrägungen noch 6x in jeder 2. R je 1 M abketten. Nach 11 cm = 14 R ab letztem Pfotenbeginn die restlichen 9 M für den Kopf stilllegen.

Mops-Beagle-Terrier-Dackel

Für den **Kopf** die je 18 stillgelegten M der beiden Körperhälften und die 9 M des Bauchteils folgerichtig auf die Rundstricknadeln 10 mm fassen und in Grège glatt rechts in Rd weiterstricken = 45 M. Nach 11 cm = 14 Rd ab Kopfbeginn mit den Abnahmen für die Schnauze beginnen:

15. Rd: Jede 8. und 9. M rechts zusammenstricken = 40 M.

16. und 17. Rd: 40 M glatt rechts stricken.

18. Rd: Jede 7. und 8. M rechts zusammenstricken = 35 M.

19. Rd: 35 M glatt rechts stricken.

20. Rd: Jede 6. und 7. M rechts zusammenstricken = 30 M.

21. Rd: In Rohweiß weiterarbeiten, 30 M glatt rechts stricken.

22. Rd: Jede 5. und 6. M rechts zusammenstricken = 25 M.

23. Rd: 25 M glatt rechts stricken.

24. Rd: Jede 4. und 5. M rechts zusammenstricken = 20 M.

25. Rd: 20 M glatt rechts stricken.

26. Rd: Jede 3. und 4. M rechts zusammenstricken = 15 M.

27. Rd: 15 M glatt rechts stricken.

28. Rd: In Dunkelgrau meliert weiterarbeiten, jede 2. und 3. M rechts zusammenstricken = 10 M.

29. Rd: 10 M glatt rechts stricken.

30. Rd: Stets je 2 M rechts zusammenstricken = 5 M.

Diese restlichen 5 M mit dem Arbeitsfaden zusammenziehen. Den Faden sorgfältig vernähen.

Für den **Schwanz** 12 M in Grège mit einer Spielnadel 10 mm anschlagen, gleichmäßig auf 4 Nadeln des Nadelspiels verteilen und zur Rd schließen. Glatt rechts in Rd stricken. In der 5. Rd jede 3. und 4. M rechts zusammenstricken = 9 M. Die 6. Rd über 9 M stricken. In der 7. Rd jede 2. und 3. M rechts zusammenstricken = 6 M. Diese restlichen 6 M mit dem Arbeitsfaden zusammenziehen. Den Faden sorgfältig vernähen.

Für das **Ohr** (2x stricken) 9 M in Grège mit Nadeln 10 mm anschlagen und kraus rechts stricken. In der 9. R ab Anschlag die mittleren 3 M rechts zusammenstricken = 7 M. Die Abnahme in jeder 2. R noch 2x wiederholen. Den Arbeitsfaden durch die restlichen 3 M ziehen. Den Faden sorgfältig vernähen.
Für die **Feder** (je 1x in Helltürkis und Kornblum) 13 M mit Nadeln 6 mm anschlagen. Dann im Ajourmuster stricken. Ab der 34. R an beiden Seiten mit den Abnahmen für die Spitze wie gezeichnet beginnen. Nach der 40. R sind noch 5 M auf der Nd. Diese restlichen 5 M mit dem Arbeitsfaden zusammenziehen. Den Faden sorgfältig vernähen, aber noch lang hängen lassen.
Für das **Halsband** (2x häkeln) mit der Häkelnadel 4,5 mm und vierfachem Faden in Veilchenblau bzw. Perlbeige je 1 Luftm-Kette von 56 cm Länge häkeln, dabei die Anfangsfäden lang hängenlassen. Auf 1 Halsband das Glöckchen und auf jedes Halsband je 1 Feder durch ein Loch des Musters auffädeln, dann jedes Halsband mit 1 Kettm in die 1. Luftm zum Ring schließen. Die Arbeit beenden, dabei die Endfäden hängen lassen und auf ca. 12 cm beschneiden.

ZU GUTER LETZT

Die beiden Körperteile links auf links in gleicher Strickrichtung übereinanderlegen und die Nähte im Matratzenstich schließen, dabei das Bauchteil passgenau unten dazwischensetzen. Den Schwanz zuvor ausstopfen und am Hinterteil zwischenfassen. Die je 6 stillgelegten M der Pfoten im M-Stich verbinden. Vor dem vollständigen Schließen den Hund mit Füllwatte ausstopfen. Ohren und Augen gemäß Modellbild annähen. Die Halsbänder umhängen.

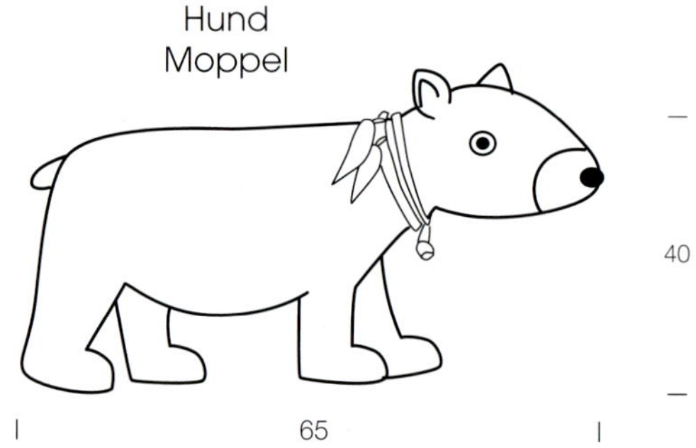

Mops-Beagle-Terrier-Dackel

Ajourmuster

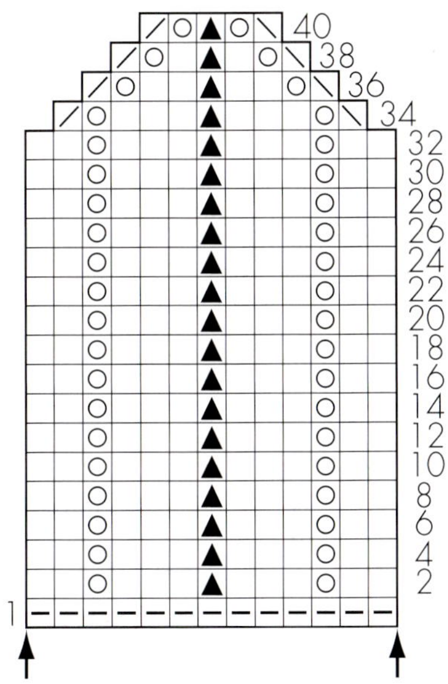

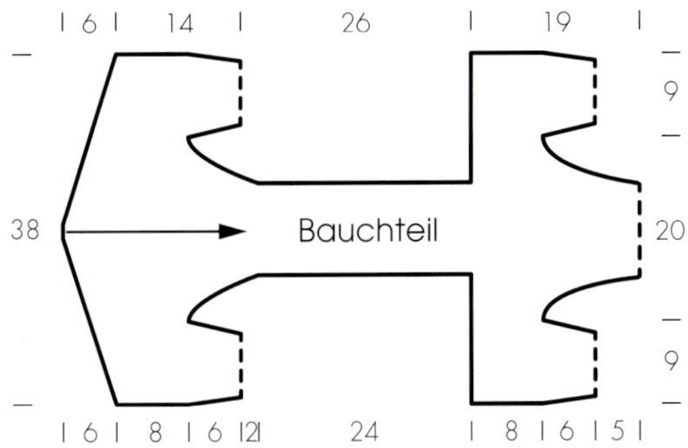

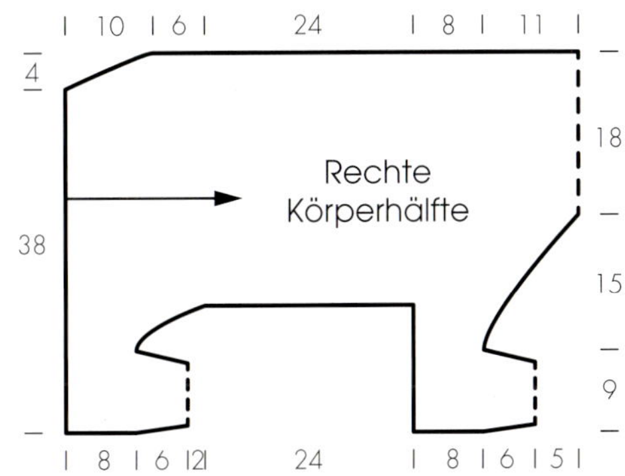

Zeichenerklärung:

□ = 1 M rechts

⊟ = 1 M links

○ = 1 Umschlag

/ = 2 M rechts zusammenstricken

\ = 2 M überzogen zusammenstricken (= 1 M wie zum Rechtsstricken abheben, die folgende M rechts stricken, dann die abgehobene M über die gestrickte M ziehen)

▲ = 3 M überzogen zusammenstricken (= 2 M wie zum Rechtsstricken abheben, die folgende M rechts stricken, dann die abgehobenen M über die gestrickte M ziehen)

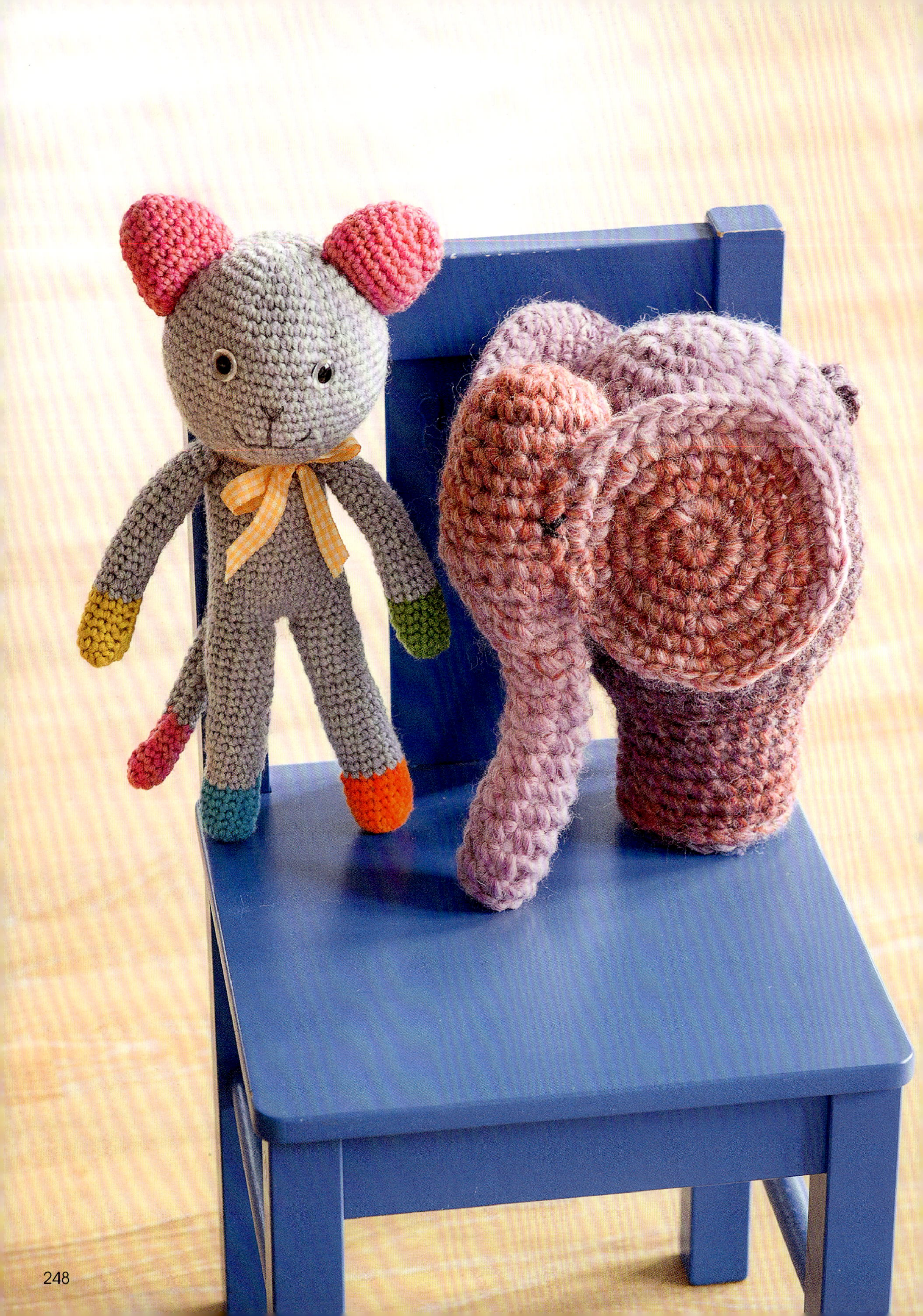

Häkel *freundin*

Bei Nacht sind alle Katzen grau, diese Kuschelmieze bleibt das auch am Tag. Nur ihre Ohren, Pfoten und auch die Schwanzspitze leuchten in kunterbunten Gute-Laune-Farben und sie trägt ein verschmitztes Lächeln im Gesicht. Der Elefant gehört zum Rüssel-Rudel von Seite 214/215.

Katze Mieze

GRÖSSE

ca. 29 cm groß, ca. 6 cm breit – ohne Arme

MATERIAL

Lana Grossa Bingo (100 % Schurwolle (Merino), waschmaschinenfest, LL = 80 m/50 g): 100 g Silbergrau (Fb 747), je 50 g Pink (Fb 159), Apfelgrün (Fb 88), Hellorange (Fb 750), Safrangelb (Fb 154) und Türkis (Fb 133); 1 Garnrest in Dunkelgrau zum Aufsticken von Mund und Nase; 1 Häkelnadel 4,5 mm; 1 Wollnadel von Lana Grossa; 2 Tieraugen von Union Knopf, Art. 45462, 12 mm ø, Transparent (Fb 10), Füllwatte von Prym; für die Schleife ca. 50 cm Vichy-Karoband, 10 mm breit, gelb kariert.

MASCHENPROBE

21 feste M und 21 Rd mit Häkelnadel 4,5 mm = 10 cm x 10 cm.

MUSTER

Feste Maschen

In Rd häkeln. Jede Rd mit 1 Luftm beginnen (sie dient dem Aufsteigen in die nächste Rd und ersetzt keine feste M) und mit 1 Kettm in die Luftm des Rd-Beginns schließen.

1 Masche verdoppeln

In 1 M der Vor-Rd 2 feste M häkeln.

1 Masche abnehmen
(= 2 Maschen zusammen abmaschen)

Aus 2 nebeneinanderliegenden M je 1 Schlinge holen, dann mit 1 Umschlag alle auf der Nadel liegenden Schlingen zusammen abmaschen, also den Umschlag durch alle Schlingen ziehen.

Häkel*freundin*

ANLEITUNG

Mit dem **linken Bein** beginnen: Für die Pfote 2 Luftm in Hellorange anschlagen und für die 1. Rd: 6 feste M zurück in die 1. Luftm häkeln. Diese und jede weitere Rd mit je 1 Kettm schließen. Den Rd-Beginn markieren. Jede folgende Rd mit 1 Luftm beginnen und wie folgt feste M häkeln:

2. Rd: Jede M verdoppeln = 12 feste M.

Nun ohne Zunahmen in Rd weiterarbeiten. Nach der 7. Rd ab Anschlag in Silbergrau häkeln. Nach 11 cm = 23 Rd ab Anschlag die Arbeit beenden.

Das **rechte Bein** genauso häkeln, jedoch die Pfote in Türkis und den Faden am Ende nicht abschneiden. Für den Körper am Rd-Ende des rechten Beins in Silbergrau gleich weiterarbeiten. Für den Schritt 2 Luftm häkeln, die 12 M des linken Beins überhäkeln, 2 Luftm häkeln, dann die 12 M des rechten Beins überhäkeln = 28 M.

1. – 16. Rd: 28 feste M häkeln.

17. Rd: Für die Brustverengung jede 6. und 7. feste M zusammen abmaschen = 24 feste M.

18. Rd: Jede 5. und 6. feste M zusammen abmaschen = 20 feste M.

19. Rd: Jede 4. und 5. feste M zusammen abmaschen = 16 feste M.

Die Arbeit beenden und Beine und Bauch satt mit Füllwatte ausstopfen.

Für den **linken Arm** an der Pfote beginnen: 2 Luftm in Apfelgrün anschlagen und für die 1. Rd: 6 feste M zurück in die 1. Luftm häkeln. Diese und jede weitere Rd mit je 1 Kettm schließen. Den Rd-Beginn markieren. Jede folgende Rd mit 1 Luftm beginnen und wie folgt feste M häkeln:

2. Rd: Jede 2. M verdoppeln = 9 feste M.

Nun ohne Zunahmen in Rd weiterarbeiten. Nach der 7. Rd ab Anschlag in Silbergrau fortfahren. Nach 11 cm = 23 Rd ab Anschlag die Arbeit beenden. Den **rechten Arm** wie den linken Arm häkeln, jedoch die Pfote in Safrangelb.

Für den **Schwanz** an der Spitze beginnen: 2 Luftm in Pink anschlagen und für die 1. Rd: 4 feste M zurück in die 1. Luftm häkeln. Diese und jede weitere Rd mit je 1 Kettm schließen. Den Rd-Beginn markieren. Jede folgende Rd mit 1 Luftm beginnen und wie folgt feste M häkeln:

2. Rd: Jede 2. M verdoppeln = 6 feste M.

Nun ohne Zunahmen in Rd weiterarbeiten. Nach der 6. Rd ab Anschlag in Silbergrau fortfahren. Nach 12 cm = 25 Rd ab Anschlag die Arbeit beenden.

Für den **Kopf** 2 Luftm in Silbergrau anschlagen und für die 1. Rd: 8 feste M zurück in die 1. Luftm häkeln. Diese und jede weitere Rd mit je 1 Kettm schließen. Den Rd-Beginn markieren. Jede folgende Rd mit 1 Luftm beginnen und wie folgt feste M häkeln:

2. Rd: Jede M verdoppeln = 16 feste M.

3. Rd: Jede 2. M verdoppeln = 24 feste M.

4. Rd: Jede 3. M verdoppeln = 32 feste M.

5. Rd: Jede 4. M verdoppeln = 40 feste M.

6. Rd: 40 feste M häkeln.

7. Rd: Jede 5. M verdoppeln = 48 feste M.

8. Rd: 48 feste M häkeln.

9. Rd: Jede 6. M verdoppeln = 56 feste M.

10. – 16. Rd: 56 feste M häkeln.

Nun für die Form wieder M abnehmen:

17. Rd: Jede 6. und 7. feste M zusammen abmaschen = 48 feste M.

18. Rd: 48 feste M häkeln.

19. Rd: Jede 5. und 6. feste M zusammen abmaschen = 40 feste M.

20. Rd: 40 feste M häkeln.

21. Rd: Jede 4. und 5. feste M zusammen abmaschen = 32 feste M.
22. Rd: 32 feste M häkeln.
23. Rd: Jede 3. und 4. feste M zusammen abmaschen = 24 feste M.
24. Rd: Jede 2. und 3. feste M zusammen abmaschen = 16 feste M.
25. Rd: Stets je 2 feste M zusammen abmaschen = 8 feste M.
Nun den Kopf satt mit Füllwatte ausstopfen und mit der letzten Rd an die letzte Rd des Körpers nähen.
Für das **Ohr** (2x häkeln) 2 Luftm in Pink anschlagen und für die **1. Rd:** 8 feste M zurück in die 1. Luftm häkeln. Diese und jede weitere Rd mit je 1 Kettm schließen. Den Rd-Beginn markieren. Jede folgende Rd mit 1 Luftm beginnen und wie folgt feste M häkeln:
2. Rd: Jede 2. M verdoppeln = 12 feste M.
3. Rd: Jede 3. M verdoppeln = 16 feste M.
4. Rd: 16 feste M häkeln.
5. Rd: Jede 4. M verdoppeln = 20 feste M.
6. – 9. Rd: 20 feste M häkeln.

ZU GUTER LETZT

Die Ohren seitlich am Kopf annähen. Bei den Armen jeweils nur den unteren Teil satt ausstopfen. Dann die Arme an beiden Seiten oben zwischen Kopf und Körper annähen, siehe Skizze bzw. Modellbild. Den Schwanz auf der Rückseite ca. 2 cm oberhalb des Schritts festnähen. Die Augen gemäß Modellbild annähen. Nase und Mund darunter mittig in Steppstichen in Dunkelgrau gemäß Skizze aufsticken. Das Vichy-Band umlegen und zur Schleife binden.

Katze Mieze

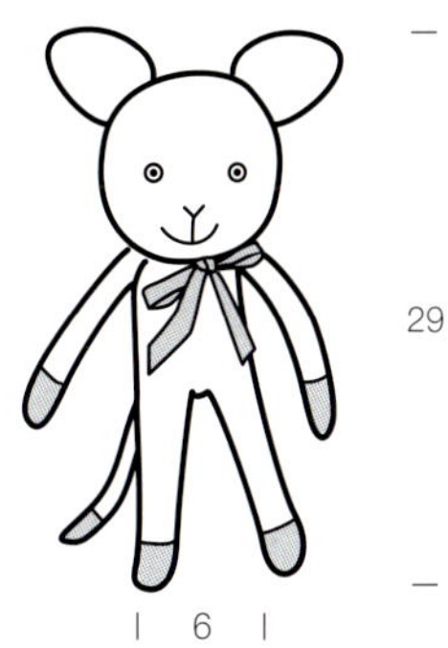

Filzen in der Waschmaschine

So wird´s gemacht:
Machen Sie zuerst eine Maschen- und Filzprobe, und zwar mit der angegebenen Waschtemperatur des Modells.

Die Maschenprobe: Schlagen Sie dafür mindestens 4, besser noch 6 M mehr an, als für 10 cm **nach dem Waschen** beim jeweiligen Objekt angegeben sind. Auch in der Höhe sollten Sie ca. 6–8 R mehr stricken, als für die Maschenprobe angegeben sind. Legen Sie das Maßband oder einen Maschenzähler zuerst **vor dem Waschen** unter den Maschen an und zählen Sie die Maschen im Bereich von 10 cm, außerdem neben den Maschen, um die Reihen auf 10 cm zu zählen. Wichtig dabei ist, das Maßband nicht am Rand, sondern in der Mitte des Gestricks anzulegen, die Randmaschen verfälschen das Ergebnis.

Da Sie nach dem Filzen keine Maschen mehr zählen können, messen Sie nun auch noch die Außenkanten des Gestricks in Höhe und Breite und notieren dazu die gesamte Maschen- und Reihenzahl.

Nach dem Filzen ziehen Sie das Probeläppchen in Form und messen die Länge und Breite. Nun können Sie die Anzahl der Maschen auf 10 cm berechnen: Sie teilen die Gesamtanzahl der (gestrickten) M durch die Breite des Filzläppchens, z. B. Sie haben 37 M gestr, das Läppchen ist gefilzt 22 cm breit = 37 : 22 = 1,68 = gerundet 1,7 M pro Zentimeter = 17 M auf 10 cm in der Breite. In der Höhe rechnen Sie genauso, z. B. hatten Sie 46 R notiert, das Läppchen ist 20 cm hoch: 46 : 20 = 2,3 R pro Zentimeter = 23 R auf 10 cm in der Höhe.

Filzen in der Maschine: Als Temperatur wird in der Regel 40°C eingestellt, bei Teilen, die bei 60°C gewaschen werden, wird explizit darauf hingewiesen (dabei wird der Filz dichter und fester). Legen Sie ein altes Handtuch und einige Tennisbälle zum Gestrick in die Waschmaschine und wählen Sie einen normalen Waschgang (z. B. für Hemden) mit Schleudergang und ein einfaches Vollwaschmittel. Die Waschmaschine sollte maximal zu 2/3 gefüllt sein.

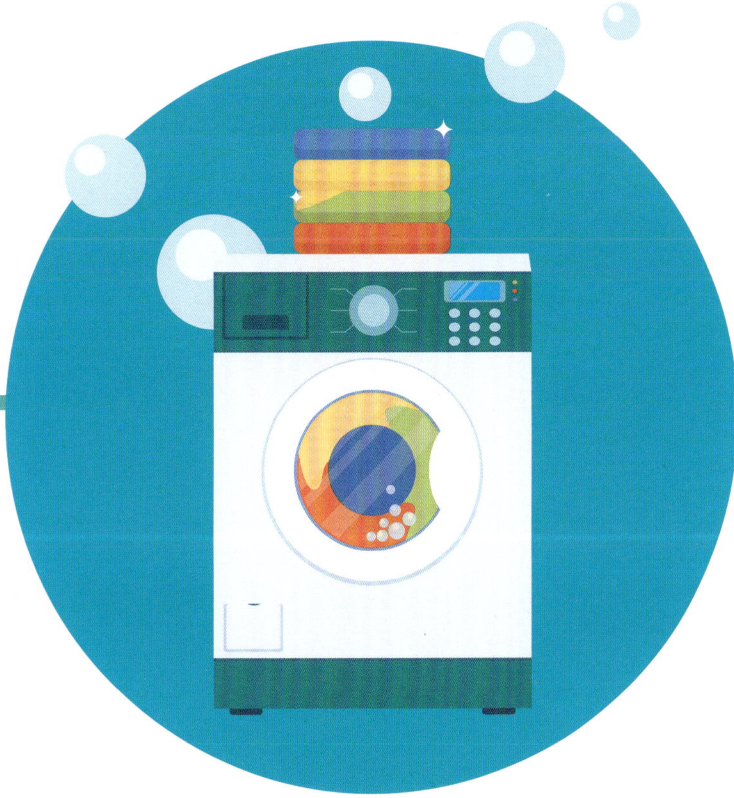

Anzahl der Waschvorgänge

Manche Modelle werden statt einmal sogar zweimal hintereinander gewaschen. Den Hinweis finden Sie immer in der Zeile „Nach dem Waschen (2x)" in der Klammer. 2x bedeutet entsprechend 2x waschen, steht ein 1x in der Klammer, wird das Modell nur 1x gewaschen.

Faktoren, die das Filzen beeinflussen

Nun können Sie sowohl die Maschenprobe vor und nach dem Waschen vergleichen. Grundsätzlich kann man sagen, stimmt die Probe vor dem Waschen überein, dann ist sie auch nach dem Waschen gleich. Vorausgesetzt, Sie verwenden das gleiche Garn und die gleiche Farbe, denn das sind Faktoren, die das Ergebnis erheblich beeinflussen.

Der Grad der Verfilzung beträgt durchschnittlich 30–40 %, wird jedoch, da es sich bei der Wolle um ein Naturprodukt handelt, von folgenden Punkten maßgeblich beeinflusst:

1. Das Ausgangsmaterial der Rohwolle ist verschieden.

2. Die Färbung der Wolle bewirkt einen unterschiedlichen Einsprung = Schrumpfung beim Filzen.

3. Waschvorgänge laufen in den verschiedenen Maschinen unterschiedlich ab, auch das Waschpulver ist ausschlaggebend.

4. Die individuelle Strickart beeinflusst das Ergebnis.

Impressum

Redaktion: Helgrid van Impelen
Fotos: Herbert Dehn, www.herbertdehn.com: Seite 49, 50, 59, 64, 69, 81, 91, 113, 118, 130, 147, 149, 164, 176, 185, 190, 201, 215, 220, 227, 232, 241, 248;
Yannick Schütte: Seite 9, 10/11, 15, 16, 40, 45, 72, 94, 103, 135, 139, 140, 171, 175;
Herz & Blut, Jules Villbrandt: Seite 23, 27, 32, 37, 93, 104, 123, 129, 156, 161, 183, 202, 207, 210;
shutterstock: Seite 2, 3.
Projektmanagement & Lektorat:
Stephanie van der Linden
Bildtexte: Janne Graf
Korrektorat: Mareike Weber
Umschlaggestaltung: Ina Zimmermann
Layoutentwurf & Satz:
Marion Tykal, MXM Digital Service GmbH
Repro: MXM Digital Service GmbH
Herstellung: Julia Hegele
Printed in Türkiye by Elma Basim

★★★★★

Sind Sie mit diesem Titel zufrieden? Dann würden wir uns über Ihre Weiterempfehlung freuen. Erzählen Sie es im Freundeskreis, berichten Sie Ihrem Buchhändler oder bewerten Sie beim Onlinekauf. Und wenn Sie Kritik, Korrekturen oder Aktualisierungen haben, freuen wir uns über Ihre Nachricht an Christophorus Verlag, Postfach 40 02 09, D-80702 München oder per E-Mail an lektorat@verlagshaus.de.

Unser komplettes Programm finden Sie unter

www.christophorus-verlag.de

Wir danken der Firma Lana Grossa für die freundliche Überlassung der Fotos, insbesondere Christine Lenz, für die wie immer inspirierende, freundliche und verbindliche Zusammenarbeit.

Die Deutsche Nationalbibliothek verzeichnet diese Publikation in der Deutschen Nationalbibliografie; detaillierte bibliografische Daten sind im Internet über http://dnb.d-nb.de abrufbar.

Infanteriestraße 11a
D 80797 München

ISBN 978-3-8410-6751-7

Kreativ-Service

Sie haben Fragen zu unseren Büchern und Materialien? Wir beraten Sie gern rund um alle Kreativthemen. Rufen Sie uns einfach an. Wir interessieren uns auch für Ihre eigenen Ideen und Anregungen. Sie erreichen uns per E-Mail **kreativ-service@c-verlag.de** oder unter der Telefonnummer **0049-89-1306 99 577.**

Besuchen Sie uns im Internet: **www.christophorus-verlag.de**